公文通：

新时代公文写作“笔杆子”系列

规范化

最新公文写作规范与规则实务大全

中国写作学会公文写作专业委员会 ◎ 组织编写

岳海翔 ◎ 编著

人民东方出版传媒

東方出版社

图书在版编目（CIP）数据

规范化：最新公文写作规范与规则实务大全 / 中国写作学会公文写作专业委员会组织编写；岳海翔编著 . —北京：东方出版社，2020.2
（公文通：新时代公文写作“笔杆子”系列）
ISBN 978-7-5207-1228-6

Ⅰ . ①规…　Ⅱ . ①中… ②岳…　Ⅲ . ①公文—写作　Ⅳ . ① H152.3

中国版本图书馆 CIP 数据核字（2019）第 219511 号

规范化：最新公文写作规范与规则实务大全
（GUIFANHUA: ZUIXIN GONGWEN XIEZUO GUIFAN YU GUIZE SHIWU DAQUAN）

编　　著： 中国写作学会公文写作专业委员会　岳海翔
责任编辑： 辛岐波
出　　版： 东方出版社
发　　行： 人民东方出版传媒有限公司
地　　址： 北京市朝阳区西坝河北里 51 号
邮　　编： 100028
印　　刷： 三河市龙大印装有限公司
版　　次： 2020 年 2 月第 1 版
印　　次： 2020 年 2 月北京第 1 次印刷
开　　本： 710 毫米 ×1000 毫米　1/16
印　　张： 21
字　　数： 260 千字
书　　号： ISBN 978-7-5207-1228-6
定　　价： 69.00 元
发行电话：（010）85924663　85924644　85924641

编写说明

为了贯彻落实习近平总书记关于改进文风的重要讲话精神，推动新时代公文写作处理工作规范化建设，实现新时代公文写作处理工作的科学化、制度化、规范化，为广大公文写作人员提供一套科学权威、格式规范、实用可靠的参考模板，讲解传授“笔杆子”实战写作技法，我们推出“公文通：新时代公文写作‘笔杆子’系列”丛书。

丛书共11册，分别为《权威化：公文写作法定格式标准与写作指要大全》《规范化：最新公文写作规范与规则实务大全》《标杆化：公文名篇鉴赏与写作技法详解大全》《精准化：公文写作人员素质提升与公文常见错误例析》《时代化：100种最新公文的格式与写作技巧大全》《专业化：最新公文写作人员能力培训速成大全》《高效化：公文写作疑难问题解析200问》《笔杆子：公文写作要领与范文讲解实务大全》《文秘通：办公室常用公文写作与范文学习大全》《新文风：公文写作基本知识与写作艺术大全》《新时代公文写作实务大全集》。

本丛书有五大特色：

一、作者权威性强，知名度高。丛书由中国写作学会公文写作专业委员会组织编写。该委员会隶属中国写作学会，是一个经教育部批准成立、民政部登记备案的专门从事公文学术研究的全国性正规学术团体。本丛书主编岳海翔，现任中国写作学会副会长，公文写作专业委员会常务副理事长兼秘书长、中国公文研究所所长。岳海翔所撰写的系列公文写作书籍，深受读者喜爱和追捧，多部作品成为畅销书。

丛书凝聚岳海翔多年公文写作学术研究成果之精华，是其公文写作实践思想、写作金句、好文好段集大成之作，集科学性、规范性、针对性、实用性于一体，可作为新时代领导干部，党政机关、企事业单位、社会组织公文写作人员，高等院校师生以及写作爱好者的实用参考书。

二、题材涉及面广，指导性强。丛书内容符合工作实际需要，可有效帮助公文写作人员解决公文写作处理方面的困惑和难题，如“写什么”“怎么写”“该怎样写”“不该怎样写”“怎样抓重点”“怎样让领导满意”等，颇具指导性和学习参考价值。

三、知识系统全面，实用性强。丛书涵盖党政机关、企事业单位、社会组织常用公文文种，可充分满足新时代公文写作处理工作的实际需要。在结构布局方面，丛书对公文写作理论的阐述简明扼要，对公文写作技法的讲解细致全面，易学易用。在例文方面，丛书例文具备经典、权威、实用、新颖之特点，尤其是中共中央办公厅和国务院办公厅“笔杆子”撰写的经典公文，极具权威性、代表性和可借鉴性，可供公文写作人员模仿练习，自我提高。

四、内容科学权威，标准规范。丛书严格按照《党政机关公文处理工作条例》《党政机关公文格式》等法规编写，对各类公文文种的标准格式、写作规范、注意事项进行全面介绍和翔实说明，可大大提高公文写作处理工作的效率和质量。

五、体例编排新颖，图文并茂。丛书体例科学合理，方便实用，让人一看就懂，一学就会。丛书设置诸如文种释义、基本结构与写法、例文讲析、病文评析等版块，从写作规范到注意事项，从行文主旨到语句润色，面面俱到。

目录

CONTENTS

第一章 公文写作基础知识

附 录

第一章

公文写作基础知识

GONGWEN XIEZUO JICHU ZHISHI

第一节

公文的内涵

GONGWEN DE NEIHAN

一、公文的定义

什么是公文？这是一切公文工作者（理论研究人员和实际工作者）都必须首先弄清的问题，也是公文学研究的最基本问题。

关于公文的定义，2012 年 4 月 16 日，中共中央办公厅和国务院办公厅联合印发的《党政机关公文处理工作条例》（以下简称 2012 版《条

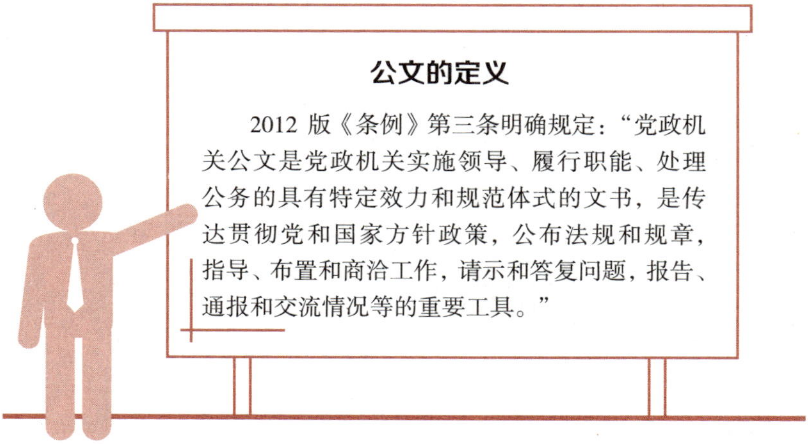
公文的定义
2012 版《条例》第三条明确规定：“党政机关公文是党政机关实施领导、履行职能、处理公务的具有特定效力和规范体式的文书，是传达贯彻党和国家方针政策，公布法规和规章，指导、布置和商洽工作，请示和答复问题，报告、通报和交流情况等的重要工具。”

例》）借鉴并延续了以往公文法规中对公文概念的表述，从公文的形成范围、性质、功能和体式等方面，对公文的定义作出了明确界定。

二、公文写作

公文作为传递策令、沟通信息、联系事务的文字载体，必须通过写作这一行为活动才能实现。

写作，顾名思义是书写和制作的结合。书写的标志是运用符号，制作是创造。写作制造的是精神产品，精神产品的制造不同于物质生产的复制，必须有创造性。写作制造的产品是文章，因此，写作就是文章制作，是作者沿着自己的思维轨道，由先而后，有目的、有组织地运用语言表达思想感情，反映客观事物，并以一定的体式表达出来的复杂活动。写作文章是精神生产，这种精神生产是以客观事物和所获得的感受与认识为原料，以无比精细的大脑思维作设备，以变幻无穷的语言符号为工具，因此，写作是一种复杂的精神生产活动。

公文写作作为应用文写作的一个重要分支，是各级党政机关、企事业单位和人民团体从事管理活动的产物。它是在写作活动一般规律和原理的基础上，根据公务活动的客观需要，以党的路线、方针、政策和决议与国家的法律法规为指导，运用科学原理和写作技法，完成对各类公文的撰写。

三、公文处理

关于“公文处理”的内涵，2012 版《条例》第四条明确规定，它“是指公文拟制、办理、管理等一系列相互关联、衔接有序的工作”。这一规定，不仅把握了公文处理的基本内容，而且指出了它们之间的内在关系即系统性。公文处理工作从拟制、办理到管理，是一个不可分割的整体，构成了公文从产生到归宿的全过程，这个过程呈现出一环套一环、一扣绕一扣的整体联动特征。因此，不论哪一个环节出现问题，都将影响它的整体效应。这就要求在公文处理过程中，必须树立整体观念，坚持系统思想，加强对公文处理工作的全面质量管理。

2012版《条例》中把公文处理工作提到很高的地位来认识并加以规定，明确指出“各级党政机关应当高度重视公文处理工作，加强组织领导，强化队伍建设，设立文秘部门或者由专人负责公文处理工作”。可见，公文处理工作不单单是机关办公部门的事情，更不仅仅是文秘人员的事情，它与整个机关工作的运转息息相关，是实现领导决策、执行、信息反馈和监督的重要一环。离开公文处理工作单纯讲领导、讲管理，是不科学的，也是不正确的。而在公文处理工作中，2012版《条例》明确规定要坚持实事求是、准确规范、精简高效、安全保密的原则，既科学合理又切合实际。特别是在当前，把实事求是作为公文处理的首要原则加以提出十分必要，它有利于遏制少数地区和单位一个时期以来出现的“数字出官”现象的蔓延。还有，公文中的不准确、不规范现象也是一个值得我们重视的问题。“精简高效”，是说要严格控制发文数量，做到发文确有必要，并讲求实效。文件不是发得越多越好，也不是写得越长越好；正确的做法是发文数量要适中，力求简明扼要、短小精悍，可发可不发的文件坚决不发，可长可短的文件一定要短。只有这样才能从根本上搬掉“文山”，切实改进机关的文风。而实现“高效”，要求我们在公文处理的时间上迅速及时，在空间上准确周密，同时又要安全保密，以确保公文写作的规范与准确。

四、公文的类别

公文是一个集合名词。为了更加准确地理解把握公文，进而正确地撰写公文，需要对公文进行分类。关于公文的分类，一般有以下几种：

（1）根据所起的作用不同可分为：

①法规性公文，如条例、规定、办法、章程、守则、规范、制度等。

②计划性公文，如计划、规划、要点、方案、预案、设想、纲要、安排、打算等。

③指导性公文，如命令、决定、决议、通知、纪要、意见等。

④陈述性公文，如综合性工作总结、工作情况报告、调查报告等。

⑤请示答复性公文，如请示、批复、复函等。

⑥沟通情况性公文，如通报、简报等。

⑦宣传教育性公文，如讲话稿、通告等。

⑧商洽性公文，如函等。

（2）根据不同的行文关系可分为：

①上行公文，指下级机关向上级主管机关的行文，如请示、报告、意见等。从实质上讲，议案也是一种上行公文。

②下行公文，指上级机关对本机关下属单位的行文，属于自上而下的行文，如中共中央给所属各省、自治区、直辖市党委的发文；省政府给各委、办、厅、局发文等。这方面使用的具体文种主要有意见、决定、决议、通知、通报、纪要、批复等。

公文的类别

（1）根据所起的作用不同可分为：法规性公文、计划性公文、指导性公文、陈述性公文、请示答复性公文、沟通情况性公文、宣传教育性公文和商洽性公文。

（2）根据不同的行文关系可分为：上行公文、下行公文和平行公文。

（3）根据公文制发机关的不同性质可分为：行政公文、党务公文、法规公文、外交公文、计划公文和军用公文。

（4）根据公文的来源及发出、使用的范围可分为：通用公文、专用公文、普发公文、专发公文、收入公文、发出公文、公布公文和内部公文。

（5）根据公文内容的重要程度可分为：绝密公文、机密公文和秘密公文。

（6）根据公文送达和办理的时间要求可分为：特急公文、紧急公文和一般公文。

（7）根据公文的载体形态可分为：纸质公文、磁介质公文和光介质公文。

③平行公文，指不具有隶属关系的机关（即无领导或者业务指导关系的机关和单位）之间的往来行文。如函等。

（3）根据公文制发机关的不同性质可分为：

①行政公文，指国家行政机关在处理日常公务活动过程中所使用的公文。例如，为行政指挥、领导和指导工作、公务联系和交往等而发出的命令、通知、通报、请示、报告、纪要和函等。

②党务公文，指由党的各级机关制发的公文，反映的是党的领导活动和党的建设等方面的情况。例如，章程、条例、规定、细则、决定、决议、请示、报告和通知等。

③法规公文，指由国家权力机关和行政机关制定颁布的法律、法令

和行政法规。例如，规定、条例、规则、办法、细则、守则、制度和规范等。

④外交公文，指在外事活动中专门使用的公文。主要有国书、议定书、照会、备忘录和条约等。

⑤计划公文，指由各级政府提请同级国家权力机关审查批准的国民经济与社会发展计划以及财政预决算等。

⑥军用公文，指由国家军队机关所使用的各种公文。主要有命令、通令、通知、通报、请示和报告等。

（4）根据公文的来源及发出、使用的范围可分为：

①通用公文，指各级党政机关、人民团体、企事业单位所普遍使用的公文。它既包括2012版《条例》中所规定的正式和主要公文文种，也包括其他常用各种应用文，或称事务文书。

②专用公文，在一定的业务范围内，按照特殊需要而专门使用的公文。它包括外交公文、司法公文、计划公文、科技公文和军用公文等。

③普发公文，指上级机关对所属下级机关发布的通知和通报等下行文。

④专发公文，亦称单发公文，系指只针对某一特定机关所发的公文，只需主送一个机关。例如，批复和复函等。

⑤收入公文，指主管上级、所属下级单位及其他外部单位发来的文件。

⑥发出公文，指本机关向外机关发出的公文。

⑦公布公文，指向社会各界和人民群众公开传达或通过报纸、电台、电视台等新闻媒体向国内外公开宣布的公文。例如，命令（令）、公告和通告等。

⑧内部公文，指党政军机关及企业事业单位组织内部使用的公文。

（5）根据公文内容的重要程度可分为：

①绝密公文，指涉及党和国家最核心机密内容的文件，一旦泄露会使国家的安全和利益遭受最为严重的损害。

②机密公文，指涉及党和国家比较重要机密内容的文件，一旦泄露会使国家的安全和利益遭受比较严重的损害。

③秘密公文，指涉及党和国家重要机密内容的文件，一旦泄露会使国家的安全和利益遭受损害。

（6）根据公文送达和办理的时间要求可分为：

①特急公文，指内容特别紧急的公文，其办理时限一般不得超过 24 小时。

②紧急公文，指内容比较紧急的公文，其办理时限一般不超过 3 日。

③一般公文，其办理时限一般不宜超过 15 日。

（7）根据公文的载体形态可分为：

①纸质公文，指以纸张为物质载体的公文，是使用最普遍的公文。

②磁介质公文，指以磁带、磁盘、磁鼓等磁性材料为物质载体的公文，诸如录音文件、录像文件和计算机文件等。

③光介质公文，指以感光材料如胶片等为物质载体的公文，如照片公文、缩微胶片公文和光盘公文等。

五、公文的特性

公文作为表述社会组织集团意志的文书，其特性主要有以下几个方面：

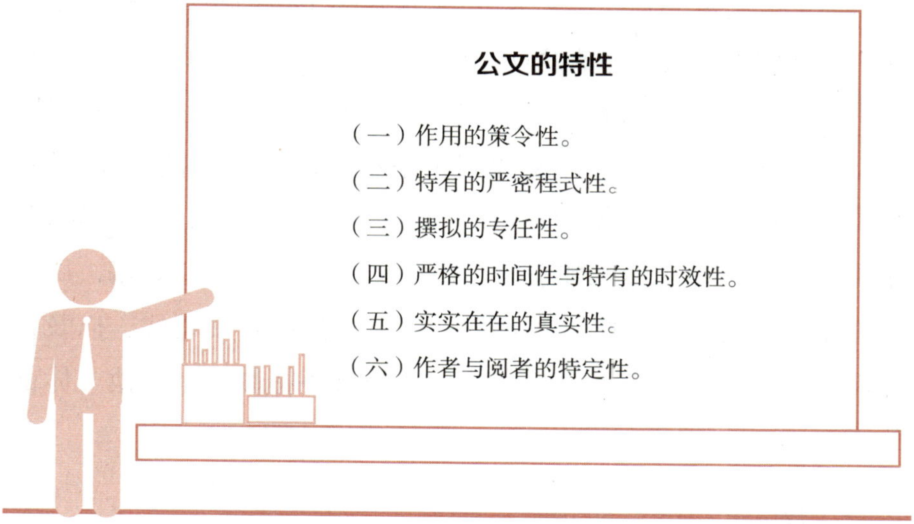

公文的特性
（一）作用的策令性。
（二）特有的严密程式性。
（三）撰拟的专任性。
（四）严格的时间性与特有的时效性。
（五）实实在在的真实性。
（六）作者与阅者的特定性。

1. 作用的策令性

公文是传递治理国家的策令的，担负着其他任何文体都不能且不允许担负的特殊使命。策令性是公文所独具的特性。

2. 特有的严密程式性

严密程式是其他文字形式都不具有的特性，体现权限和从属关系。程式性指公文的惯用格式、写作层次与转述来文的方式。惯用格式指具有一定的写作格式，有的是国家明文规定的，也有的是约定俗成的，如文件、条据、诉状、合同、契约、讣告、启事、海报和专用书信等都具有不可随意改变的一定格式；写作层次，主要指公文在篇章结构上的一系列技术性要求，如标题摘由、篇前撮要、段头显旨、分项标号和分层列段等；转述来文的方式，指在转述公文时，要加“文件头”，形成复体行文的形式，被转述的文件列为“附件”。明确规定下级转述上级的来文称作“转发”，上级转述下级的来文称作“批转”，平级机关之间相互转述过来也叫“转发”。拟写“文件头”一般要写明三点内容：一是表明对被批转、转发文件的态度；二是强调被批转、转发文件内容的意义；三是提出贯彻或办理的要求，做到开宗明义，讲究实际。值得注意的是，作为公文程式的延伸，还有一个信符问题，即作为公文有效性的标志加盖印鉴。公文的构成有三个要素，即作为指导国家治理的政策思想，体现党和国家权限的行文程式，以及作为权力标记的信符。三要素的组合是公文的重要特性，是其他文体都不具备的。

3. 撰拟的专任性

公文的策令作用，使公文撰拟必须由指定的专人进行。公文撰拟的专任性是政治工作的需要。只要有公文存在，这种撰拟的专任性就是不可改变的。正是这种撰拟的专任性和传递的严密性，保证了公文准确地履行表达党和国家意志的职能。公文撰拟的专任性，包括两种形式：一是职述，即由担负某种职务的人拟写与其职务相称的公文；二是代拟，即指领导机关或领导干部授权由他人代拟公文。

4. 严格的时间性与特有的时效性

由于公文是解决公务活动中实际问题的手段之一，这种实用性决定了公文要快写、快发、快处理，以提高工作效率。时效性是指任何一份文件都具有一定的时效，没有时效的文件是不存在的。时效的产生，除文件中明确规定生效的时间外，所有文件都以“成文日期”为生效时间。文件时效的丧失，有两种情况：一是明确宣布被新的文件所代替，从新的文件产生之日起，旧文件的时效性即行停止；二是随着客观形势的变化，有些文件的时效自然终止。

5. 实实在在的真实性

文学作品的真实性，要求的是艺术的真实，允许艺术虚构。公文的真实性，要求的是事实上的真实与方针政策上的真实，这是公文写作的一大特点。事实上的真实，指公文中所反映的事物是真实存在的，而且任何一个细节都必须是真实的，不得有丝毫出入，是绝对的真实；方针政策上的真实，即党和国家方针政策的制定是以客观存在的实际为科学依据的，正确地体现出事物发展的客观规律性。公文的内容只有符合党和国家方针政策，才能符合客观规律。公文的真实性，是事实真实与方针政策真实的有机统一。

6. 作者与阅者的特定性

公文必须是法定作者，即依法成立并能以自己的名义行使权力和履行义务的组织及其代表人。因此，公文的作者不是什么人都可以充当的。同时，公文行文的对象也是特定的，从起草开始就明确了阅者是谁。这种作者与阅者的特定性是其他文体所不具备的。

六、公文的作用

公文作为党和国家机关实施领导、履行职能、处理公务的书面文字工具，具有如下几个方面的作用：

公文的作用

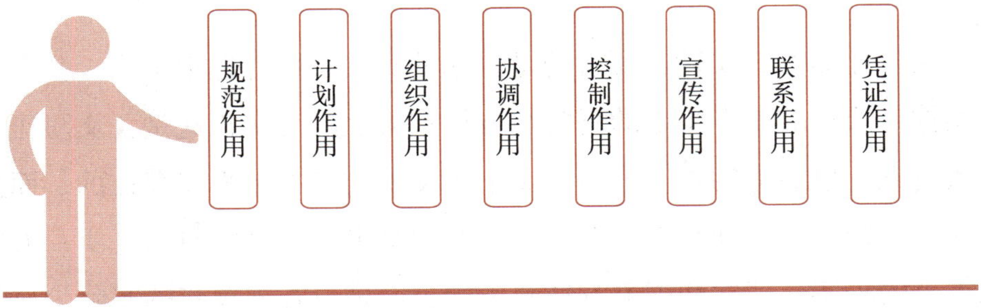

1. 规范作用

在党政机关使用的公文中，有相当一部分是用来公布全国或地方性的各种法律、法令和行政法规。它规范着亿万人民的行动，要求人们必须坚决执行，国家以强制力保证它的权威性，如《中华人民共和国刑法》《中华人民共和国婚姻法》《中华人民共和国地方各级人民代表大会和地方各级人民政府组织法》及各种规定、条例、决定、通告等。它公布的一些章程、准则、守则等，虽不是法规，但同样起着规范和准绳的作用。

2. 计划作用

计划是党政机关实施管理的中心环节，要管理，就要对工作的目标和任务作出设想和安排，对重大的问题作出决策。通过计划和决策，确定任务的内容、工作步骤、工作方法和各种要求。而党政机关各项计划活动所形成的文字材料是公文的一个重要方面，如计划、规划、工作要点、纪要、意见、决议、设想、安排、办法等，都属于起计划作用的公文。

3. 组织作用

党政机关制订计划和决策之后，就要付诸实施，化为具体的执行活动。在具体的组织活动中，除了使用语言等手段外，还要使用公文这一文字手段。比如，使用简报、通报等来交流信息、提供情况；通过请示、报告等来解决下级工作中遇到的问题和掌握下级的情况；使用命令、决议、通告、意见等对下级的工作提出明确具体的要求，对下级工作加以推进和指导。

4. 协调作用

协调就是改善和调整各机关、各部门、各项活动之间的关系，使各项管理活动分工合作、密切配合、步调一致，实现共同的目标。而公文是实现这种协调作用的重要手段。例如，通过作出决议、发布决定、总结工作来统一人们的思想认识，做到步调一致，以免贻误工作；通过发布通知、通告来纠正不良倾向，保证党政机关整个工作机器正常有效地运转。

5. 控制作用

要使党政机关的管理活动顺利进行并达到预期目的，对管理活动的进程和结果必须加以控制。控制就是监督、检查和规范，公文大部分起这种作用。要实现控制就要上情下达、下情上传，彼情此知、此情彼知，公文中的情况报告、简报、通报、信息快报等就是起这种沟通交流情况作用的。对某一方面工作起指导作用和对某一不良倾向予以制止的指示性通知、批评性通报、指示、指导性通报等都是起控制作用的。

6. 宣传作用

为了保证党和国家的方针政策的顺利贯彻实施，各级党政机关要经常制发一些着眼于对干部群众进行思想教育的公文，以提高人们的思想认识，调动大家建设中国特色社会主义的积极性。

7. 联系作用

在平级和不相隶属的机关之间，通过公文往来，可以相互商洽工作、答复问题、交流信息、沟通情况。

8. 凭证作用

某些公文在完成了它的现行作用之后，就要进行整理，归入档案，对今后的工作，起着记载、凭证和查考的作用。

七、公文语体与稿本

语体在修辞学上的使用有两个意思：一是指语体文，即白话文，与文言文相对；二是语言的功能风格，是人们在不同的社会生活领域内进行交际时，由于不同的语言环境所形成的一系列使用语言材料特点的综合。通常所说的语体主要指后者。语体可分为说话语体和书面语体两大类，后者又分为科学语体、艺术语体、政论语体和事务语体。公文语体是事务语体，以实用为目的，这就决定了它的语体风格是平实、简明、庄重的。由于公文讲究实用，在运用语言时必须把着眼点放在明确表意和加快交流上，这就要求写得平实、简明。由于公文又具有一定的权威性，在运用语言时就必须考虑如何保证执行办理的效力，这就要求写得庄重、严谨。

公文稿本是指同一公文在撰写、审核、印制过程中形成的在形式、内容、作用上有所不同的文稿、文本。具体包括以下几种情况：

公文稿本包括的几种情况

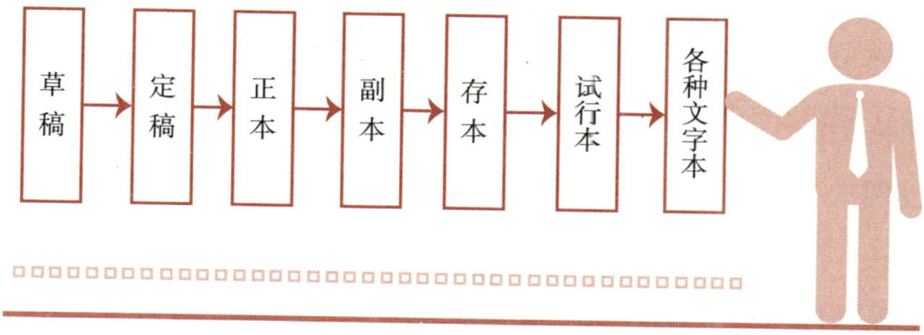

一是草稿，指公文的原始稿件，供修改、讨论、审批之用。按成熟过程可分为一稿、二稿、三稿、修改稿、讨论稿、征求意见稿等。

二是定稿，即最后完成稿，它是文件的标准稿本，是印制正本的依据。

三是正本，具有标准格式并签署或盖章。

四是副本，亦称抄本，是正本的副件或复制本，主要供参阅、备查之用。

五是存本，指留存的正本，备工作查考之用。

六是试行本（或暂行本），一些法规性文件，在内容尚不成熟之时，先以“试行本（或暂行本）”发行并试用。

七是各种文字本，包括国内各少数民族文字本和各种外文文本，必要时须规定标准的文字文本。

八、我国现行公文处理法规和公文格式国家标准

我国现行公文处理法规是指《党政机关公文处理工作条例》（中办

发〔2012〕14号），由中共中央办公厅和国务院办公厅于2012年4月16日联合正式印发并从2012年7月1日起正式施行，1996年5月3日中共中央办公厅发布的《中国共产党机关公文处理条例》和2000年8月24日国务院发布的《国家行政机关公文处理办法》停止执行。

长期以来，我国党政两大系统公文处理法规一直是分开运行的。其中党的机关的公文处理法规从1989年到1996年先后由中共中央办公厅印发过两次，即1989年4月25日的《中国共产党各级领导机关文件处理条例（试行）》和1996年5月3日的《中国共产党机关公文处理条例》；国家行政机关的公文处理法规从1981年到2000年先后发布修订过四次，即1981年2月27日由国务院办公厅发布的《国家行政机关公文处理暂行办法》，1987年2月18日由国务院办公厅发布的《国家行政机关公文处理办法》，1993年11月21日由国务院办公厅发布的《国家行政机关公文处理办法》和2000年8月24日由国务院发布的《国家行政机关公文处理办法》。在长达二三十年的运行时间里，我国党政机关的公文处理工作发生了很大变化，其中有相当多的规定和做法不够统一和谐，甚至互相抵触，影响了公文处理工作的统一化、规范化和科学化。2012版《条例》终于正式公布，这是我国党政机关公文处理工作的一件大事。与以前党政两大系统的公文处理法规相比，无论从内容规定还是从体例设置方面都作出了较大的调整和变化，既适合党政机关公文处理工作的实际状况和未来的发展需要，又很好地体现出公文法规本身所应有的严密性和规范性特征。

与2012版《条例》相配套的《党政机关公文格式》（GB/T 9704—2012）（以下简称2012版《格式》），由中共中央办公厅和国务院办公厅提出，由中国标准化研究院、中共中央办公厅秘书局、国务院办公厅秘书局和中国标准出版社共同起草，于2012年6月29日由中华人民共和国国家质量监督检验检疫总局和国家标准化管理委员会联合发布，从

2012年7月1日起正式实施。这是继1988年9月5日原国家技术监督局发布《国家机关公文格式》（GB/T 9704—1988）以及1999年12月27日发布修订的《国家行政机关公文格式》（GB/T 9704—1999）之后所作的第二次修订。此次修订在1999年标准的基础上作了很大调整，首次将适用范围扩大到各级党政机关，并对党政机关公文用纸的纸型、构成要素、版式规格以及标注位置、方法、要求等均作出统一的规定，更加科学、严谨、完备，更具实用性和可操作性。

第二节

公文的种类

GONGWEN DE ZHONGLEI

九、文种的名称

根据2012版《条例》的规定，党政机关所使用的主要文种（也称法定公文、正式公文）为15种，即“决议”“决定”“命令（令）”“公报”“公告”“通告”“意见”“通知”“通报”“报告”“请示”“批复”“议案”“函”“纪要”。2012版《条例》紧密结合党政机关公文处

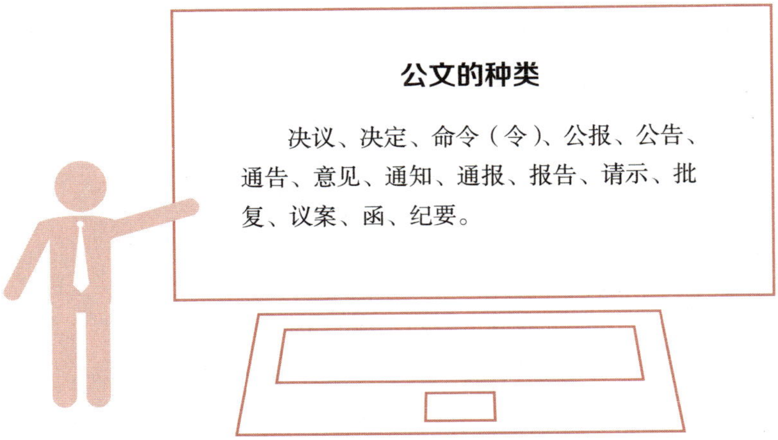
公文的种类
决议、决定、命令（令）、公报、公告、通告、意见、通知、通报、报告、请示、批复、议案、函、纪要。

理实际，对党政机关的法定公文进行了重新梳理和排队，使之更趋于准确、规范、科学、合理。

首先，在数量上进行了调整，删掉原来党的机关使用的“指示”“条例”“规定”。原来党的机关法定公文是 14 种，行政机关法定公文文种是 13 个，合在一起是 27 个，其中相同文种 18 种，不同文种 9 种。重新整合以后保留了 15 种。

其次，对公文种类的排列顺序进行了重组，依据各文种效力、发布主体级别、行文方向等多方面因素，将其依次规定为：决议、决定、命令（令）、公报、公告、通告、意见、通知、通报、报告、请示、批复、议案、函、纪要。这种排列更加科学合理，更具逻辑性和严密性。

最后，2012 版《条例》对相关公文的适用范围也做了一定程度的调整，更趋科学和实用。具体表现在，对“命令（令）”文种的适用范围进行了拓展，除原有的使用功能外，新增了“批准授予和晋升衔级”的内容，较之原来更为完善，更加切合实际需要；对于“通知”，删去了原来“发布法规”及“任免人员”的使用功能；对于“通报”，把原来的表述“适用于表彰先进、批评错误、传达重要精神或者情况”调整为“传达重要精神和告知重要情况”，使之更为全面准确。将“报告”的适用范围“答复上级机关的询问”中的“答复”改为“回复”，用词更加准确恰切；对于“纪要”，长期以来一直称为“会议纪要”，将其简化为“纪要”，并且规定“用于记载会议主要情况和议定事项”，更加简明确切。

十、法定公文的适用范围

2012 版《条例》所规定的 15 种公文，对于每一种均规定了明确的适用范围，具体内容如下：

（1）决议——党政机关使用的下行文的一种。适用于会议讨论通过的重大决策事项。例如，《中国共产党第十九次全国代表大会关于十八届中央委员会报告的决议》。

（2）决定——党政机关使用的下行文的一种。适用于对重要事项作出决策和部署、奖惩有关单位和人员、变更或者撤销下级机关不适当的决定事项。例如，《中共中央关于全面推进依法治国若干重大问题的决定》。

（3）命令（令）——适用于公布行政法规和规章，宣布施行重大强制性措施、批准授予和晋升衔级、嘉奖有关单位和人员。具体分为：用于公布国家法律和行政法规的为“公布令”，如《中华人民共和国主席令》（第 × 号）、《中华人民共和国全国人民代表大会常务委员会委员长令》（第 × 号）。用于发布某些重大的行政措施和活动的为“行政令”，如《国务院关于在我国统一实行法定计量单位的命令》。用于任免、奖惩、特赦、戒严、部队宣布功过等事宜的为“任免令”“嘉奖令”“特赦令”“戒严令”和“通令”，如《关于嘉奖参加纪念抗战胜利70周年阅兵的解放军和武警部队全体官兵的通令》。

命令的适用范围

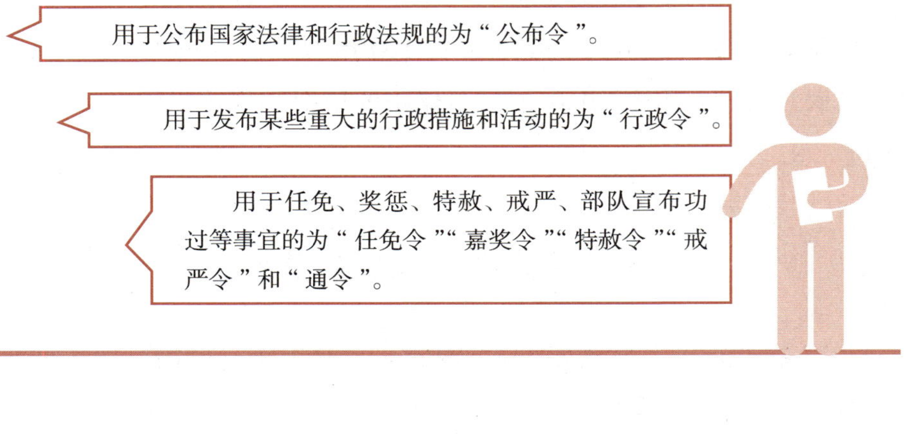
用于公布国家法律和行政法规的为“公布令”。
用于发布某些重大的行政措施和活动的为“行政令”。
用于任免、奖惩、特赦、戒严、部队宣布功过等事宜的为“任免令”“嘉奖令”“特赦令”“戒严令”和“通令”。

（4）公报——党政机关使用的公布性文件的一种。适用于公布重要决定或者重大事项。例如，《中国共产党第十九届中央委员会第三次全体会议公报》。

（5）公告——党和国家高级机关使用的公布性文件的一种。适用于向国内外宣布重要事项或者法定事项。例如，《财政部关于实施境外旅客购物离境退税政策的公告》。

（6）通告——党政机关使用的公布性文种。适用于在一定范围内公布应当遵守或者周知的事项。例如，《福建省人民政府关于禁航禁渔的通告》等。

（7）意见——党政机关公文中既含上行又具有下行乃至平行意义的一种。适用于对重要问题提出见解和处理办法。一般情况下，来自下级机关的“意见”只具有参谋建议性质，一经上级机关批转或批准，即转化为决策性的文件；另一种是出自上级机关的“意见”，虽然文种名为“意见”，但本质含义已非建议的意思，而是具有指挥性、决定性。例如，《国务院关于积极推进“互联网+”行动的指导意见》。

（8）通知——党政机关使用的下行文的一种。根据2012版《条例》的规定，适用于发布、传达要求下级机关执行和有关单位周知或者执行的事项，批转、转发公文。

（9）通报——党政机关使用的下行文的一种。适用于表彰先进，批评错误，传达重要精神或告知重要情况。例如，《国务院办公厅关于对全国第二次大督查发现的典型经验做法给予表扬的通报》、财政部《关于盘活财政存量资金有关情况的通报》。

（10）报告——党政机关使用的上行文的一种。适用于向上级机关汇报工作、反映情况，回复上级机关的询问。例如，广东省人民政府《关于加快营造生物防火林带工程建设议案办理情况的报告》。

（11）请示——党政机关使用的上行文的一种。适用于向上级机关请求指示、批准。例如，《国家统计局关于建立国家普查制度改革统计调查体系的请示》。

（12）批复——党政机关使用的下行文的一种。适用于答复下级机关请示事项，针对性、目的性很强。例如，《国务院关于黄河流域防洪规划的批复》。

（13）议案——国家行政机关专用的文种，适用于各级人民政府按照法律程序向同级人民代表大会或者人民代表大会常务委员会提请审议事项。例如，《国务院关于提请审议设立重庆直辖市的议案》。

（14）函——党政机关公文中唯一的平行文。适用于不相隶属机关之间商洽工作、询问和答复问题、请求批准和答复审批事项。例如，《国务院办公厅关于出国举办经济贸易展览会审批管理工作有关问题的函》。

（15）纪要——党政机关使用的下行文的一种。适用于记载会议主要情况和议定事项。纪要在行文关系上，可以采取转发（印发）或直接发出的形式，类似于通知，发给下级机关贯彻执行；也可以报送给上级机关，类似于会议情况报告，向上级机关反映情况；还可以发给平级有关机关，类似于公函，使对方知晓，沟通情况。例如，《中央经济工作会议纪要》。

十一、常用事务公文的适用范围

除上述15种法定公文（或称正式公文、主要公文）以外，在党政机关、人民团体和企事业组织的公务活动实践中，还经常使用以下35种应用性公文：

（1）条例——党的机关公文中的主要种类之一，适用于中央组织制定规范党组织工作、活动和党员行为的规章制度。条例又是国家行政法规、地方性法规的主要形式。例如，《中国共产党党内监督条例（试行）》。

（2）规定——党的机关使用的主要公文种类之一，是对特定范围的工作和事务具有约束力的行为规范，又是国家行政法规、地方性法规、部门规章、政府规章的主要形式。例如，《播音员主持人持证上岗规定》。

（3）计划——即对工作的预想和打算的书面化。

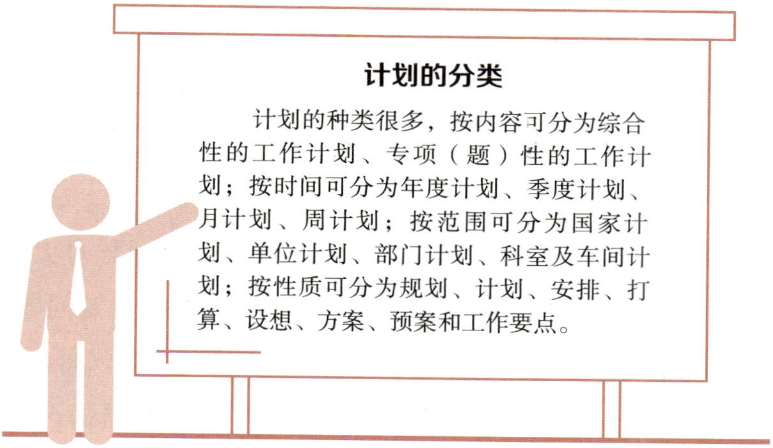

计划的分类
计划的种类很多，按内容可分为综合性的工作计划、专项（题）性的工作计划；按时间可分为年度计划、季度计划、月计划、周计划；按范围可分为国家计划、单位计划、部门计划、科室及车间计划；按性质可分为规划、计划、安排、打算、设想、方案、预案和工作要点。

（4）规划——计划性文件的一种，一般是带有全局性、长远性和方向性的中期（一般指三年以上）计划。例如，《长江中游城市群发展规划》。

（5）工作要点——计划性文件的一种，以简要的文字，反映一个单位在一定时间内工作计划的主要方面和要点。例如，《××省人民政府研究室2018年工作要点》。

（6）专用书信——指具有专门用途，形成特殊写法的函件，主要包括介绍信、证明信、慰问信、表扬信、喜信（报）和贺信（电）等。

（7）工作总结——指在工作实践中，基于对客观事物规律的认识而形成的文字材料。它有两个特点：第一，对前一阶段工作或某一项工作完成之后所作的总的、全面的检查和回顾；第二，对整个工作进行分析、评定和综合，揭示出事物本质，找出工作规律，以便指导今后的工作。例如，《××市公安局2017年工作总结》。

（8）讲话稿——通常指领导同志代表组织在一定会议上，就有关方针政策、思想、工作、作风等问题所作的带有指导性的讲话而使用的书稿。例如，《在纪念中国人民抗日战争暨世界反法西斯战争胜利70周年大会上的讲话》。

（9）开幕词——举办会议的主要领导人代表大会所作的纲要性讲话，用以阐明大会的宗旨、性质、任务、目的、议程、安排、要求等。开幕词集中体现了大会的指导思想，对大会起引导作用。例如，《国际展览局主席上海世博会开幕词》。

（10）闭幕词——会议结束时，举办会议的主要领导对大会进行的各项议程和会议情况所作的评估和概述，突出解决的主要问题和收获，提出贯彻会议精神的希望和要求。例如，《G20杭州峰会闭幕词》。

（11）简报——适用于下情上报、上情下达和互通情况，交流信息，在机关内部具有广泛的使用范围，有工作简报、会议简报与情况简报之分。例如，机关内部编发的“××动态”“××信息”“××简讯”“××情况”等均属简报范畴。

（12）调查报告——机关工作中，对某个问题、某一事件、某项经验、某种情况开展调查，在占有丰富材料的基础上，经过科学的分析研究，将说明问题、澄清情况、揭示本质规律等结果写成的文字材料。

（13）大事记——一个地区、一个单位或者一个组织把重大事件或活动按时间顺序记载下来的公文。例如，《党的十八大以来大事记》《××市物价局2017年大事记》。

（14）章程——一个党政机关或社会团体为规范本组织的成员而对

本组织的内部事务（如宗旨、组织、权利、义务等）作出的共同遵守的集体决定。例如，党章、团章、工会章程等，包括业务部门的一种规章，如招生简章、招工简章。

（15）细则——贯彻实施某一法规而在要求、办法上的具体化，是业务主管部门或下级机关贯彻实施某一法规中的某几条条款而作的详细规则。例如，《中华人民共和国台湾同胞投资保护法实施细则》就是为配合《中华人民共和国台湾同胞投资保护法》而同步制定的规则。

（16）制度——为规范有关人员、集体或个人活动所明确的制约规则。例如，医疗保险制度、保密制度、作息制度、会议制度、安全卫生制度等。

（17）办法——对某一方面的具体工作手续和措施加以条理化和制度化，使有关部门在办理中有所遵循的文件。例如，《党政机关公务用车管理办法》《党政机关办公用房管理办法》等。

（18）守则——在一定范围内为工作人员或社会成员所规定的简明道德规范和行为准则的文种。例如，《国务院工作人员守则》。

（19）规则——为保证工作的顺利完成，对其程序、方式、方法及要求，写成条文，形成制度，要求有关人员严格遵守，不得违反。例如，《国务院工作规则》。

（20）会议工作报告——某一级组织的代表人向会议所作的工作报告，以提交大会讨论并作出决定。这类报告不是讲话稿或发言稿，而是包含对前一个时期的工作进行总结以及对今后一个时期的工作作出部署等内容。例如，《政府工作报告》。

（21）祝词——以组织或领导人的名义，对某一重要会议、重要活动或在政治、经济、科技、文化、教育等方面取得的重大胜利，以及某一国家、某一政党、某一重要人物的纪念性活动表示祝贺的言辞，是一种重要的应用文体。

（22）声明——是对某些问题或事件表明自己的观点、态度和主张的文书，它的使用者可以是一个国家的政府或一个政党，也可以是某一个组织或单位。涉及双边、多边事项共同签署的声明，称作“联合声明”。例如，《中台办、国台办就当前两岸关系发表声明》。

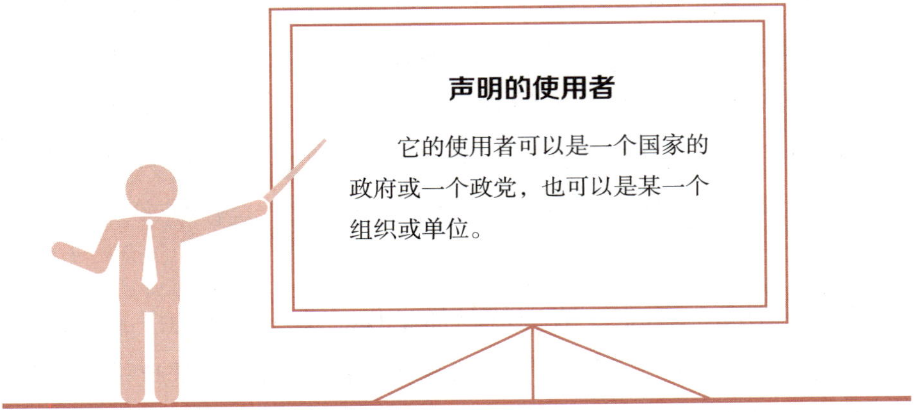
声明的使用者
它的使用者可以是一个国家的政府或一个政党，也可以是某一个组织或单位。

（23）述职报告——对一个时期内执行岗位职责的实践活动进行自我评述的总结报告。

（24）公开信——面向社会公开发布的书信，它的发布者应是党和国家的某一机关、部门，或者是党和国家直接领导的人民团体。例如，《中国女足致全国球迷公开信》。

（25）纲要——带有远景发展设想的提纲挈领式的文字计划，具有较强的政策性、思想性与指导性。例如，《新时代公民道德建设实施纲要》《建立健全教育、制度、监督并重的惩治和预防腐败体系实施纲要》。

（26）工作研究——对实际工作中具有普遍意义的问题进行研究探讨，提出见解和主张，为领导决策服务或参与社会的公开讨论。

（27）方案——对未来要做的某重要事项，在总体筹划上作出最佳选择和安排。例如，《药品监督管理体制改革方案》。

（28）安排——对短时期内的工作所提出的计划，是年度、季度工作计划的具体分解。例如,《××市公安局关于开展打击赌博专项斗争的安排》等。

（29）设想——属于初步构想的粗线条的非正式计划，具有参考性、理想性与一定的可变性，时间跨度一般在10年以上。例如,《××市人民政府关于海滨新区经济建设今后十年（2018年至2028年）发展设想》。

（30）决策方案报告——一个部门、一个单位，根据有关数据和资料，对管理工作中的现实或未来的重大问题进行分析、研究、对比、论证，提出可供领导选择或采纳的决策方案。

（31）新闻通稿——新闻机构在采访到一些重要新闻后，以统一的稿件方式发给需要稿件的各有关媒体。随着公务活动领域的不断扩大、信息传播速度的加快和渠道的增多，越来越多的党政机关和企事业单位在对外发布新闻时，为了统一宣传口径，也会组织新闻通稿提供给需要的新闻媒体。

（32）信访回复和答复——有关部门将信访事项的办理情况、复查或复核意见回复信访人的一种文书。具体种类多种多样，基本结构模式和撰写要求大体相同。

（33）调研报告——对某种情况、某项经验、某个问题或某一事件进行有目的和系统的调查了解，将全部情况和材料进行深入细致的分析研究之后写出的反映客观实际、揭示事物本质与发展规律的书面报告。根据实际使用情况，通常将其分为总结经验的调研报告、揭露问题的调研报告、反映情况的调研报告三大类。例如,《××市教育局关于农村教育事业发展情况的调研报告》。

（34）协议书——国与国、政党团体与政党团体之间，国内机关、团体、企事业单位之间为了解决某一事项，通过协商将取得一致意见的事项整理成共同遵守的文字材料。

（35）典型材料——为宣扬社会实践活动中涌现出来的有代表性的先进人物或先进单位的事迹、经验而写成的书面材料。例如，《××同志的先进事迹材料》。

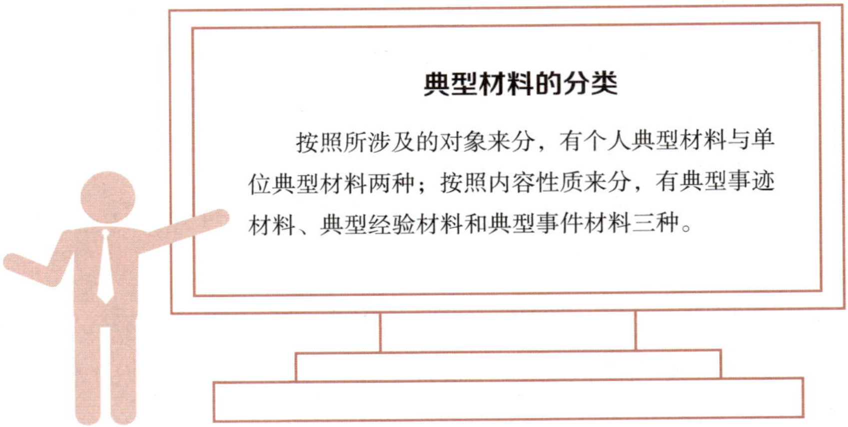

典型材料的分类
按照所涉及的对象来分，有个人典型材料与单位典型材料两种；按照内容性质来分，有典型事迹材料、典型经验材料和典型事件材料三种。

除上述35种常用事务文书外，还有竞聘演讲词、行政奖励及处分决定、公约、讣告、悼词等，种类十分繁杂。

十二、公文文种的作用

公文是一个独立的文体，由若干具体文种组成，从表面上看，这些文种名称只不过是一个代号，其实它包含的道理是相当丰富、深刻的。具体表现在：

1. 不同的文种名称，体现了不同文件的性质

例如，命令（令）、通缉令、嘉奖令、惩戒令等文种都有一个“令”字，由于“令”字包含指使的意思，属于使令性动词，所以，在使用令、命令、通令等作为文种名称时，都具有指令性质。又如，通知、通报，都有一个“通”字，即传达的意思，“知”和“报”包含知道的意

思，所以在使用通知、通报等作为文种名称时，基本属于告知性、周知性文件。再如，纪要即概述其要点的意思，所以，纪要属于会议文字记录性文件。

公文文种的作用

（一）不同的文种名称，体现了不同文件的性质。

（二）不同的文种名称，反映了文件的不同行文方向。

（三）不同的文种名称，表达了文件的不同目的或要求。

（四）不同的文种名称，揭示了不同文种的各自特点。

2. 不同的文种名称，反映了文件的不同行文方向

例如决定、决议，都有一个“决”字，“决”就是决策的意思，而决策产生于各级机关的首脑核心，决策之后要由下属部门去执行、办理，所以，它们的行文方向必然是自上而下。又如请示这个文种，“请示”二字的含义是请求予以批示。这个含义本身就十分明确地告诉我们，请示的行文方向是自下而上的。再以“函”为例，“函”这个字的本义是书信，书信是人们用以传递信息、互通情况、商洽问题、联系事务时使用的一种文体，它不存在哪一方可以使用，哪一方不可以使用的

问题。所以反映到“函”上，便产生了对上、对下以及平级机关或单位之间均可使用的多种行文方向。

3. 不同的文种名称，表达了文件的不同目的或要求

例如，公告、通告、报告均有一个“告”字，“告”即将事情向人陈述、告知的意思，因此这几个文种的行文目的在于向人们（或组织）告知、告诉某一事项；又如公文中的批复，这个名称非常明显地告诉我们，行文的目的是上级对下级作出的批示和答复；再如“请示”，有“申请指示”“申请批准”等含义，因此其行文目的就是为了向上级机关请求指示和批准事项。

4. 不同的文种名称，揭示了不同文种的各自特点

以公告、报告两个文种为例，虽然都有一个“告”字，均属陈述、告知性的文件，但前一个“告”受“公”字的限制，后一个“告”被“报”来限定，“公”包含公开的意思（在党政公文里，代表党和国家），“报”在这里可作为向上级汇报来理解。把“公”与“告”联系起来即公开告知，所以公告是面向全社会的告知性文件，它的对象是广大人民群众及各个单位；而“报”与“告”联系起来，是向上级汇报、陈述，所以它是面向上级的陈述性文件。又如请示、报告，虽同属上行文，但“请示”是请求给予批示，对上有肯定性的要求，由此会引出复文；“报告”的含义是向上级汇报、陈述情况，对上则没有肯定性的要求，不会引出复文。所以，它们又是两个不同性质的文种。再如决定、决议同属一类，都是决策性文种，但一个是“议”，一个是“定”，“议”说明此文所决策的问题是经过会议讨论通过，“定”是制定的意思，制定决策的形式是多种多样的，有的是经过会议讨论通过的，也有的是某一机关、组织直接制定的。

综上所述，文种的名称具有概括标明文件的性质、作用、运行方向及制发目的、要求的重要作用。因此，在拟制公文时，一定要注意准确选用文种，如果文种名称的确定和使用不当，可能会发生越权的错误，或者是给收文机关的公文处理工作带来诸多麻烦与不便。可见，正确使用文种是一件很严肃的事情。

十三、公文文种的法律地位

要准确地把握和使用公文的文种，做到不错用、不滥用，就必须分清公文文种的法律地位，这是确保准确规范使用公文文种的前提条件。

公文的文种有一部分是党和国家通过公文法规的形式加以确定的，我们通常称这一部分文种为“主要文种”或者“正式文种”，在公文学术界也称之为“法定文种”。如前所述，根据2012版《条例》的规定，党政机关所使用的“法定公文”文种有15种。

与“法定文种”相对应的是“非法定文种”，它不是党和国家公文法规中加以确认的，而是人们在长期的公文写作实践中约定俗成的。例如，“计划”“总结”“考察（调查）报告”“工作研究”“告人民书”“公开信”“声明”“宣言”“章程”“规则”“细则”“守则”“开幕词”“闭幕词”“大会工作报告”“典型材料”“大事记”“演讲词”“条约”“协议”“专用书信”“简报”“信息快报”“方案”“安排”“纲要”“规划”“设想”“制度”“誓词”“新闻通稿”“信访回复和答复”等。

“法定文种”与“非法定文种”由于法律地位上的不同，决定了前者可以独立行文，而且行文时要采用党和国家公文法规正式规定的标准的公文格式；后者不具有独立行文的资格，不能使用党和国家公文法规中正式规定的标准公文格式。“非法定文种”要上报或下发时，只能从“法定文种”中寻求一个文种来做它的载体，构成复体行文的特定方式，一般把这个载体叫作“文件头”。“文件头”大都用“通知”（下行时）或“报告”（上行时）来充当。值得注意的是，采用这种复体行文方式，“文件头”所载运的“非法定文种”不属于公文的附件，而只是一种文件的发布形式。

十四、公文文种之间的关系

公文文种虽然名称繁多，性质各异，作用不同，但彼此之间不是孤立的存在，而是一个有机联系的整体，这就是文种关系。

公文文种之间的关系主要表现为以下三种：

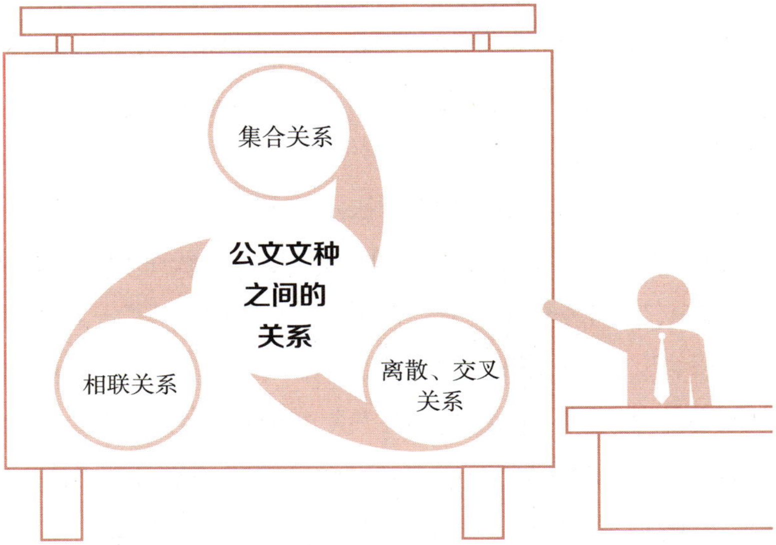

第一种，集合关系。由于文种的功能、法律地位以及运行方向不同，分别集合成若干小的集体。从功能上看，往往体现出指挥性、知照性、呈请性、法规性、计划性、总结报告性、记录性等多种集合关系，从而构成了公文诸多的子系统；从法律地位上看，分别集合为法定的与非法定的两大子系统；从运行方向上看，分别集合成上行文、平行文、下行文三大群体。

第二种，相联关系。是指文种与文种之间的相互依赖、相互作用。例如，请示与批复、报告与批示、计划与总结、通知与报告等文种之间的关系就充分证明了这一点。

第三种，离散、交叉关系。例如，公报与公告、指示与批复以及公告、布告、通知、报告之间都是这种关系。

十五、正确确定和使用文种的原则

确定文种是公文写作的重要环节之一。在公文写作实践中，对于文种名称的确定和使用，应当根据行文目的、发文机关的职权范围以及与主送机关的行文关系来确定。文种确定不当，将直接影响公文的质量和效用。具体而言，应当注意把握如下几点：

确定和使用文种的四个原则

1. 必须按照2012版《条例》的统一规定，不能乱起名称。
2. 要依据制文机关的权限进行，不可超越职权。
3. 要依据行文的关系进行，要考虑到与收文机关的组织关系。
4. 要考虑发文的具体目的与要求。

1. 必须按照2012版《条例》的统一规定，不能乱起名称

“法定公文”的15种名称，按规定只能单独使用，不能加以合并。目前在一些单位的行文中出现的“请示报告”“告示”“申请报告”“意见报告”等，就是把两个不同的文种名称合并或缩减在一起使用，这样随便给公文文种起名的做法是不严肃的。

2. 要依据制文机关的权限进行，不可超越职权

例如，令与命令，是具有指令性质的文件，常言说“令行禁止”，所以，在实际工作中，只有国家的高级领导机关、军事机关一般才可使用，假若某一个基层单位也来发布令、命令，就失去了令、命令的严肃性和应有的作用。又如，公告虽属于告知性文件名称，但这个“公”字包含代表党和国家的意思，也就是说只有党和国家的高级管理机关才有资格使用。但从目前的实际情况来看，对于这一文种的使用显得很不规范，随意性很强。不但党和国家的高级管理机关使用，就连基层的企事业单位也用，其所涉及的事项既有法规规定的重要事项或者法定事项，也有一般性的事项，甚至有些单位还用“公告”来规定门卫制度，显得很不严肃。报纸广告栏目中那令人眼花缭乱的“招生公告”“招干公告”“征文公告”“征订公告”“迁址公告”“商品展销公告”“开业公告”“拍卖公告”等，这些滥用“公告”的做法，从实质上说是一种越权行为，因为它们的作者（如报社、杂志社、出版社、工厂、商店、学校等）无权代表党和国家，所以不能随便使用“公告”。

3. 要依据行文的关系进行，要考虑到与收文机关的组织关系

具体地说，收文机关是自己的上级组织，在文种名称的选用上只能采用“请示”“意见”或者“报告”；向自己的下属组织发文时，一

般应选用“通知”“决定”“决议”“意见”“通报”及“纪要”等文种名称；公开向社会群众公布某一周知或应当遵守的事项时，应选用“命令”“令”“公告”“公报”和“通告”；向平级单位或没有隶属关系的单位行文时，主要使用“函”。

4. 要考虑发文的具体目的与要求

例如，行文目的是请求上级给予指示、帮助和支持的，就应用“请示”“意见”；用于向上级汇报工作、反映情况的，可用“报告”；用于推动、指导下级工作的，可使用“指示”或“通知”（指示性通知）；目的是告知下一级某一事项的，应使用“通知”；为商洽、联系、询问某一事项时，应使用“函”等。总之，只有熟悉各个文种的性质、用途，切实把握文种名称的内涵与外延，才能准确地使用文种，这对发挥公文的应有作用，提高公文处理工作的效能，具有直接和重要的影响。

十六、使用文种应特别注意的问题

当前应当着重注意以下几点：

（1）要完整准确地学习掌握2012版《条例》中有关文种使用方面的规定。例如，对“通知”的适用范围删去了原有“发布规章”的内容表述。为此，有的人就提出“不能再使用‘通知’来发布规章，而应采用‘公布令’”。这种讲法是不准确的，也是不符合实际的，我们不能机械理解公文法规的任何一个条文。例如，2012版《条例》在正式印发时使用的就是“通知”，恰恰没有使用“公布令”，道理很简单，就是因为2012版《条例》的发布是在各级党政机关内部行文，不是公布于全社会。假如认为2012版《条例》关于“通知”的适用范围规定中删去了“发布规章”的内容，就再也不能用“通知”来发布规章，只能使用“公布令”，那么数以千万计的地（市）级以下的政府、部门以及国有企业、事业单位制订的“类规章性文件”又用什么文种来发布呢？难道也用“公布令”吗？当然不行，“令”的使用不但在法律上而且特别是在习惯上都是有严格限定的，还是采用“通知”为宜。对于“报告”文种的使用也应如此。2012 版《条例》中仍未就有关“提出意见或建议”的内容作规定表述，据此，有的人就认为“建议报告”也不能再用，统由“意见”取而代之，这也是一种片面之见。上行的“意见”不同于“建议报告”，前者所面对的必须是“新、大、难”的问题，而后者所面对的范围要远远大于前者，可能是重大问题、难点问题，但不一定就是新的问题。总之，我们必须从鲜活且纷繁复杂的公文工作实际去考虑文种的使用问题，做到完整准确地理解党政公文法规的每一条规定精神。

（2）要准确把握行政机关“公布令”的使用限度。行政机关“公布令”的制发者，必须是具有制定、发布行政法规、规章权的国家机关。如国家行政法规的制发主体是国务院，“部门规章”由国务院各部门制发；“政府规章”即地方人民政府制发的规章，由省、自治区、直辖市以及省、自治区人民政府所在地的市和经国务院批准的较大城市、计划单列市的人民政府根据法律、行政法规和地方性法规而制定。以上行政法规和规章均可使用“令”来发布。除上述以外，一些地区、部门根据行政法规、地方法规、规章而制定的不属于法规、规章的“类规章性文件”，不得使用“公布令”，而应当用“通知”予以发布。在实践中我们见到某一直辖市的经济技术开发区管委会，对自己制定的“规定”使用“令”在媒体上进行发布，显然值得商榷。

（3）要准确使用“函”与“请示”。2012 版《条例》中明确规定：“函”适用于不相隶属机关之间商洽工作，询问和答复问题，请求批准和答复审批事项。按这一规定精神，凡是向与自己无领导与被领导、指导与被指导关系的主管部门请求审批事项，均应使用“函”这个文种。同时，也不能因为自己有权审批某一事项（如经商办企业、贷款、用地、房产、减免税、办学及要钱、要物、要机构、要编制、要人员、要政策优惠等），不管有无隶属关系，一律要求对方写出“请示”，然后对其以“批复”处之，这与2012版《条例》的规定是格格不入的，要遵循文种本身严格的权限。

（4）要全面理解“意见”文种的双重作用。“意见”这一文种对我们广大公文工作者来讲并不陌生，虽然过去“意见”从未被列为行政公文的主要种类，但它是党的机关公文中的一个主要文种，大家也一直在使用，过去主要是向上级机关反映自己管辖范围内有关工作的意见，要求上级加以支持或批转，现在也可用于向下级机关指导工作，即对重要问题提出见解和处理办法，要求下级贯彻办理。

（5）“请示”与“报告”必须严格分开。虽同属上行文，但两者之间却有着严格的区别。例如，“报告”对上级没有肯定性的批复要求，而“请示”则相反；在行文时间上，“报告”是事中或事后行文，而“请示”是事前行文；上级对下级报送的“报告”一般不作回复，而“请示”则不然，不论所请示的事项上级同意与否，按理都应及时作出“批复”。

十七、相近易混文种辨析

公文中有些文种的名称、性质、作用、特点是非常近似的，这就给我们在文种的选择、掌握与具体运用上带来一些难度，以致在写作实践中经常出现文种混用和错用的问题，直接影响了公文处理的质量和效率。为此，要准确地使用公文文种就不能不注意对近似文种的辨析。

主要包括如下若干组别：

1. 命令　令

在公文文种发展过程中，“命令”与“令”在使用上经历了一个由分到合的演变。在1981年2月国务院办公厅发布的《国家行政机关公文处理暂行办法》中将其规定为两个文种，到1987年2月18日公布的《国家行政机关公文处理办法》中将其合并，从此以后一直作为一个文种的两种名称使用。具体选用的方法是：如果公文标题是由发文机关加文种构成，或者文种之前有一密不可分的用法限定词如嘉奖、特赦、通缉等，就用“令”。例如，《中华人民共和国国务院令》《国务院对胜利粉碎劫机事件的民航杨继海机组的嘉奖令》《××市公安局通缉令》。当公文标题在文种前有独立完整的事由和助词“的”时，应当用“命令”。例如，《国务院关于在我国统一实行法定计量单位的命令》。

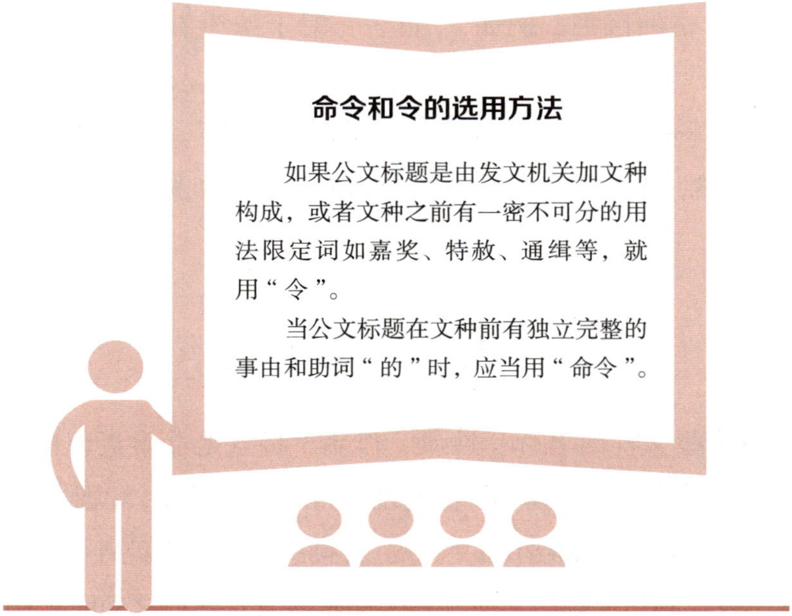
命令和令的选用方法
如果公文标题是由发文机关加文种构成，或者文种之前有一密不可分的用法限定词如嘉奖、特赦、通缉等，就用“令”。
当公文标题在文种前有独立完整的事由和助词“的”时，应当用“命令”。

2. 决定　决议

“决定”和“决议”虽然同属议决类下行文，却是两种不同文种。主要表现为:（1）“决议”的内容多是关系全局性、原则性的重大问题、重大事件以及重大方针政策，而“决定”的使用则相对灵活、具体一些。（2）“决议”形成的过程和程序要比“决定”严格。“决议”必须经过有关会议讨论通过，而“决定”不一定经过会议表决程序。（3）“决议”和“决定”同属于指令性公文，都要求下级机关认真贯彻执行，但“决定”的指令性更强，而“决议”所要求达到的效果，却各式各样。有的“决议”具有较强的指令性；有的“决议”则偏重于号召，具有较强的理论性、论证性；还有的“决议”只作认定性、认可性的结论。例如，“人民代表大会对会议期间各种报告所作出的决议”即属此种情况。

3. 议案　提案

“议案”与“提案”不同。主要表现为两点：一是适用主体范围不同。“议案”用于各级人民代表大会或人民代表大会常务委员会，而“提案”则用于各级政协会议和企业职工代表大会；二是内容效力不同。“议案”在提请大会审议通过后，具有较强的约束力和法律效力，而“提案”则没有法律效力。

4. 意见　决定

（1）从行文方向上看，“决定”仅用于下行文，而“意见”既可以下行，也可以上行或平行；（2）从内容效用上看，“决定”具有较强的制约性、指挥性，而“意见”具有突出的指导性，比较注重原则性和灵活性的结合、规定性和变通性的结合，以便为下级机关办文留有更多的创造性余地。

5. 通知　意见

“通知”是上级机关要求下级机关办理和周知或执行有关事项或转发文件时使用的公文，属于下行文，而“意见”是对重要问题提出见解和处理办法，既可以下行，也可以上行或平行。另外，“通知”的内容具有较强的指导性和执行效力，而“意见”则主要是就某项工作如何开展或解决提出建议和思路，具有较强的灵活性，重在提出方案和措施以供参考和选择。从执行程度上看，“通知”一经下发，要求有关单位必须贯彻执行，而“意见”行文如对贯彻执行有明确要求时，应遵照执行，如无明确要求时则可参照执行。

6. 通报　通知

主要表现为：（1）适用范围不同，“通知”适用于发布、传达要求下级机关执行和有关单位周知或者执行的事项，批转、转发公文。“通报”适用于表彰先进，批评错误，传达重要精神和告知重要情况。（2）行文目的不同。发布“通知”的目的是使受文单位了解发文单位要求做什么和怎么做，从而行动起来，而制发“通报”的目的则在于使受文单位了解某一重要情况或典型事件，从而受到教育、启发。（3）内容构成层次不同。“通知”一般要由受文单位做什么和怎么做两大层次构成，要直陈直述，不用举例和论证，而“通报”则不同，它一般由情况和事例构成，要求对情况和事例作简明扼要的分析，并对分析的结果加以议论。

7. 报告　请示

（1）性质要求不同，“报告”属于陈述性公文，“请示”则属于请求性公文，上级机关对“报告”不一定作出批复，而对“请示”则必须作出明确批答回复。（2）行文时限不同，“报告”在事前、事中和事后皆可行文，而“请示”只能在事前行文。（3）内容含量不同，“报告”可以一文一事，也可一文数事，而“请示”只能“一文一事”。（4）行文目的不同，“报告”是为了向上级机关汇报工作，反映情况，回复上级机关的询问，而“请示”是为了向上级机关请求指示和批准。

8. 请示　上行意见

“请示”与“上行意见”相比，在行文方向与目的上比较接近，都是要求上级对自己所提的事项或问题给予批准、指示或认可，但其所提的事项与内容不尽相同。“请示”的内容较多涉及的是如机构设置、人员编制、资产购置、财政支出、出国出境等实质性事项，而“意见”往往涉及的是有关政策性的问题，提出见解和处理办法，请上级机关定夺。

9. 纪要　决议

“纪要”和“决议”都是反映会议结果的公文文种，但在使用上有所区别。突出表现为内容的重要程度上，“纪要”的内容可大可小、可轻可重，既可以是党和国家的大事，也可以是具体的日常工作，而“决议”的内容通常是一个单位或部门甚至党和国家的重大问题或重大事件。“纪要”是对会议议定事项和主要精神的概括和反映，起草后经过主管领导签发即可作为正式文件发布，而“决议”必须经过会议表决程序才可发布。“纪要”所涉及的内容事项往往较多，而“决议”则相对集中单一。

10. 函　平行意见

“函”不同于“平行意见”。“意见”有时也应用于不相隶属的机关之间，但与“函”有所区别。

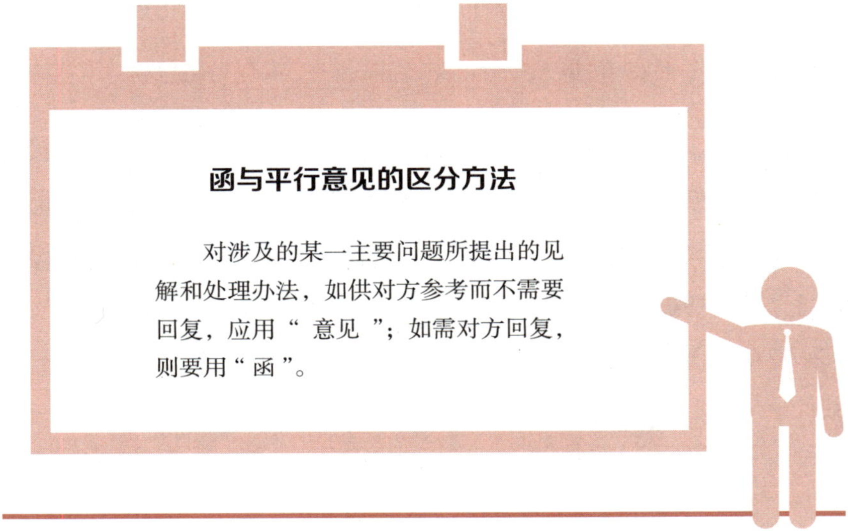

函与平行意见的区分方法
对涉及的某一主要问题所提出的见解和处理办法，如供对方参考而不需要回复，应用“意见”；如需对方回复，则要用“函”。

第三节

公文的格式

GONGWEN DE GESHI

十八、公文格式的含义

公文格式专指法定（或称主要、正式）公文外形结构的组织与安排，以及公文的书写、字体、用纸的规格和样式等。中华人民共和国国家质量监督检验检疫总局和国家标准化管理委员会于2012年6月29日

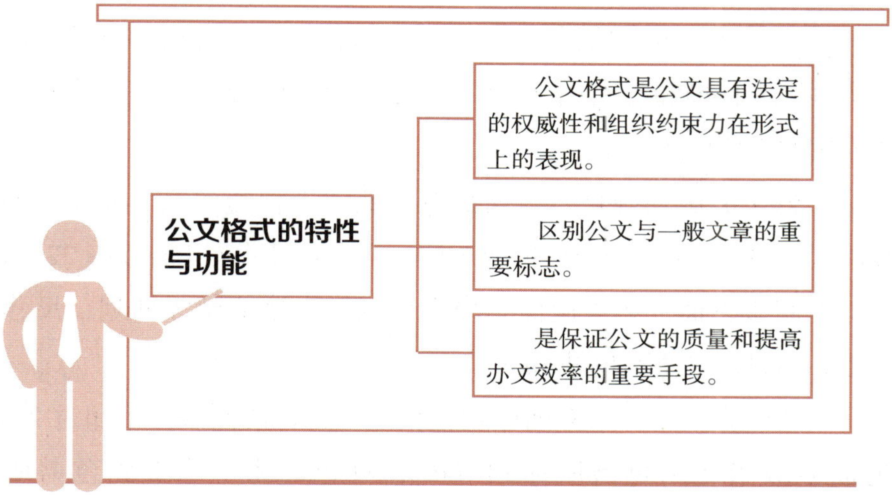

公文格式的特性与功能
公文格式是公文具有法定的权威性和组织约束力在形式上的表现。
区别公文与一般文章的重要标志。
是保证公文的质量和提高办文效率的重要手段。

发布了《党政机关公文格式》国家标准（GB/T 9704—2012），该标准在1999年标准的基础上作了修订，更加科学、严谨、完备。2012版《格式》中，从整个公文的组成部分划分到各要素的标识规则都有十分明确具体的要求，各级党政机关必须坚决依照执行，其他机关包括人大机关、政协机关、审判机关、军事机关、人民团体和企事业单位等应比照执行。这些机关和单位有的制定了本系统或本部门的公文格式标准，在具体行文过程中应当首先按照本系统、本部门的规定执行，如果向党政机关行文时，就必须遵照2012版《格式》的规定执行。

十九、党政公文的技术、印刷、用纸要求

公文格式的技术、印刷、用纸要求：

（1）公文用纸采用GB/T 148中规定的A4型纸，其成品幅面尺寸为：210mm × 297mm。特殊形式的公文用纸幅面，根据实际需要确定。

（2）公文用纸一般使用纸张定量为$60g/m^2$~$80g/m^2$的胶版印刷纸或复印纸。纸张白度80%~90%，横向耐折度≥15次，不透明度≥85%，pH值为7.5~9.5。

（3）公文使用的汉字、数字、外文字符、计量单位和标点符号等，按照有关国家标准和规定执行。民族自治地方的公文，可以并用汉字和当地通用的少数民族文字。

（4）公文的版面规格，公文用纸天头（上白边）为37mm ± 1mm，公文用纸订口（左白边）为28mm ± 1mm，版心尺寸为156mm × 225mm。

（5）制版方面，要求版面干净无底灰，字迹清楚无断划，尺寸标准，版心不斜，误差不超过1mm。

（6）印刷方面，要求双面印刷；页码套正，两面误差不超过2mm。黑色油墨应当达到色谱所标BL100%，红色油墨应当达到色谱所标

Y80%、M80%。印品着墨实、均匀；字面不花、不白、无断划。

（7）装订方面，要求左侧装订，不掉页，两页页码之间误差不超过4mm，裁切后的成品尺寸允许误差 ±2mm，四角成 90°，无毛茬或缺损。骑马订或平订的公文应当：①订位为两钉外订眼距版面上下边缘各70mm 处，允许误差 ±4mm；②无坏钉、漏钉、重钉，钉脚平伏牢固；③骑马订钉锯均订在折缝线上，平订钉锯与书脊间的距离为 3mm~5mm。包本装订公文的封皮（封面、书脊、封底）与书芯应吻合、包紧、包平、不脱落。

（8）用字方面，如无特殊说明，公文格式各要素一般用 3 号仿宋体字，特定情况可以作适当调整。一般每面排 22 行，每行排 28 个字，并撑满版心，特定情况可以作适当调整。

二十、版头的含义及拟制规范

版头即公文格式的第一部分，2012 版《格式》将公文版心内的公文格式各要素划分为版头、主体、版记三部分。公文首页红色分隔线以上的部分称为版头。包括“份号”“密级和保密期限”“紧急程度”“发文机关标志”“发文字号”“签发人”六项要素。需要注意的是，过去在 2012 版《格式》发布之前，曾将版头部分称为“眉首”，现已废弃不用。

版头规格是指公文版头部分的尺寸规格。按照 2012 版《格式》的规定，发文机关标志由发文机关全称或者规范化简称加“文件”二字组成，也可以使用发文机关全称或者规范化简称。

发文机关标志居中排布，上边缘至版心上边缘为 35mm，推荐使用小标宋体字，颜色为红色，以醒目、美观、庄重为原则。

联合行文时，如需同时标注联署发文机关名称，一般应当将主办机关名称排列在前；如有“文件”二字，应当置于发文机关名称右侧，以联署发文机关名称为准上下居中排布。

二十一、主体的含义及组成要素

根据 2012 版《格式》的规定，主体是指公文首页红色分隔线（不含）以下、公文末页首条分隔线（不含）以上的部分，又称内文，是党政公文的实质性内容，由标题、主送机关、正文、附件说明、发文机关署名、成文日期、印章、附注、附件等要素组成。

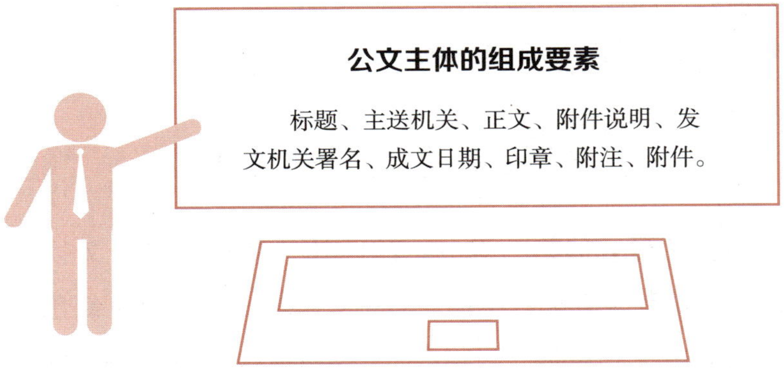
公文主体的组成要素
标题、主送机关、正文、附件说明、发文机关署名、成文日期、印章、附注、附件。

二十二、版记的含义及组成

版记部分又称文尾，位于公文末页首条分隔线以下，末条分隔线以上。它的分隔线与版心等宽，首条分隔线和末条分隔线用粗线（推荐高度为 0.35mm），中间的分隔线用细线（推荐高度为 0.25mm）。首条分隔线位于版记中第一个要素之上，末条分隔线与公文最后一面的版心下边缘重合。版记主要由抄送机关、印发机关和印发日期三个要素组成。

二十三、公文中的页码及其标识规则

（1）2012版《条例》将页码规定为公文的格式要素之一，这充分说明页码是公文的一项重要组成部分，是保证公文完整性和有效性的标志。在公文中标注页码，还有利于对公文进行查阅、统计、检索、印制和装订，甚至有助于公文的防伪。

（2）根据2012版《格式》的规定，页码使用4号半角阿拉伯数字，编排于版心下边缘之下，页码数字左右两边各空一个半角空格，放一条一字线。一字线距离版心下边缘7mm，单页码居右空一字，双页码居左空一字，这样即可保证从两个方向定位页码的位置。在页码数字两边各放置一条“一”字线主要是为了美观和阅读方便。

（3）公文版记前有空白页的，即将版记放到最后一页时，前面会出现空白页的情况。在此种情况下，空白页和版记页均不编排页码，也就是说页码只标识到公文主体部分结束的那一页。

（4）公文的附件与正文一起装订时，页码应当连续编排；附件与正文不一起装订时，附件另编页码。

二十四、公文纸型的规范要求

公文纸型是指公文用纸的幅面尺寸规格。按照2012版《条例》第十二条以及2012版《格式》的规定，公文用纸采用GB/T 148中规定的国际标准A4型纸，其成品幅面尺寸为：210mm×297mm。特殊形式的公文用纸幅面，根据实际需要确定。之所以这样规定，主要有以下几点原因：一是采用A4型纸已成为国际范围公文用纸的共识，得到各国和各国际组织的广泛应用；二是我国已经具备采用国际标准A4型公文用纸的条件。因此，在2012版《条例》和2012版《格式》国家标准中明确规定采用国际标准A4型纸，充分体现了党政机关公文处理工作科学发展的要求。

二十五、公文的行款及行款规格

行款是指书写或排列文字的行列款式，包括字序和行序。如汉字直排时，字序由上而下，行序由右而左；横排的行款，字序由左而右，行序自上而下。按2012版《格式》的要求，公文正文用3号仿宋体字，一般每面排22行，每行排28个字，并撑满版心。即公文第一行字顶格编排在版心左上角，公文最后一行字必须沉底到版心下边缘。在特殊情况下也可作适当调整，即当公文排版后所剩余的空白处容纳不下印章或签发人签名章、成文日期时，可以采取调整行距、字距来解决，或者将字距行距调大，或者将字距行距调小，从而使正文和印章处于同一页上。

二十六、公文的版面尺寸规范要求

公文的版面尺寸指公文页边与版心尺寸。为了美观和装订方便，公文用纸上、下、左、右四个方向都要留下白边，不能印刷文字，能够印刷文字的部分称为版心。按2012版《格式》的要求，公文的版面尺寸规格：公文用纸天头（上白边）为37mm±1mm，公文用纸订口（左白边）为28mm±1mm，版心尺寸为156mm×225mm。这样使公文版心居于A4型纸的略偏右下部分，从垂直方向看，公文版心整体略处于纸面下部，给人沉重的感觉，符合公文的庄重性要求，同时在天头处留下足够的空间，用于公文处理。从水平方向看，钉口略大于切口，使公文正文正好水平居中，便于阅读。

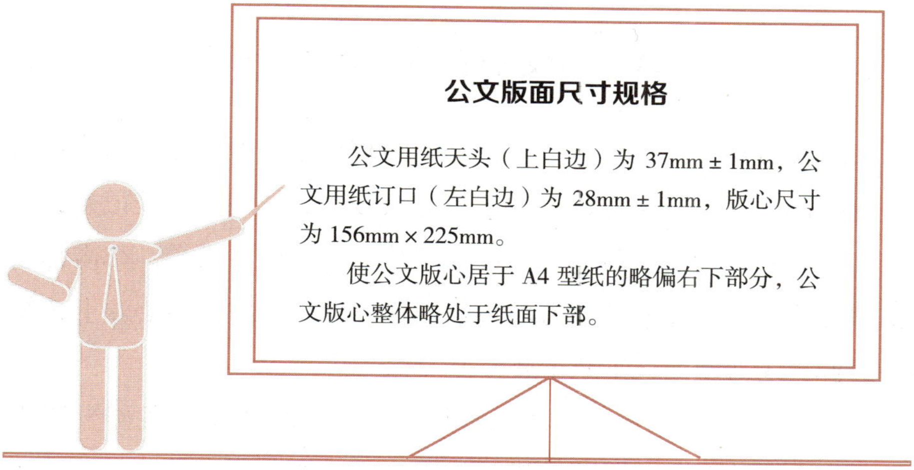
公文版面尺寸规格
公文用纸天头（上白边）为 37mm ± 1mm，公文用纸订口（左白边）为 28mm ± 1mm，版心尺寸为 156mm × 225mm。
使公文版心居于 A4 型纸的略偏右下部分，公文版心整体略处于纸面下部。

二十七、公文中的横排表格及其标识规则

（1）在公文处理实践中，有些公文需要附带表格。如果是竖排表格，应当与正文同等对待，即与一般文字无异；但如果是横排表格，为了与一般页码位置一致，页码应放在横表的左侧，单页码在表的左下角，双页码在表的左上角。

（2）对于横表的表头，单页码放在钉口一侧，双页码放在切口一侧。这样编排能够保证连续编排的表格可以依照顺序向下看。

（3）与公文正文一起装订时，横排表格的页码按照正文的编排要求标注。

（4）公文如果需要 A3 表格，也就是表格的开本比较大，而且是作为公文的最后一页时，为避免表格的脱落，应使表格处于封三之前的位置，而不应将表格粘贴在封四上。此时，A3 表格一般不编排页码。例如，A3 表格在公文中间，页码编暗码。

二十八、公文份数序号及标识规则

公文份数序号简称份号，是指公文印制份数的顺序号，系将依据同一文稿印制若干份时对每份公文的顺序编号，其作用便于登记查找、统计、清退。根据公文法规的规定，涉密公文应当标注份号。如需标识公文份数序号，一般用6位3号阿拉伯数字，顶格编排在版心左上角第一行。对此，需要把握以下几个要点：

（1）并不是所有的公文都需要编制份号。2012版《条例》明确规定，涉密公文应当标注份号，即只有秘密、机密和绝密的公文才需要标注份号。当然，如果发文机关认为有必要，也可对不带密级的公文编制份号，以便准确掌握公文的印制份数以及分发的范围和对象。发文机关根据份号可以掌握每一份公文的去向，因此，发文机关在发文和收文机关在收文时，都要对份号进行登记。当公文需要收回保管或销毁的时候，就可以对照份号掌握其是否遗漏或丢失。

（2）标识公文份号，一般用6位3号阿拉伯数字，实际编号时采用3—6位阿拉伯数字，编虚位补齐，即第一份公文份号可以编为“001”“0001”“00001”“000001”，不应编为“1”“01”。在实际操作过程中，有的单位是用印号机手工在成文上加盖份号，也有的印刷设备带有印号功能，可以与文件同时印刷，由发文机关自行掌握。

（3）份号所使用的字体，也由发文机关自行掌握。

（4）份号顶格编排在版心左上角第一行。版心第一行也就是天头下边缘，距离公文上页边37mm处下面第一行。“顶格居左”的意思是指份号横向紧贴版心左边缘（即钉口边缘，距左页边28mm），份号上边缘紧贴天头下边缘。

二十九、公文密级和保密期限的确定及标识规则

密级是公文格式的组成项目之一。2012 版《条例》规定：“密级和保密期限是指公文的秘密等级和保密期限。”对此，应当注意把握以下几点：

（1）秘密等级是标识公文保密程度的标志。2012 版《条例》进一步规定涉密公文应当根据涉密程度分别标注“绝密”“机密”“秘密”和保密期限。根据《中华人民共和国保守国家秘密法》的规定，“绝密”是最重要的国家秘密，泄露会使国家安全和利益遭受特别严重的损害；“机密”是重要的国家秘密，泄露会使国家安全和利益遭受严重的损害；“秘密”是一般的国家秘密，泄露会使国家安全和利益遭受损害。

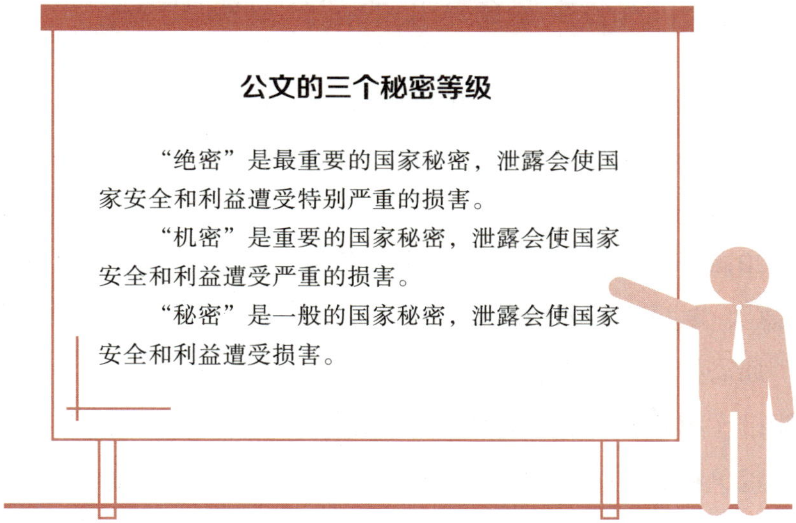
公文的三个秘密等级
“绝密”是最重要的国家秘密，泄露会使国家安全和利益遭受特别严重的损害。
“机密”是重要的国家秘密，泄露会使国家安全和利益遭受严重的损害。
“秘密”是一般的国家秘密，泄露会使国家安全和利益遭受损害。

（2）保密期限是对公文密级的时效的规定，公文制发机关应当按照《中华人民共和国保守国家秘密法》和相关规定确定公文的密级和保密期限。

（3）密级的标注位置，根据2012版《格式》的规定，如需标注密级和保密期限，一般用3号黑体字，顶格编排在版心左上角第二行，不能编排在版心左上角第一行，因为2012版《条例》规定“涉密公文应当标注份号”。这就意味着标注密级必须同时标注份号，份号编排在第一行，密级和保密期限则一定编排在第二行。保密期限中的数字用阿拉伯数字标注。秘密等级和保密期限之间用“★”隔开，如“秘密★1年”“绝密★10年”，“绝密”“机密”或“秘密”两字之间不空格，保密期限中阿拉伯数字和“年”字也不空格。如果只标密级不标保密期限，“绝密”“机密”和“秘密”两字之间空一个字。

（4）公文如有附件，且附件带有密级的，应以其中的最高密级标识公文的密级。

三十、公文紧急程度的划分及标识规则

紧急程度是公文送达和办理的时限要求，由发文机关对受文机关提出处理的时限要求，是法定公文格式的组成项目之一。对此，应当注意把握如下几点：

（1）2012版《条例》规定，根据紧急程度紧急公文应分别标准“特急”“加急”，电报应当分别标准“特提”“特急”“加急”与“平急”。

（2）如需标注紧急程度，一般用3号黑体字，顶格编排在版心左上角。具体排在第几行，有三种情况：一是如果只有份号，没有密级和保密期限，紧急程度就编排在版心左上角第二行；二是如果有份号、密级和保密期限，紧急程度就编排在版心左上角第三行，三个要素在版心左上角的第一、二、三行依次编排；三是如果既没有份号，又没有密级和保密期限，紧急程度则编排在版心左上角第一行。

（3）需要强调的是，如果同时标注密级和保密期限、紧急程度，表

达紧急程度的两个汉字之间不空格，即应标注为“特急”；如果只标密级和紧急程度不同时标注保密期限，表达紧急程度的两个汉字之间应空一个字，即应标注为“特急”。

（4）有的公文在标题中对紧急性质已作了标识。例如，《关于××××的紧急报告（或紧急通知）》等，就可不再另外加注紧急程度标识。

三十一、发文机关标志的确定及其标识规则

发文机关标志即人们通常所说的“红头”，是公文的非常重要的格式要素之一，它直接体现着发文机关的权威性，也是公文严肃性和庄重性的具体体现。对此，应当注意把握如下几点：

（1）根据 2012 版《条例》第九条第四项规定：“发文机关标志由发文机关全称或者规范化简称加‘文件’二字组成，也可以使用发文机关全称或者规范化简称。联合行文时，发文机关标志可以并用联合发文机关名称，也可以单独用主办机关名称。”

（2）值得注意的是对于发文机关标志称谓的变化，原来的公文法规，党的机关称为“版头”，国家行政机关称为“发文机关标识”，存在着不一致的情况，2012 版《条例》将其统一称为“发文机关标志”。

（3）发文机关全称应当以批准该机关成立的文件核定的名称为准，规范化简称应当由该机关的上级机关决定，当然也有由本机关自定的，但一定要明文告知其他相关的机关，而不能只是自己使用，别人并不知晓。

（4）需要注意的是，以前党的机关公文版头曾经有发文机关全称或者规范化简称后面加“（××）”发布形式，用于各级党委通知重要事项，任免干部，批复下级机关的请示，向上级机关报告、请示工作。

2012 版《条例》中已经将此种版式取消，不宜再用。这样做也有利于党政机关发文机关标志的规范与统一。

（5）2012 版《格式》中规定，发文机关标志推荐使用小标宋体字，这是因为小标宋体字显得庄重，其他字体如楷体、隶书、魏碑体等都带有某些书法艺术的成分，不适合标注党政机关。关于发文机关标志的字号，应当以不大于上级机关为原则自行酌定，但不能超过 22mm × 15mm（长 × 宽）。

发文机关标志字体与字号规范

发文机关标志推荐使用小标宋体字。

发文机关标志的字号，应当以不大于上级机关为原则自行酌定，但不能超过 22mm × 15mm（长 × 宽）。

（6）在具体排布位置上，发文机关标志如果文字较少，要尽量拉宽字间距。如果文字较多，则要尽量缩小字间距，总体上要小于版心的宽度，做到醒目、美观、庄重。

（7）值得注意的是，与原来相比，发文机关标志的位置有了变化。原规定发文机关标识上边缘至版心上边缘的距离为 25mm，对于上报的公文，发文机关标识上边缘至版心上边缘的距离则为 80mm，2012 版《格式》规定，无论上行文、下行文，还是平行文，发文机关标识上边缘至版心上边缘的距离统一规定为 35mm。35mm 就是三行多的距离，正好可以标注份号、密级和保密期限以及紧急程度。

（8）对于联合行文，发文机关标志可以同时标注联署发文机关的名称，也可以单独使用主办机关的名称。如果需要同时标注联署发文机关时，应分行连续标注所有联署发文机关名称，一般主办机关在前，并将“文件”二字置于发文机关名称右侧，上下居中排布。

三十二、签发人的确定及其标识规则

签发人即签发文件人的姓名。根据 2012 版《条例》的规定，上行文应当标注签发人的姓名，这就是说只有上行文才会出现签发人。公文标注签发人姓名，主要目的是为上级机关在处理下级机关公文时，上级机关领导人了解下级机关谁对上报的事项负责，从而有利于增加决策的透明度，进一步增强公文签发者的责任感。对此，应重点把握如下几点：

（1）需要说明的是，所有公文都有签发人这个概念。2012 版《条例》要求，公文应当经本机关负责人审批签发。重要公文和上行文由主要负责人签发。因此，任何一份公文都有签发人，一般性公文由主管领导就可以签发，而上行文必须由机关主要负责人签发。主要负责人是指各级机关的正职或主持工作的负责人。因此，上行文标注的也只能是机关的主要负责人。

（2）在具体标注方法上，为清晰醒目，对比明显，“签发人”三字使用 3 号仿宋体字，后加全角冒号，冒号后使用 3 号楷体字标注签发人姓名。

（3）单一机关或者两个机关联合上行文，签发人编排在发文字号的右侧，与发文字号处在同一行，右空一字，这样显得对称美观。

（4）如有多个签发人，签发人的标注方法是，“签发人”三字和全角冒号与首行签发人姓名编排在发文机关标志下空二行位置，按发文机关顺序编排签发人姓名，每行一般排两个签发人姓名，两个签发人姓名中间空一字，回行时应做到每行签发人姓名的第一个字都要对齐。为与三个字的人名对齐，两个字的人名中间空一字。发文字号应始终与最后一个签发人姓名处于同一行。

（5）联合发文时，所有联合发文机关的负责人都称为签发人，并都需要标注签发人姓名，当然主办机关的签发人应放在第一位。

三十三、版头中的分隔线及其标识规则

（1）分隔线原来被称为版头反线，此外还有诸如正线、文武线和武文线等多种概念表述。由于对所谓正线、反线等说法并没有清晰的定义，在实践过程中公文制作人员也对此表示困惑，不知道多粗的线算正线，多粗的线算反线。为避免歧义，简化操作，2012 版《格式》中将其调整为“分隔线”。

（2）通常而言，一篇公文中的分隔线可以有若干条。在公文首页版头部分的发文字号之下 4mm 处居中印一条与版心等宽的红色分隔线；公文末页版记部分也有至少两条分隔线，用于区分版记与正文以及版记部分各要素。分隔线应当与版心等宽，即 156mm，居中印制。

（3）需要特别注意的是，党的机关公文，原来在红色分隔线的正中央需要点缀一颗五角星，除了党的机关公文外，其他机关公文均不得在红色分隔线中央嵌入五角星。而在 2012 版《格式》实施后，这种做法业已取消，即无论党的机关还是国家行政机关公文，均不在红色分隔线中央点缀一颗五角星，否则就是不合规范的。

三十四、公文发文字号的编制

2012 版《条例》第九条第五项规定：“发文字号由发文机关代字、

年份、发文顺序号组成。联合行文时，使用主办机关的发文字号。”其具体要求是：

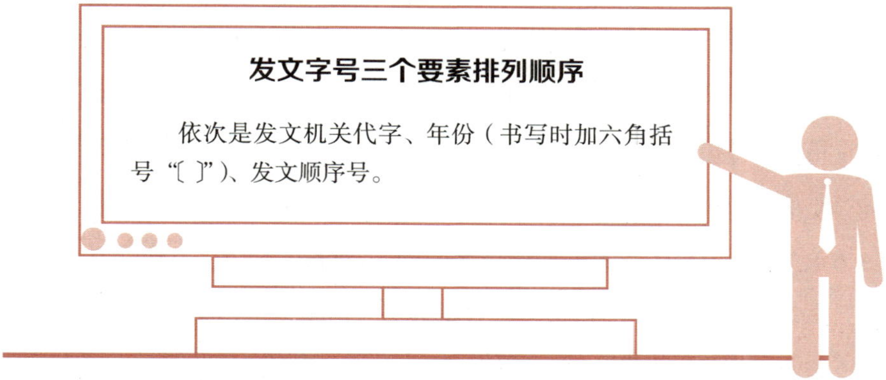
发文字号三个要素排列顺序
依次是发文机关代字、年份（书写时加六角括号“〔 〕”）、发文顺序号。

（1）发文字号三个构成要素的排列顺序依次是发文机关代字、年份（书写时加六角括号“〔 〕”）、发文顺序号。发文字号编排在发文机关标志下空二行位置，居中排布。年份、发文顺序号用阿拉伯数字标注，年份应标全称，并用六角括号“〔 〕”括起，如〔2015〕；发文顺序号是一个发文机关一年内制发文件的统一流水号，一般以不同的发文形式分别进行统一的编号。例如，以本机关的名义制发的公文可以统一编号，以本机关办公厅（室）名义制发的公文另行统一编号。不加“第”字，不编虚位（1 不编为 01），在阿拉伯数字后加“号”字。

（2）发文字号的拟制，难度最大的要数发文机关代字，它是由发文机关文秘部门为本机关所有部门统一编制的规范化缩写加“发”“函”等组成。规范化缩写应能够代表发文机关的特征，如中共中央的代字为“中”，国务院的代字为“国”，国家质检总局党组用“国质检党组”，国家质检总局用“国质检”。也有在发文机关规范化缩写和“发”“函”之间加拟稿部门的代字，如“发改高技”“发改办高技”。

（3）在机关代字中应明确发文的含义，如“中发”“中办发”“闽党发”“晋汾党发”等。

（4）几个单位联合行文时，不应一文多号，而应只标主办机关的发文字号。

（5）在编写发文机关代字时，要力求做到明确、简洁、规范，且不产生歧义和冲突，特别是不能与上级机关、同级机关的机关代字相互冲突或重复。例如，某县的政府、政协、政法委三机关的代字都会编成“××政发”，就会出现不同文件同一文号的现象，要力求避免。

（6）发文机关代字应力求用字简练，有的发文机关代字有七八个、十几个字之多，可能各有其所代表的层次，但代字过长，不仅使人读不懂，还会带来不必要的麻烦，诸如登记烦琐、排版困难等。

（7）在机关代字中，是否注明承办部门的代字，视具体情况而定，如大机关可以考虑这样做，一般中小机关就不必要。

（8）发文字号的标注位置，如果是平下行文，以置于版头之下正中位置为宜。上行文的发文字号则居左空一字编排，此时右侧对称位置标注签发人，发文字号应与最后一个签发人姓名处在同一行。

三十五、公文标题的结构形式及拟制规范

标题是对公文主要内容的概括和揭示，其作用在于向读者传达公文的基本内容。根据2012版《条例》的规定，公文标题由发文机关名称、事由和文种三个要素构成，通常称这种完整的公文标题为“标准式”的公文标题。例如，《国务院关于深化流通体制改革加快流通产业发展的意见》，其发文机关是“国务院”，文种名称为“意见”，中间部分为“事由”。通常在发文机关与事由之间要加介词“关于”，在事由与文种名称之间要加一个助词“的”。从语法结构上看，公文标题通常是由一个偏正词组构成，以文种为中心词，前面加发文机关名称和事由作限制成分。

值得注意的是，关于公文标题的拟制规定，原来的公文法规曾经表述为“一般应当标明发文机关名称，并准确标明公文种类”。也就是说，在有些特定情况下，公文标题的三个构成要素可以省略，有时可以省略发文机关名称，有时可以省略事由，文种系必备要素，决不可省略。2012 版《条例》对此作出了明确规定，即必须由发文机关、事由和文种三个要素组成，不可或缺。发文机关名称可以使用发文机关全称或者规范化简称；三个或者三个以下的机关联合行文时，应当列出所有的发文机关名称；四个及四个以上的机关联合行文时，则可以采用排列在前的发文机关名称加“等”字的表述形式，以免将公文正文挤出首页，要确保首页显示正文。

三十六、公文标题的排列形式

公文标题仅有内容美是不够的，还要讲求形式美。所谓形式美是指将构成公文标题的各内容要素即发文机关、事由和文种诸要素在文面上妥当、合理地进行排列布局，使其清晰整洁、醒目匀称，给人美感。

关于公文标题排列形式的规定

按 2012 版《格式》的规定，公文标题一般用 2 号小标宋体字，编排于红色分隔线下空二行位置，分一行或多行居中排布；许多公文的标题字数较多，往往需要多行排布，这样在回行时，要做到词意完整，排列对称，长短适宜，间距恰当，标题排列应当使用梯形（包括上梯形和下梯形）或菱形。

值得注意的是，公文标题的排列尽可能控制在三行以内，否则应在内容表达上尽量求简，以充分发挥其应有的作用。

三十七、主送机关及其标识规则

根据2012版《条例》的规定，主送机关是指公文的主要受理机关，负有办文的责任，是公文的致送对象，也是一个非常重要的格式要素，是公文行文能否做到“有的放矢”、顺利实现行文目的、发挥公文应有效用的关键所在。没有主送机关或者主送机关确立不准，将直接影响公文的效力。准确认定公文的主送机关，是文件发出后能否得到及时贯彻处理的一个关键性问题。对此，应当注意把握如下几点：

（1）主送机关，要注意使用发文机关全称、规范化简称或者同类型机关统称。所谓同类型机关的统称，如“各省、自治区、直辖市人民政府，国务院各部委、各直属机构”“各区、县委，各区、县政府，市委、市政府各委办局，各总公司，各人民团体，各高等院校”。

（2）对于上行文，原则上只能有一个主送机关，以便于办理。只有普发性的下行文，才可以有若干个主送机关。

（3）有些公文可能没有主送机关，如选用公告文种的行文，用于向国内外宣布重要事项或法定事项，一般通过报纸、电视、广播电台、网络等媒体向国内外公开发布和传播，所以没有特定的主送机关。

（4）主送机关一般按照重要程度排列。各有关单位之间使用顿号或逗号分清层次。同类型机关内同级机关之间用顿号分隔，不同类型机关之间使用逗号分隔，最后一个主送机关之后标全角冒号。例如，“各省、自治区、直辖市党委和人民政府，中央和国家机关各部委，解放军各总部、各大单位，各人民团体：”。

（5）根据2012版《格式》规定，主送机关使用3号仿宋体字标识，其位置编排于标题下空一行位置，居左顶格，回行时仍然顶格。如果主送机关名称过多导致公文首页不能显示正文时，应当将主送机关名称移至版记，除将“抄送”二字改为“主送”外，编排方法同抄送机关。既有主送机关又有抄送机关时，应当将主送机关置于抄送机关的上一行，与抄送机关之间不加分隔线。

（6）需要注意的是，“命令”“纪要”等文种不使用“主送”与“抄送”，统用“分送”代替。

三十八、公文正文及其行款规范

2012版《条例》规定：“正文是公文的主体，用来表述公文的内容。”可以这样说，正文是公文写作最为核心、最为重要的部分，我们讲公文写作，实质上就是指公文正文部分的写作。通过正文部分，将公文的具体主张、见解、依据、背景、缘由、办法、措施、结论等传输给读者，以推动公务活动的开展。因此，对于公文正文部分的写法，一定要引起高度重视。

（1）正文是一份公文具体叙事、明理、提出要求的文字表达部分。公文正文一般由三个部分构成：一是开头部分，其内容或是引据，或是讲明背景、原委，或是概述情况，或是篇前提要，或是明了目的。二是主体部分，内容或是针对问题进行分析，在分析问题、讲明道理的基础上提出解决问题的办法，或是直陈要求、意见，或是提出主张、列摆措施、讲明办法。三是结尾部分，这部分的用语因不同文种而异，切不可千篇一律。例如，上行文一般可用“当否、请批示”“以上是否可行，请批示”等；下行文一般可用“希即遵照”“特此通知”“此复”“此令”等；平行文则一般可用“为荷”“为盼”“为要”“特此函复”等。

（2）按照2012版《格式》的规定，公文首页必须显示正文，这是公文行文的一条最基本原则。之所以这样规定，主要是为了保证公文的严肃性、真实性。如果公文首页没有正文，使人看了首页还不知道文件的内容是什么，是不严肃的事情，并且容易产生假冒公文。那么，在哪些情况下可能会出现首页显示不了正文呢？主要有：首先，联合行文。一般来说，单一机关行文，不可能出现将正文挤出首页的情况，但如果联合行文的机关过多。例如，极端情况下曾经有26个单位联合行文，就可能出现将正文挤出首页的情况。发文机关过多时，推荐只使用主办机关标志。例如，标题中可用“××等26部门关于××××”；也可以将所有联署发文机关标志字号缩小，字距、行距缩小，直至保证公文首页显示正文为止。总之，可以采取各种变通的方法满足首页必须显示

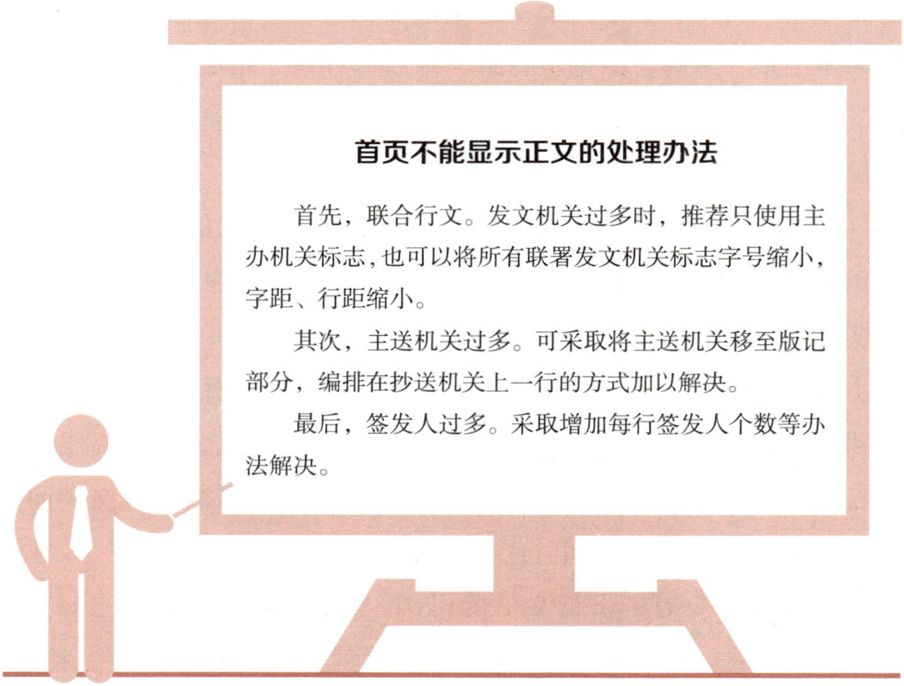
首页不能显示正文的处理办法
首先，联合行文。发文机关过多时，推荐只使用主办机关标志，也可以将所有联署发文机关标志字号缩小，字距、行距缩小。
其次，主送机关过多。可采取将主送机关移至版记部分，编排在抄送机关上一行的方式加以解决。
最后，签发人过多。采取增加每行签发人个数等办法解决。

正文的基本要求。其次，主送机关过多。主送机关过多时，也可能出现将正文挤出首页的情况。对此，可采取将主送机关移至版记部分，编排在抄送机关上一行的方式加以解决。最后，签发人过多。联合上报公文的签发人太多时，也可能将正文挤出首页，可以采取增加每行签发人个数等办法解决。

（3）正文一般采用3号仿宋体字，从主送机关下一行开始，每个自然段左空二字，回行顶格，自然段之间不空行。这些要求与一般文件格式的要求相同。要注意一般每面排22行，每行28个字。

（4）对于正文中涉及的阿拉伯数字和汉字数字的用法，应当按照国家标准《出版物上数字用法》（GB/T 15835—2011）中的有关规定执行。在使用数字进行计量、编号的场合，已定型的含有阿拉伯数字的词语（如3G手机、MP3播放器等）中，应该使用阿拉伯数字；作为非公历纪年、概数（如三四个月、一二十个），已定型的含有汉字数字的词语时，应该使用汉字数字。表达计量和编号所需要用到的数字个数不多，选择汉字数字还是阿拉伯数字在书写的简洁性和辨识的清晰性两方面没有明显差异时，两种形式均可使用，如17号楼（十七号楼）、3倍（三倍）；如果要突出简洁醒目的表达效果，应使用阿拉伯数字；如果要突出庄重典雅的表达效果，则应使用汉字数字。该标准还规定，一个阿拉伯数字书写的数值应在同一行中，避免被断开。因此，正文中的数字不能回行。

（5）公文中如果涉及字母词时，应注意使用的规范要求。首先，公文应依法使用规范汉字，《中华人民共和国国家通用语言文字法》明确规定："国家机关以普通话和规范汉字为公务用语用字。"其次，"汉语文出版物中需要使用外国语言文字的，应当用国家通用语言文字作必要的注释"。各级党政机关要按规定办事，制发公文时一般不应使用字母词，如确需使用，应当在文中首次出现时以括注的方式注明准确的汉语译名。例如，使用 GDP 这个概念，应该以“GDP（国民生产总值）”的方式引用。对于《现代汉语词典》中收录的以西文字母开头的字母词，已有对应汉语译名的，要使用其汉语译名。

（6）公文正文中的计量单位应当使用国家法定计量单位。以面积单位为例，可根据实际面积大小，选用平方米、公顷、平方公里等计量单位。

（7）公文中的结构层次，一般不超过四层，其层次序数依次可用“一、”“（一）”“1.”“（1）”标注，第一层一般使用黑体字，第二层一般用楷体字，第三层和第四层一般用仿宋体字标注。之所以这样规定，是为了使各级层次更加清晰醒目。此外，需要加以强调的是，第一层次“一、”后面跟的是顿号，第二层次“（一）”后面不能跟标点符号，第三层次“1.”后面跟的是一个小圆点“.”，第四层次“（1）”后面不能跟标点符号。

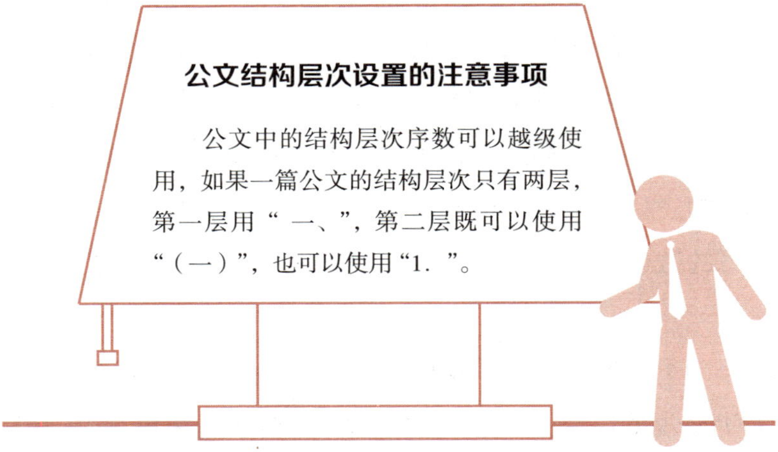

公文结构层次设置的注意事项
公文中的结构层次序数可以越级使用，如果一篇公文的结构层次只有两层，第一层用“一、”，第二层既可以使用“（一）”，也可以使用“1.”。

（8）当公文正文中需要引用其他公文时，应按照先引标题，后引发文字号的方式进行引用。例如，“根据《国务院国有资产监督管理委员会关于××××的通知》（国资发〔2015〕××号）的要求”。

三十九、公文附件说明及其标识规则

附件说明也是公文主体部分的一个格式要素，但并非每份公文都有。根据 2012 版《条例》的规定，附件说明是指公文附件的顺序号和名称。对此，需要把握以下几点：

（1）什么是附件说明。公文正文中的一些内容，如图表、名单、规定等，如穿插在公文正文中，往往会隔断公文正文的前后联系而造成阅读上的不便，需要将其从公文正文中抽出来作为公文的补充单独表述，即附件。公文附件是正文的说明、补充或者参考资料，是公文格式的一个重要组成部分，与正文一样具有同等效力。因此，需要在正文中以及附件内容处加括号注明“见附件”或“附后”。

（2）在公文的正文之下、公文生效标志（发文机关署名、成文日期和印章）之上需准确标注附件的顺序号和名称，以显示公文的附件与正文不可分割的关系。若公文带有一个附件，须在正文之下、公文生效标志（即发文机关署名、成文日期和印章）之上准确标注附件的名称；若公文带有两个及两个以上附件，须在公文的正文之下、公文生效标志（即发文机关署名、成文日期和印章）之上注明附件的顺序号和名称。

公文带两个及两个以上附件的处理办法

如果公文带有两个及两个以上附件，附件名称前面用阿拉伯数字标注附件的顺序号，顺序号后面紧跟一个小圆点（如“附件：1. ××××”）。

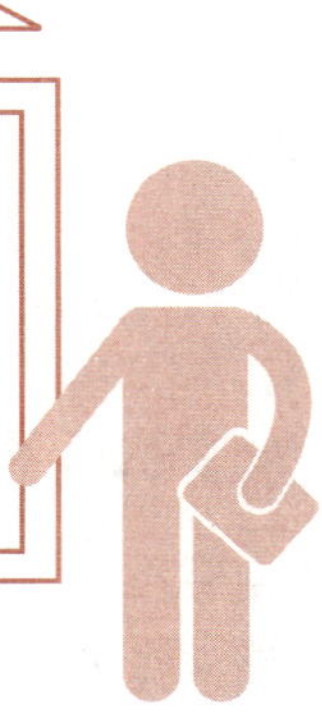

（3）公文如有附件，要用3号仿宋体字在正文下空一行之后，左空二字开始标注“附件”，后标全角冒号和附件名称。

（4）如果附件名称较长需要回行时，应当与上一行附件名称的首字对齐。

（5）附件名称之后不加任何标点符号。

（6）正文中涉及的附件处的标注内容、附件说明处的标注内容及附件的标注内容，前后要保持一致。

（7）需要注意的是，以往存在一种说法，即采用复体行文方式用于向上级机关报送或向下级机关批发（批转、转发、印发）的相关文件材料，有人认为也属于公文的附件。其中，前一类附件是真正意义上的附件；而后一类附件，实际上是主件，是真正意义上的主件，原来的主件成为一种形式，只起报送、发布、按语、转发、函告的作用。这种观点是错误的。正确的观点和做法是，在正文中写明“报送”“批转”“转发”“印发”等字样的公文，在其生效标志后所附的内容不是公文的附件，因此，在附件说明处也就不必标注相关内容。

四十、公文的生效标志各构成要素的特点

公文的生效标志包括三个要素，即发文机关署名、成文日期和印章，这三个要素联系紧密，在公文文面上的编排位置相互影响，是一个有机的整体。对此，需要把握如下各点：

1. 发文机关署名

发文机关署名即公文的制发机关，亦称落款，是指发文使用的名义。它是公文格式中的一个重要组成部分。发文的名义必须是法定的公文作者，党和国家机关以及企事业单位，都是依据法律、条例、章程而

建立的，它们可以根据自己的职能和权限制发公文，都是法定的公文作者。发文的名义主要是以单位组织的名义为主，有时也用机关首长和国家领导人的名义，如中华人民共和国主席令、全国人大常委会委员长令、机关首长对所属工作人员的任免令（或任免通知）等。以领导人名义作为公文的作者，并非以其私人身份出现，而是以他所在机关法定领导人身份行使职权的一种表现。2012 版《条例》规定，发文机关署名应当使用发文机关全称或规范化简称，公文一般以发文机关名义署名，特殊情况［如议案、命令（令）等文种］需要由签发人署名的，应当写明签发人职务并加盖签发人签名章。要注意发文机关署名应与发文机关标志、标题中的发文机关名称相一致。联合行文时，若发文机关标志并用联合发文机关名称，则发文机关署名的顺序应与发文机关标志的排列顺序相一致。值得注意的是，对于发文机关署名，原来曾规定单一机关以及两个机关联合行文时不要求署名，但 2012 版《格式》已经统一，明确规定均须标注发文机关署名。

2. 成文日期

成文日期是公文的生效时间，是党政机关公文生效的重要标志。根据 2012 版《条例》的规定："成文日期署会议通过或者发文机关负责人签发的日期。联合行文时，署最后签发机关负责人签发的日期。"成文日期确定的原则是：会议通过的决议、决定等以会议正式通过的日期为准；经发文机关负责人签发的公文，以签发日期为准；联合行文的公文，以最后签发的机关负责人签发的日期为准；法规性公文，以批准日期为准；一般电报、信函等则以实际发出日期为准。

成文日期在公文中的标注位置有两种：一是在公文标题之下，写全年、月、日并用"（ ）"括起来，适用于经会议集体讨论通过批准而又不以"红头文件"（带有红色版头的文件）形式发出且无主送标识的公文。如会议通过的决议、决定等公文。二是成文日期在公文正文或附件说明的右下方标注，写全年、月、日，并统一使用阿拉伯数字标识。成文日期用阿拉伯数字将年、月、日标全，年份应标全称，月、日不编虚位（即 1 不编为 01）。这与原来也有所不同，按原来的规定，党的机关公文的成文日期使用阿拉伯数字，而国家行政机关公文的成文日期则使用汉字数字，2012 版《格式》对此作了统一规定，一律使用阿拉伯数字标注。

3. 印章

公文加盖印章是体现公文效力的表现形式，是公文生效的标志，是鉴定公文真伪最重要的依据。根据 2012 版《条例》规定，公文中有发文机关署名的，应当加盖发文机关印章，并与署名机关相符。上行文，一定要加盖印章；纪要一般不加盖印章；联合下行文时，所有联署行文机关均须署名并加盖与发文机关署名、发文机关标志相符的印章。需要明确的是，签发人签名章也属于印章的一种特殊形式，对于以机关负责人名义制发的公文，需要署签发人的签名章，如议案、命令（令）等。

四十一、公文生效标志的编排规则

1. 加盖印章的公文

（1）单一机关制发的公文。成文日期编排的横纵坐标通过以下方法确定：横向位置，成文日期最后一个字距离版心右边缘的距离一般为四个字，右空四字是为了确保印章两端不超出版心。纵向位置，置于正文（或附件说明）之后若干行，置于具体放在多少行之后，是由机关印章的大小决定的，因为印章大小是固定不变的，要确保成文日期处于印章中心下边缘位置，同时保证印章顶端距离正文（或附件说明）一行之内。发文机关署名标注在成文日期之上，以成文日期为准居中排布。若发文机关全称较长，一般使用规范化简称，若规范化简称仍然较长，则发文机关署名可以考虑分为两行编排。署名之间是否空字，可以根据署名的长短和印章的大小自行确定。需要注意的一个问题是，发文机关署名在成文日期之上居中编排，空一行的位置，即发文机关署名应当在成文日期之上一行。加盖印章后，要使发文机关署名和成文日期位于印章的中心偏下位置，以不影响印章的庄重和美观。

公文加盖印章的注意事项

值得注意的是，对于印章的加盖，原来曾经有下套和中套两种方式，其中，下套就是把印章的下弧压在成文日期上，中套就是把印章的中心线压在成文日期上。2012 版《格式》已经将其统一，取消了中套的加盖印章方式，一律采用下套方式。

印章要端正居中下压发文机关署名和成文日期，使发文机关署名和成文日期居于印章中心偏下位置。居中下压是指印章、发文机关署名和成文日期的纵向中心线应该重合，印章下边缘与成文日期下边相切，印章的上边缘距离正文（或附件说明）应在一行之内。

（2）联合行文。联合行文时，成文日期的编排格式与单一机关行文一致，仍然在正文（或附件说明）后下空若干行，用阿拉伯数字右空四字编排。发文机关署名按照发文机关的顺序排列，每排最多排三个印章，要确保两印章间互不相切或相交，印章和署名的纵向中心线应重合，署名的左右排列顺序与发文机关标志中的排列顺序应一致；同时保证首排印章的顶端距离正文之间（或附件说明）也不能超过一行。最后一个印章端正居中下压发文机关署名和成文日期。

2. 不加盖印章的公文

无论是单一机关行文还是联合行文发文机关署名，第一个发文机关署名都标注在正文（或附件说明）下空一行位置。联合行文时应首先标注主办机关署名，其余发文机关署名与主办机关上下对齐，依次向下排列。成文日期标注在发文机关署名的下一行（距署名的距离为一个行距，3 号字高度的 7/8 的距离），成文日期首字比发文机关首字右移二字。如果发文机关署名长于成文日期，那么发文机关署名居右空二字编排；如果成文日期比发文机关署名长，成文日期居右空二字编排，发文机关署名适当增加右空字数。

3. 加盖签发人签名章的公文

单一机关制发的公文，在加盖签发人签名章时，应当在正文（或附件说明）下空二行右空四字加盖签发人签名章，签名章左空二字标注签发人职务，相对于签名章上下居中。在签发人签名章下空一行右空四字标注成文日期。联合行文需加盖签发人签名章时，在正文（或附件说明）下空二行右空四字加盖主办机关签发人签名章，签名章左空二字标注签发人职务，相对于签名章上下居中。其余机关签发人职务、签名章依次向下编排，与主办机关签发人职务、签名章上下对齐；每行只编排一个机关的签发人职务、签名章；签发人职务应标注全称。签名章一般用红色。

四十二、“此页无正文”及特殊情况处理

“此页无正文”属于对公文排版时遇到的特殊情况的处理，在过去的公文处理实践中经常使用。对此，应当注意把握以下两点：

（1）到底在公文中是否允许使用“此页无正文”的编排方式，2012版《条例》中并没有作出明文规定。当正文之后所剩空白处不能容下印章或签发人签名章、成文日期时，一般应当采取调整行距、字距的措施解决。具体的调整方法是：当正文之后的空白只有一两行时，可以加宽行距，至少将一行文字移到下一页；如果正文之后的空白仅差一两行便可容下印章位置时，可以缩小行距或缩小一两行字距，挤出能容下印章的空间。这样，使印章与正文务必同处一页，不留任何空白。

（2）如果出现采取调整正文字距或行距的措施仍无法解决的极特殊情况，如多个机关联合下行文，联合行文的机关过多，无法实现正文与所有发文机关的印章同处一页，就应采取“此页无正文”的方法，即将印章加盖在下一页空白上，并在该空白页第一行标注“(此页无正文)”。这种情况可以通过加强排版的计划性，其目的主要有两点：一是说明正文内容在前页已经完结；二是防止末页被人撕下，伪造他用。

四十三、附注的含义及其标识规则

根据2012版《条例》的规定，附注是公文印发传达范围等需要说明的事项，对公文的发放范围、使用时需要注意的事项加以说明。对此，需要把握如下几点：

（1）并非所有公文都需要标注附注，公文的印发传达范围一般针对平行文和下行文。例如，“此件公开发布”“此件发至县团级”“此件发

至乡镇级”“此件可登党刊”等，对发送范围和阅读对象进行限定。

（2）值得注意的是，请示行文需要在附注处注明联系人姓名和电话号码，这属于一种特殊情况。

（3）要明确的是，附注不是对公文内容的解释，对公文正文的注释或解释一般在公文正文中采用句内括号或句外括号的方式解决，这一点在使用附注时需注意。

（4）确定公文的阅读范围，要依据工作的需要和安全保密的要求进行。需要限定阅读范围的，一般属于机密文件，不是机密文件没有确定阅读范围的必要。

（5）公文如有附注，根据2012版《格式》的规定，应当使用3号仿宋体字，紧接成文日期之下一行居左空二个字，并在文字外加圆括号，回行时顶格。

（6）需要注意的是，对上行文不可标注阅读范围。

四十四、附件的含义及其标识规则

根据2012版《条例》的规定，附件是指公文正文的说明、补充或者参考资料。对此，应当注意把握以下几点：

（1）附件是附属于公文正文的其他文字、图表、图形等材料，对公文正文起到解释、补充、说明或者印证、参考作用，是公文正文的有机组成部分，与正文具有同等效力。

（2）附件并非每份公文的必备要素，它主要包括与公文正文内容相关的文字材料、数据、名单、图表、图形等。这些内容如果穿插在公文正文中，往往容易隔断公文前后意思的联系而造成阅读上的不便，在这种情况下需要将其从公文正文中抽出来作为公文的附件单独表述。这样既可以补充完善正文，又可使正文的内容简洁连贯。

（3）根据 2012 版《格式》的规定，公文的附件需要另面编排。也就是说，无论前一面留有多少空白，都需要另起一面。

（4）附件应当在版记之前编排，并与正文一起装订，这也是在实际操作中容易忽视的一点。如果在版记之后编排装订附件，由于版记是公文结束的标志，附件就不能被视为公文的组成部分了。

（5）附件首页首先要在版心左上角第一行顶格编排"附件"二字，使用 3 号黑体字，如果有多个附件，后面必须紧跟附件顺序号，顺序号后无需加冒号。

（6）附件标题编排在首页第三行居中位置，附件序号和附件标题必须与附件说明中的内容完全一致。附件标题以及附件中行、字、段落等的编排与主体部分相应格式要素的要求一致。

（7）如果附件不能与公文正文一起装订，则应在附件首页版心左上角第一行顶格标注公文的发文字号加"附件"二字以及附件的顺序号。例如，正文中的附件标识为"附件：1．2015 年度国家标准制修订计划项目"，在与正文不一起装订的附件左上角应顶格标注"国标委〔2015〕215 号附件 1"。

（8）值得注意的是，批转、转发、印发类公文，被批转、转发、印发的内容（诸如工作要点、工作总结、实施方案、领导人的讲话等）不属于公文的附件，在公文正文中不加附件说明，直接另面编排，所附内容首页也不标注"附件"二字，其他格式方面的要求与正文一致。

四十五、公文版记的标识规则

版记是公文不可缺少的重要组成部分，是公文结束的标志，对此，应当注意把握以下几点：

（1）版记一般由抄送机关、印发机关和印发日期等要素组成。

（2）置于公文的最后一页，版记的最后一个要素要置于最后一行。也就是说版记一定要放在公文的最后，即公文的最后一面（《党政机关公文格式》规定公文双面印制）的最下面位置。

（3）在实际操作过程中一定要注意版记必须处在偶数页。假设公文内容很短，即使首页能够放得下版记内容且第二页除了版记之外没有任何内容，由于公文是双面印刷，也必须将版记移至第二页。

（4）公文的篇幅如果在一个折页（有 4 面）以上，这时公文的页数一般应是 4 的倍数（一般是用 A4 型纸印制，骑马装订）。此时版记也一定要放在最后一面，而不管前面的空白有多少（一般不会超过 3 面），版记页和空白页均不标页码。

（5）如果附件是被转发的文件，转发文件还应标识自己的版记。

（6）2012 版《格式》中规定版记中的各个要素与印发机关和印发日期之间加一条分隔线隔开：一是为了显示各要素之间的区别；二是如此设计显得美观。

处理分隔线注意事项

要注意第一个要素之上和最后一个要素之下也有一条分隔线，但这两条一头一尾的分隔线要比中间的分隔线略粗一些。按照规定，分隔线应与版心等宽，即156mm，首条分隔线与末条分隔线的高度应为0.35mm，中间的分隔线用细线，高度一般为0.25mm。

（7）印发机关，是指发文单位的中心机构或业务主管部门。标注印发机关的目的，在于收文单位对文件内容中未尽事宜的询问或工作中遇有什么问题、什么情况需要联系、反映时，直接与印发机关的承办部门联系，不必什么事都找机关领导，以提高工作效率。

四十六、抄送机关的含义及其标识规则

2012版《条例》规定，抄送机关是指除主送机关外需要执行或者知晓公文内容的其他机关，是公文的一个重要格式要素，但不是必备的要素。对此，应当注意把握如下几点：

（1）抄送机关要使用机关全称、规范化简称或者同类型机关统称。机关全称应以批准该机关成立的文件核定的名称为准；一个机关或者单位的简称，应当由其上级机关或单位确定。当然也有本单位自定的，如果是本单位自定的简称，应当明文告知相关的机关或单位，而不能只是自己使用别人并不知晓。同类型机关统称，则应注意其排列的先后次序，而且要按系统和级别恰当排列。例如，“各省、自治区、直辖市人民政府，国务院各部委、各直属机构：”。

（2）对于抄送机关，不论是上级、平级或下级，均称为“抄送”。过去那种分列“抄报”“抄送”“抄发”的做法不符合现行党政机关公文抄送格式。

（3）抄送机关的排列顺序，首先，上级机关在前，其次，同级机关，最后，下级机关，而且要按照党、政（地方党委政府在前，部门和厅局在后）、军、群的顺序排列。

（4）抄送机关是版记中的第一个要素，如有抄送机关，一般用4号仿宋体字，在印发机关和印发日期之上一行、左右各空一字编排。先标注“抄送”二字，然后加全角冒号，随后标注抄送机关名称，回行时与冒号后的第一个抄送机关首字对齐。

（5）一般情况下，抄送机关之间标点符号的使用方法是：同一系统

内同级机关之间使用顿号分隔，不同系统机关之间使用逗号分隔，最后一个抄送机关名称后标句号，表明结束的意思。

（6）在实际操作中，有时会遇到公文的主送机关名称过多而使公文首页不能显示正文，这样就需将部分主送机关移至版记部分。如果抄送机关名称之上需要标注主送机关，要注意主送机关和抄送机关之间不用分隔线分开。如遇此种情况，主送机关与抄送机关的编排方法相同。

四十七、印发机关和印发日期的含义及其标识规则

根据 2012 版《条例》的规定，公文的印发机关和印发日期是指公文的送印机关和送印日期。对此，应当注意把握以下几点：

（1）“印发机关”不是指公文的发文机关，而是指公文的印制主管部门，一般应是各机关单位的办公厅（室）或文秘部门。有的发文机关没有专门的文秘部门，此种情况下，发文机关就是印发机关。

（2）标注发文日期是为了准确反映公文的送印时间。一般来说，公文在负责人签发之后，也就是成文日期之后，往往需要经过打字、校对、复核等环节，因此成文日期与印发日期通常存在时间差。通过标注印发日期，既可以使发文机关掌握制发公文的效率，也可以使收文机关掌握公文的传递时间，从而有利于公文的办理和工作效率的提高。

（3）按照 2012 版《格式》规定，印发机关和印发日期使用 4 号仿宋体字，如有抄送机关，编排在抄送机关下一行，印发机关和印发日期只能占一行。印发机关居左空一字标注，使用机关全称或者规范化简称；印发日期居右空一字标注。印发日期使用阿拉伯数字完整写明年、月、日，后面加“印发”二字。

（4）翻印文件时需要标注翻印机关和翻印日期，并标注在印发机关和印发日期的下方位置。翻印机关居左空一字标注，使用全称或规范化

简称；翻印日期居右空一字标注，用阿拉伯数字完整写明年、月、日，并在其后加“翻印”二字。

四十八、公文的成文日期与印发日期

公文的成文日期是公文发出和生效的时间，直接关系到公文的时效。对于成文日期的确定，一般是以发文机关负责人签发的日期为准；联合行文，以最后签发机关领导人的签发日期为准；经会议讨论通过的公文，以通过日期为准；电报，以实际发出日期为准。

公文的印发日期是指公文的付印时间。如上所述，在一般情况下，成文日期与印发日期可以有一定的时间差，主要原因是公文在签发之后，往往需要经过复核和印制等环节，因此印发日期可能略晚于成文日期，但绝不可能提前。

公文成文日期与印发日期不一致问题的处理办法

有些规范类公文如政策性、规章制度类公文，其施行日期与公文的成文日期也可能有一定的时间差，即某些政策、规定从制定下发到正式实施需要有一定的准备时间，在行文时应当根据实际情况在公文中加以明确。例如，“本规定自 2016 年 5 月 1 日起正式施行”，表明该规定的生效日期应为 2016 年 5 月 1 日，而不是公布该规定的公文的成文日期（该规定的批准公布时间）。

四十九、公文中的计量单位、标点符号和数字的使用

2012版《条例》第十一条明确规定，公文中使用的汉字、数字、外文字符、计量单位和标点符号等，按照有关国家标准和规定执行。计量单位、标点符号、数字等是公文拟制过程中经常用到的，国家标准对计量单位、标点符号和数字等的用法规定与我们日常生活中的一些习惯用法不完全一致。例如，“千克”是国际通用的法定计量单位，而“公斤”就不是法定计量单位；“千米”是国际通用的法定计量单位，“里”却不是。党政机关公文作为具有特定效力和规范体式的文书，很多情况下是依法行政的主要依据，假如公文中使用的计量单位、标点符号、数字等不合规范，就会使概念界定不清、词义模糊，容易产生歧义，有时一个小小的失误就会产生极其严重的后果。所以，计量单位、标点符号、数字等的规范化使用，对于提高公文质量，体现公文的权威性和严肃性，具有非常重要的作用。

第四节

行文规则

XINGWEN GUIZE

五十、行文的基本内涵

所谓行文，是指一个法定作者向另一个法定作者或自己下属组织机构的发文，是机关办理公务的最主要形式。这里所说的法定作者，就是指公文的制文机关，它是依法成立并能以自己的名义行使权利的组织或者个人。根据公文法规的规定，公文行文应确有需要，注重实效，坚持少而精。可发可不发的公文一定不发，可长可短的公文一定要短。2012年12月，中共中央政治局会议审议通过了《中央政治局关于改进工作作风、密切联系群众的八项规定》，其中很重要的一条就是要“切实改进文风”，指出“精简文件简报。切实改进文风，没有实质内容、可发可不发的文件、简报一律不发”。这对规范公文的行文具有重大指导意义。

五十一、行文关系的基本内涵

由于行文是一个机关给另一个机关或本机关下属组织机构的发文，这一发一收之间必然构成一对行文关系。行文关系的确定一般看两个方面：一看隶属关系，向具有被自己领导或指导关系的单位行文为下行文关系，向具有领导或指导自己关系的单位行文为上行文关系，具有平级或不相隶属关系单位之间的行文为平行文关系。二看职权范围，按照职权大小分别适用于不同的行文关系，如职权范围大的单位对职权范围小的单位行文属于下行文，反之，则为上行文，而不同的组织系统或同一组织系统但机关级别相同的单位之间的往来行文为平行文。

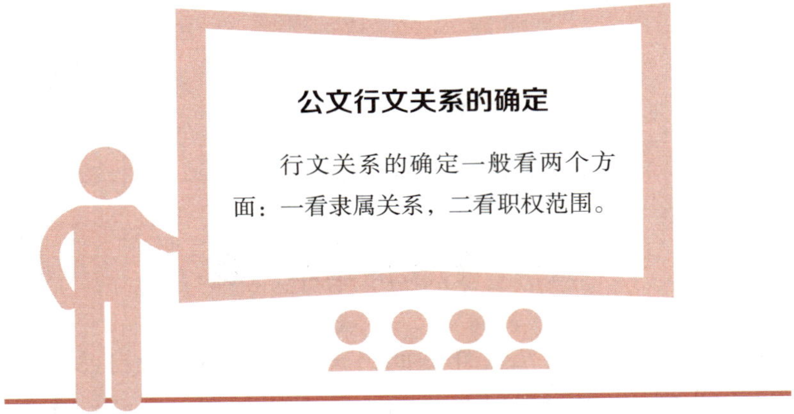

公文行文关系的确定
行文关系的确定一般看两个方面：一看隶属关系，二看职权范围。

行文关系，是指发文机关与受文机关之间的公文往来关系。

机关与机关之间的行文，是根据组织系统和本机关的职权、所处的地位及与其他机关之间的工作关系而进行的，主要是以机关或部门为单位的立体交叉的行文关系。在特殊情况下，领导者个人与机关、部门之间也可以形成行文关系。

行文关系具有双向性特点。具有行文关系的双方，一般都可以互相行文。

党政公文的行文具有一整套特定的制度，包括行文的方式和规则。为了避免行文混乱，2012 版《条例》设有专章“行文规则”为各级党政机关制定了严格的行文制度，以保证党和国家机关之间上下左右联系畅通，使党和国家机器指挥灵便、管理协调、运转自如、工作有效。

五十二、行文方向的基本内涵

行文方向是指行文运行的方向，包括上行文、下行文和平行文三种方向。由于方向不同，行文方式也有所区别。行文方向不同，公文所涉及的文种以及行文的语气等都有很大的不同，而正确把握这种不同之处，是充分发挥公文的应有效用、顺利实现行文目的的关键所在。

1. 上行文

上行文是下级机关向具有隶属关系的上级机关的行文。其行文方式有逐级行文、多级行文和越级行文三种。

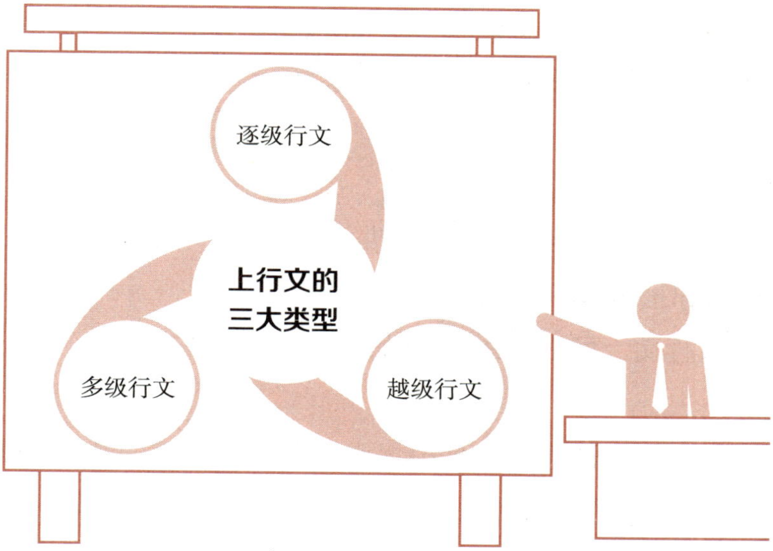

（1）逐级行文。即下级机关向具有隶属关系的上一级机关行文，是上行文最基本、最常用的方式。除特殊情况外，下级机关一般均应向直接上级机关行文，以保持正常的领导与被领导关系。

（2）多级行文。即下级机关在必要时向具有隶属关系的上一级机关和更高一级的上级机关行文。这种行文方式只在个别特殊情况下如遇有重大问题时才可使用。

（3）越级行文。即下级机关在非常必要时，越过有隶属关系的上一级机关而向更高级的上级机关行文。这种方式只能在下列特殊情况下采用：

①由于发生特殊紧急情况，如严重火灾等，逐级上报会延误时机，造成更大损失的问题。

②向具有隶属关系的上一级机关请示多次，长期未能得到解决的问题。

③隶属下级机关与上级机关之间有争议而无法解决的问题。

④上级机关交办的，并指定越级上报的事项。

⑤对上一级机关进行检举、揭发的问题。

⑥询问与请示极个别的、必要的具体问题等。

2. 下行文

下行文是上级机关向所属的下级机关的行文。其行文方式有逐级行文、多级行文和直达基层行文三种。

（1）逐级行文。即采取逐级下达的方式或只对直属的下一级机关行文。

（2）多级行文。即上级机关根据需要同时向所属的几级下级机关行文。

（3）直达基层行文。即上级机关直接向最基层机关行文。采用这种方式行文的多是无须保密的普通文书。

3. 平行文

平行文是相互没有隶属关系的同级机关或不属同一系统的机关之间

的行文。这是不分系统、级别、地区、性质的机关之间的行文。机关之间需要彼此联系工作、沟通情况时，可以使用函、通知等文种。

五十三、行文应当遵循的基本规则

所谓行文规则是指制发公文必须遵循的基本准则。根据党和国家公文法规规定以及约定俗成原则，公文行文应当遵循如下基本规则：

（1）行文原则：公文行文应当确有必要，讲求实效，注重针对性和可操作性。

（2）行文权限：

①公文的行文关系，应当根据隶属关系和职权范围确定。一般不得越级请示和报告。

②根据授权行文。上级机关的职能部门根据授权，可向下级机关行文。

③同级机关或相应单位可以联合行文。

（3）行文要求：

①“请示”应当一文一事和主送一个机关，如需要同时送其他机关阅知的，应当用抄送形式，但不得同时抄送下级机关。

②“报告”中不得夹带请示事项。

③公文一般不直接报送领导同志个人。

④涉及其他机关职能的事项，机关之间对有关问题未经协商一致，不得各自向下行文。

五十四、怎样理解行文应“确有必要，讲求实效”

2012 版《条例》第十三条明确规定，公文“行文应当确有必要，讲求实效，注重针对性和可操作性”。这是公文行文的基本原则，也是行文的出发点。在确定行文时，首先要明确行文的目的和作用，做到有的放矢，富有针对性。只有坚持这一点，才能有效地控制公文数量，从源头上治理“文山”问题，同时还要纠正“发文越多、文件的规格越高，对工作越重视”的误区，根据实际需要确定是否行文。例如，制发上行公文，就应当研究请示事项是否属于上级机关的职责范围，同时还要研究解决该问题的可行性；制发平行文，要注意明确职权，防止推诿扯皮，搞公文旅行；制发下行文，则要符合实际，富有针对性，讲求实效，要注意避免照抄照搬上级机关文件或以文件贯彻文件，形成新“八股”。只有这样，才能使发出的公文达到预期的目的。

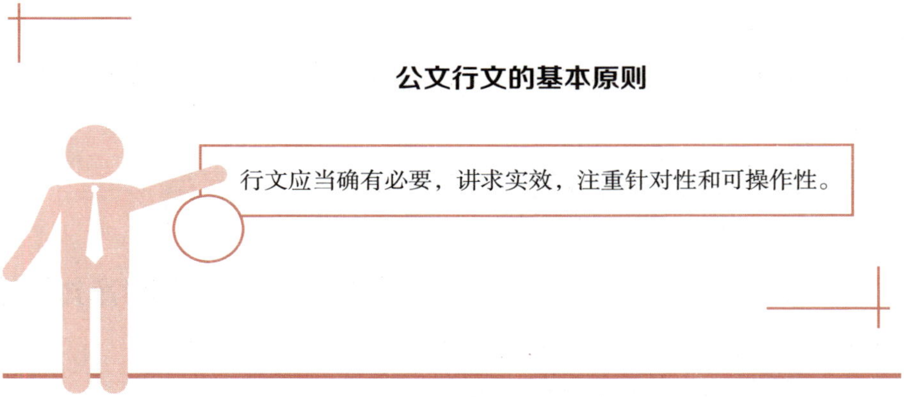
公文行文的基本原则
行文应当确有必要，讲求实效，注重针对性和可操作性。

五十五、上行文及其行文规则

行文规则是行文制度的系统规定，是行文关系的处理规范，是将公文处理过程中产生的机关或部门之间的权利与义务关系用规则确定下来，从而形成共同遵守的行文制度。

上行文是下级机关向上级领导机关（包括有业务指导关系的上级机

关在内）的行文。在上行文的行文关系上，应注意把握以下几点：

（1）原则上主送一个上级机关，根据需要同时抄送相关上级机关和同级机关，不抄送下级机关。

（2）党委、政府的部门向上级主管部门请示、报告重大事项，应当经本级党委、政府同意或者授权；属于部门职权范围内的事项应当直接报送上级主管部门。

（3）下级机关的请示事项，如需以本机关名义向上级机关请示，应当提出倾向性意见后上报，不得原文转报上级机关。

（4）请示应当一文一事。不得在报告等非请示性公文中夹带请示事项。

（5）除上级机关负责人直接交办事项外，不得以本机关名义向上级机关负责人报送公文，不得以本机关负责人名义向上级机关报送公文。

（6）受双重领导的机关向一个上级机关行文，必要时抄送另一个上级机关。

五十六、下行文及其行文规则

下行文是上级机关对所属下级组织的行文。在下行文的行文关系上，应注意处理好以下几点：

（1）主送受理机关，根据需要抄送相关机关。重要行文应当同时抄送发文机关的直接上级机关。

（2）党委、政府的办公厅（室）根据本级党委、政府授权，可以向下级党委、政府行文，其他部门和单位不得向下级党委、政府发布指令性公文或者在公文中向下级党委、政府提出指令性要求。需经政府审批的具体事项，经政府同意后可以由政府职能部门行文，文中须注明已经政府同意。

（3）党委、政府的部门在各自职权范围内可以向下级党委、政府的相关部门行文。

（4）涉及多个部门职权范围内的事务，部门之间未协商一致的，不得向下行文；擅自行文的，上级机关应当责令其纠正或者撤销。

（5）上级机关向受双重领导的下级机关行文，必要时抄送该下级机关的另一个上级机关。

五十七、平行文及其行文规则

所谓平行文是指平行机关或不相隶属机关之间的行文。在平行文的行文关系上，应注意把握如下几点：

平行文行文规则

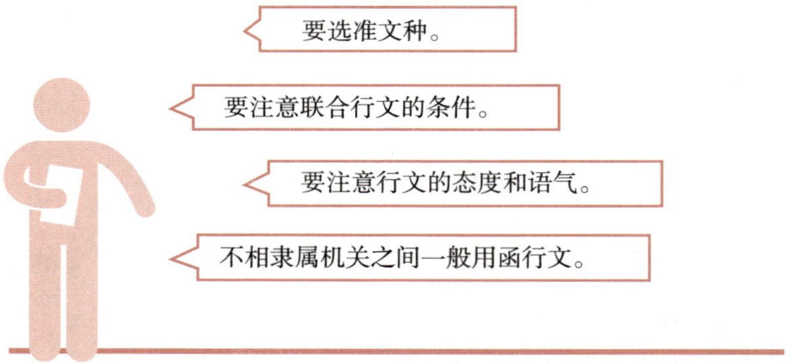

要选准文种。
要注意联合行文的条件。
要注意行文的态度和语气。
不相隶属机关之间一般用函行文。

（1）要选准文种。用于平行文的文种相对较少，主要有函、周知性的通知以及告知性的意见。

（2）要注意联合行文的条件。根据2012版《条例》第十七条的规定："同级党政机关、党政机关与其他同级机关必要时可以联合行文。属于党委、政府各自职权范围内的工作，不得联合行文。""党委、政府的部门依据职权可以相互行文。"

（3）要注意行文的态度和语气。在写法上，由于平行文的各机关或部门之间是对等关系，因此要做到态度谦和，语气平缓，不能唯我独尊，强加于人，更不能用指示性的口吻。

（4）不相隶属机关之间一般用函行文。

五十八、“越级行文”及其规则

2012 版《条例》第十四条中明确规定公文的行文关系应当根据隶属关系和职权范围确定。一般不得越级向上级机关行文，尤其不得越级行文请示问题；但因特殊情况必须越级行文时，应当同时抄送被越过的上级机关。所谓“越级”是指越过自己的直接上级领导机关而向更上一级的上级机关行文。所谓“特殊”，主要包括下列一些情形：由于情况十分紧急（如战争、重大灾害等），逐级请示会延误时机给工作带来损失；经多次请示直接上级领导机关，长期拖而不批的重大问题；上下级机关有所争议而无法办理的原则性事宜；上级机关指定越级上报的事项；对直接上级组织严重违法乱纪问题的揭发、检举等。

上级机关向下行文，除非特殊需要，也不可越过直接下级组织向更下一级组织行文指挥工作、布置任务、决定事项。

五十九、怎样规范部门行文

在过去一个时期，部门行文偏多过滥，导致“文山”增高。例如，国家及省、市、县的一些部门，不经政府授权，擅自向下一级政府直接行文，交代任务，布置工作；一些部门的内设机构（如部属的司、厅属的处、局属的科等）越权对外行文的现象十分突出，致使政出多门，使下级难以适从。

要遏制“文山”，就必须精简文件，而规范部门行文则是要抓住的关键所在。为此，2012版《条例》进一步明确提出：“部门内设机构除办公厅（室）外不得对外正式行文。”

六十、怎样区分函与信函式公文

函与信函式公文是在公文处理实践中容易被人们混淆的两个概念。函是正式公文文种之一，而信函式公文是以信函格式印制的公文，是一种重要的公文发布形式。在实际工作中，一些非普发性公文，诸如批复、函、通知、通报等，常常使用信函格式印发，此即所谓信函式公文。因此，二者属于不同的范畴，不能相提并论。

六十一、函的形式有什么特殊要求

部门内设机构与相应的其他机关进行工作联系需要行文时，只能以函的形式行文。“函的形式”是指公文格式中区别“文件格式”的“信函格式”。以“函的形式”行文应注意选择使用与行文方向一致、与公文内容相符的文种。具体而言：

（1）部门内设机构除办公厅（室）外，不得对外正式行文，不得向本部门机关以外的其他机关（包括本系统）制发政策和规范性文件，不得代替部门审批下达应当由部门审批下达的事项。

（2）“信函形式”的格式与正式标准的文件格式是截然不同的。这里所讲的“函”是形式，而不是指文种，所以在具体使用时，不要把“函的形式”与作为文种的“函”混为一谈。至于“函的形式”所使用的文种，“应注意选择使用与行文方向一致，与公文内容相符的文种”。这些都是确保函这一文种使用趋于规范的必要条件。

第五节

公文的制发程序

GONGWEN DE ZHIFA CHENGXU

六十二、公文的起草

公文的“起草”，也称“撰稿”“拟稿”，是公文拟制的第一道程序，也是至关重要的程序。根据2012版《条例》的规定。起草一般应掌握下列基本要求：

（1）重要的文件应由领导人亲自撰写，一般日常文件则由秘书部门或业务部门拟稿，通常是“谁主管，谁拟稿”。2012版《条例》明确规定：“机关负责人应当主持、指导重要公文起草工作。”这对新形势下党政机关领导同志要具有较高的公文写作水平，通晓公文的运转规则，提出了基本要求。

（2）起草的总要求就是毛泽东同志在《工作方法六十条（草案）》第三十七条中指出的：“文章和文件都应当具有这样三种性质：准确性、鲜明性、生动性。”[①] 具体地说，主要是：

①在内容上，要同制文机关的职权范围相一致，不可超越本机关

①《毛泽东文集》第七卷，人民出版社1999年版，第359页。

的职权；要充分体现并符合党的理论路线方针政策和国家法律法规，完整准确地体现发文机关意图，并同现行有关公文相衔接；同时还要符合公务活动的客观规律；材料、情况要真实，观点要统一，重点内容要突出，要合乎保密要求。要做到一切从实际出发，分析问题实事求是，所提政策办法和措施切实可行。

公文起草的基本要求

（1）重要的文件应由领导人亲自撰写，一般日常文件则由秘书部门或业务部门拟稿，通常是“谁主管，谁拟稿”。

（2）起草的总要求是准确性、鲜明性、生动性。

（3）公文起草者要努力学习政治理论，保持清醒的政治头脑。

（4）要有高度的政治责任心和认真踏实的工作作风。

（5）要学习掌握本单位的业务知识。

（6）要努力掌握一定的逻辑、语法、标点符号知识。

②在词章上，内容要简洁，主题要突出，观点要鲜明，结构要合理，层次要清楚；遣词用句要准确，语言要庄重、平实；论理要合乎逻辑，用语要符合语法。

③在形式上，要符合党和国家规定的公文体式（包括文种名称、公文格式、行文关系等），文种使用要正确，并严格执行2012版《格式》的规定，不可自造一套；坚持一文一事制度；正确地使用汉字和标点符号，使用数目字、简称词语等要规范化，不能随心所欲地另行一套；篇幅要简短，中央规定报告每次不超过千字，这就是要求公文应当言简意赅。

④要深入进行调查研究，充分进行论证，广泛听取意见。

⑤公文涉及其他地区或者部门职权范围内的事项，起草单位必须征求相关地区或者部门的意见，力求达成一致。

（3）公文起草者要努力学习政治理论，至少要懂得辩证唯物主义和历史唯物主义常识，要懂点政治经济学，要掌握一定的有关科学社会主义的知识，只有这样才能保持清醒的政治头脑，才能在起草文件时不出现政治上、原则上的失误或不周，才能自觉地把党和国家的方针政策融会贯通到所起草的文件中去。

（4）要有高度的政治责任心和认真踏实的工作作风。起草前，要切实领会与把握机关领导的制文意图，认真研究实际材料，明确包括制文原委、目的及中心思想在内的公文主旨“三要素”，即提炼出主旨来。之后，谋篇定局，列出提纲，明确先写什么，再写什么，最后写什么，明确每个层次的中心及每个段落的段旨，还要明确在什么观点下使用哪些实际材料。在上述工作的基础上，再落笔起草，正式拟稿。初稿写成后，个人至少要通读一两遍，反复斟酌修改，要做到一丝不苟。

（5）要学习掌握本单位的业务知识。文件的起草者，如果不了解本单位的业务知识，是业务的外行，可以说他很难担负起文稿的起草工作。要拟好文稿，起草者对本单位的业务活动、常用词语、专业知识等必须基本熟悉、清楚，只有这样才能写出符合实际、针对性强、能有效地推进与指导工作的公文来。

（6）要努力掌握一定的逻辑、语法、标点符号知识。要想使自己起草的文稿准确顺畅、简明生动，不出现差误、不周、啰唆、冗长和呆板等问题，就要下功夫学点逻辑学及语法常识。掌握逻辑知识极其重要，它有助于增强思维能力，使起草出来的公文思路清晰，文笔敏捷，准确地表达概念、判断与进行推理，符合逻辑思维的基本规律。

六十三、公文的审核

审核也就是“核稿”，即公文起草成形送交领导人审批签发之前，由发文机关办公厅（室）或业务部门负责人对公文的观点、文字、内容、体式所作的全面审核工作。核稿，主要审核下列七个方面：

（1）行文理由是否充分，行文依据是否准确。

（2）内容是否符合国家法律法规和党的路线方针政策，是否完整准确体现发文机关意图，是否同现行有关公文相衔接，所提政策措施和办法是否切实可行。

（3）涉及有关地区或者部门职权范围内的事项是否经过充分协商并达成一致意见。

（4）文种是否正确，格式是否规范；人名、地名、时间、数字、段落顺序和引文等是否准确；文字、数字、计量单位和标点符号等用法是否规范。

（5）其他内容是否符合公文起草的有关要求。

（6）需要发文机关审议的重要公文文稿，审议前由发文机关办公厅（室）进行初核。

（7）经审核不宜发文的公文文稿，应当退回起草单位并说明理由；符合发文条件但内容需作进一步研究和修改的，由起草单位修改后重新报送。

六十四、公文的签发

“签发”是文件拟制的最后一个关键环节。文件经过领导人签发即成定稿，产生效力。

根据 2012 版《条例》第二十二条的规定，公文应当经本机关负责人审批签发。重要公文和上行文由机关主要负责人签发。党委、政府的办公厅（室）根据党委、政府授权制发的公文，由受权机关主要负责人签发或者按照有关规定签发。签发人签发公文，应当签署意见、姓名和完整日期，以示负责，便于查考。圈阅或者签名的，视为同意。联合发文由所有联署机关的负责人会签。被主要负责同志授权代行签发的文件，应在签发人姓名右侧注明“代”字。

六十五、公文的收文办理程序

收文办理是公文办理的一道重要和必不可少的程序，根据 2012 版《条例》第二十四条的规定，收文办理主要程序是：

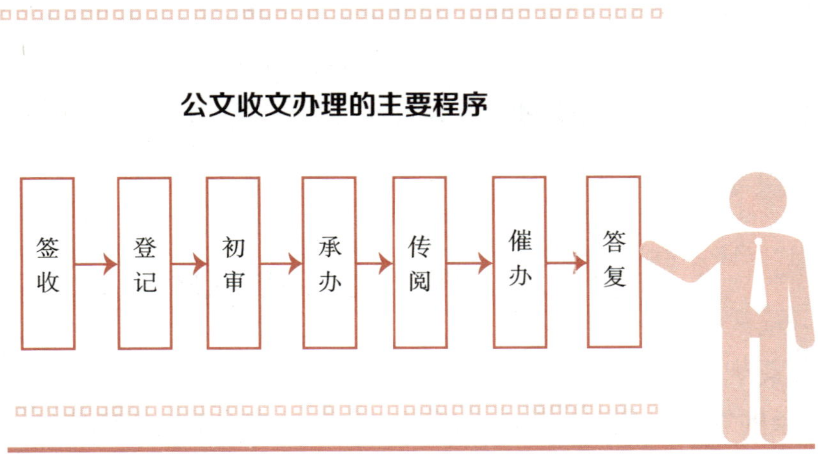

（1）签收。对收到的公文应当逐件清点，核对无误后签字或者盖章，并注明签收时间。

（2）登记。对公文的主要信息和办理情况应当详细记载。

（3）初审。对收到的公文应当进行初审。初审的重点是：是否应当由本机关办理，是否符合行文规则，文种、格式是否符合要求，涉及其他地区或者部门职权范围内的事项是否已经协商、会签，是否符合公文起草的其他要求。经初审不符合规定的公文，应当及时退回来文单位并说明理由。

（4）承办。阅知性公文应当根据公文内容、要求和工作需要确定范围后分送。批办性公文应当提出拟办意见报本机关负责人批示或者转有关部门办理；需要两个以上部门办理的，应当明确主办部门。紧急公文应当明确办理时限。承办部门对交办的公文应当及时办理，有明确办理时限要求的应当在规定时限内办理完毕。

（5）传阅。根据领导批示和工作需要将公文及时送传阅对象阅知或者批示。办理公文传阅应当随时掌握公文去向，不得漏传、误传、延误。

（6）催办。及时了解掌握公文的办理进展情况，督促承办部门按期办结。紧急公文或者重要公文应当由专人负责催办。

（7）答复。公文的办理结果应当及时答复来文单位，并根据需要告知相关单位。

六十六、公文的发文办理程序

发文办理也是公文办理的主要程序，根据2012版《条例》第二十五条的规定，公文的发文办理程序主要包括以下四个环节：

（1）复核。已经发文机关负责人签批的公文，印发前应当对公文的审批手续、内容、文种、格式等进行复核；需作实质性修改的，应当报原签批人复审。

（2）登记。对复核后的公文，应当确定发文字号、分送范围和印制份数并详细记载。

（3）印制。公文印制必须确保质量和时效。涉密公文应当在符合保密要求的场所印制。

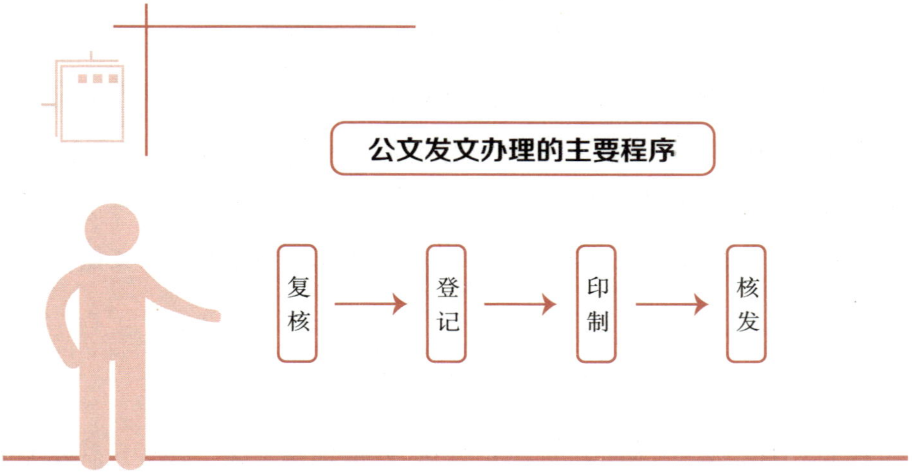

（4）核发。公文印制完毕，应当对公文的文字、格式和印刷质量进行检查后分发。

另据 2012 版《条例》第二十六条的规定，涉密公文应当通过机要交通、邮政机要通信、城市机要文件交换站或者收发件机关机要收发人员进行传递，通过密码电报或者符合国家保密规定的计算机信息系统进行传输。

六十七、公文的整理归档及其规范

公文加盖公章后即为正本。凡本机关主办制发的公文，形成正本之后，都要留出一式二至三份，连同原稿一起归卷（原稿也应加盖公章，公章一般盖在拟稿纸的制发机关名称处）。

从拟稿形成文件之后到归档，是制发全过程，任何一个环节上稍有疏忽都会造成不良后果。值得注意的是，有的机关或单位为体现负责精神，往往在文件的末尾最下端分别注明撰稿人、校对人、打字人等人员的姓名以及份数等信息，这是完全不必要的。因为国家标准《发文稿纸格式》（GB/T 826—1989）中规定了发文机关告知的基本格式，发文稿纸是从公文起草、审核到签发完整过程的记录载体。在发文稿纸中包括了起草公文的拟稿人、印发前的校对人以及印制份数等信息，对于一个正式对外发布的公文来说，这些信息反映的都是机关内部事务和过程，不适宜放在对外印发的公文中，也不需要收文机关知晓。如果是为了保证公文质量，追溯公文办理过程中的人员信息，可以查阅发文稿纸。

六十八、公文的管理及其规范

根据2012版《条例》的规定，公文管理应当符合如下基本规范要求：

（1）各级党政机关应当建立健全本机关公文管理制度，确保管理严格规范，充分发挥公文效用。

（2）党政机关公文由文秘部门或者专人统一管理。设立党委（党组）的县级以上单位应当建立机要保密室和机要阅文室，并按照有关保密规定配备工作人员和必要的安全保密设施设备。

（3）公文确定密级前，应当按照拟定的密级先行采取保密措施。确定密级后，应当按照所定密级严格管理。绝密级公文应当由专人管理。

公文的密级需要变更或者解除的，由原确定密级的机关或者其上级机关决定。

（4）公文的印发传达范围应当按照发文机关的要求执行；需要变更的，应当经发文机关批准。涉密公文公开发布前应当履行解密程序。公开发布的时间、形式和渠道，由发文机关确定。经批准公开发布的公文，同发文机关正式印发的公文具有同等效力。

（5）复制、汇编机密级或秘密级公文，应当符合有关规定并经本机关负责人批准。绝密级公文一般不得复制、汇编，确有工作需要的，应当经发文机关或者其上级机关批准。

复制、汇编的公文视同原件管理。复制件应当加盖复制机关戳记。翻印件应当注明翻印的机关名称、日期。汇编本的密级按照编入公文的最高密级标注。

（6）公文的撤销和废止，由发文机关、上级机关或者权力机关根据职权范围和有关法律法规决定。公文被撤销的，视为自始无效；公文被废止的，视为自废止之日起失效。

（7）涉密公文应当按照发文机关的要求和有关规定进行清退或者销毁。

（8）不具备归档和保存价值的公文，经批准后可以销毁。销毁涉密公文必须严格按照有关规定履行审批登记手续，确保不丢失、不漏销。个人不得私自销毁、留存涉密公文。

（9）机关合并时，全部公文应当随之合并管理；机关撤销时，需要归档的公文经整理后按照有关规定移交档案管理部门。

（10）工作人员离岗离职时，所在机关应当督促其将暂存、借用的公文按照有关规定移交、清退。

（11）新设立的机关应当向本级党委、政府的办公厅（室）提出发文立户申请。经审查符合条件的，列为发文单位，机关合并或者撤销时，相应进行调整。

第二章

通用公文的写作

TONGYONG GONGWEN DE XIEZUO

六十九、决议

文种释义

决议属于议决体公文。根据2012版《条例》的规定，决议适用于会议讨论通过的重大决策事项。从实质上讲，决议主要起着一种动员的作用，能够较快地统一大家的思想和行动，使各方面的力量有机地协调起来，为一个总的目标而奋斗。

基本结构与写法

决议的格式一般都由标题、正文和结尾三个部分组成。

1. 标题

一般为完全式标题，三要素齐全，即由发文机关、事由和文种组成。例如，《中国共产党中央委员会关于建国以来党的若干历史问题的决议》。

2. 正文

根据不同类型的决议，分别采用不同的写作方法：

一是“倒悬式”的写法。之所以称为“倒悬法”，是因为按照正常的层次安排，一般是先叙事、再说理、最后得出结论，这样人们只能在阅完全文之后，才可了解公文总的精神实质。而采用“倒悬式”，起句立意，开宗明义，一看开头就使人得到一个总的概念，一下子就抓住了要领，把握了全文的中心内容，从而起到提纲挈领的作用。从结构布局上讲，这种决议的正文部分由“导语”与“分段”组成，形成“倒悬式”，也可叫作“撮要分条式”。

二是“豆腐块式”的写法。采用这种写法的大都是空间辐射面宽、时间跨度大的决议。例如《中国共产党中央委员会关于建国以来党的若干历史问题的决议》，这份决议长达 35000 字，正文由八大部分组成，各部分之间相互独立存在，每一部分都有一个揭示中心内容的小标题置于上面中心位置。

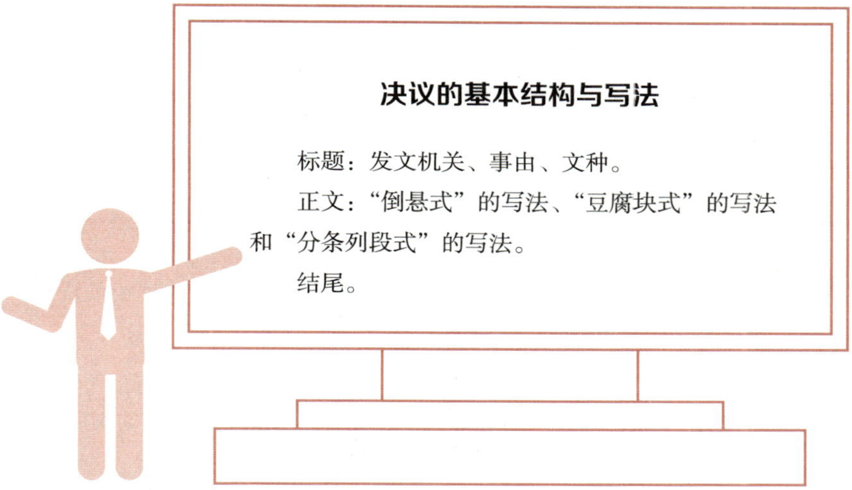

决议的基本结构与写法
标题：发文机关、事由、文种。
正文：“倒悬式”的写法、“豆腐块式”的写法和“分条列段式”的写法。
结尾。

三是“分条列段式”的写法。即把正文主体并列分成几个段落，段落之间既各自独立表达一个完整的意思，又相互依存、相辅相成。这种写法比较适用于有关专门性问题的决议。

3. 结尾

决议通常要有一个鼓舞号召性的结尾。写好结尾很重要，主要表现在两个方面：一是头尾照应，加深认识，给读者一个完整的印象；二是鼓舞士气，循此前进，有利于决议内容的宣传贯彻与执行。

决议写作要求

要把握会议的中心。

要注意成文的时效性。

在写法上要注意做到叙议结合，定性准确，评价恰当，切忌纠缠细节。

例文

中国共产党
第十九次全国代表大会关于十八届中央委员会报告的决议

（二〇一七年十月二十四日中国共产党第十九次全国代表大会通过）

中国共产党第十九次全国代表大会批准习近平同志代表十八届中央委员会所作的报告。大会高举中国特色社会主义伟大旗帜，以马克思列宁主义、毛泽东思想、邓小平理论、“三个代表”重要思想、科学发展观、习近平新时代中国特色社会主义思想为指导，分析了国际国内形势发展变化，回顾和总结了过去五年的工作和历史性变革，作出了中国特色社会主义进入了新时代、我国社会主要矛盾已经转化为人民日益增长的美好生活需要和不平衡不充分的发展之间的矛盾等重大政治论断，深刻阐述了新时代中国共产党的历史使命，确立了习近平新时代中国特色社会主义思想的历史地位，提出了新时代坚持和发展中国特色社会主义的基本方略，确定了决胜全面建成小康社会、开启全面建设社会主义现代化国家新征程的目标，对新时代推进中国特色社会主义伟大事业和党的建设新的伟大工程作出了全面部署。大会通过的十八届中央委员会的报告，描绘了决胜全面建成小康社会、夺取新时代中国特色社会主义伟大胜利的宏伟蓝图，进一步指明了党和国家事业的前进方向，是全党全国各族人民智慧的结晶，是我们党团结带领全国各族人民在新时代坚持和发展中国特色社会主义的政治宣言和行动纲领，是马克思主义的纲领性文献。

大会认为，报告阐明的大会主题对我们党带领人民奋发图强、开拓前进具有十分重大的意义。全党要不忘初心，牢记使命，高举中国特色社会主义伟大旗帜，决胜全面建成小康社会，夺取新时代中国特色社会主义伟大胜利，为实现中华民族伟大复兴的中国梦不懈奋斗。

大会高度评价十八届中央委员会的工作……

大会强调……

大会强调……

大会强调……

大会提出，从现在到二〇二〇年，是全面建成小康社会决胜期。要按照十六大、十七大、十八大提出的全面建成小康社会各项要求，突出抓重点、补短板、强弱项，特别是要坚决打好防范化解重大风险、精准脱贫、污染防治的攻坚战，使全面建成小康社会得到人民认可、经得起历史检验。

大会认为……

大会同意报告关于我国社会主义经济建设、政治建设、文化建设、社会建设、生态文明建设的部署。大会强调……

大会强调……

大会强调……

大会同意……

大会强调……

大会强调，要把党的政治建设摆在首位。全党必须增强政治意识、大局意识、核心意识、看齐意识，坚持党中央权威和集中统一领导，坚定执行党的政治路线，严格遵守政治纪律和政治规矩，在政治立场、政治方向、政治原则、政治道路上同党中央保持高度一致。

大会号召，全党全国各族人民要紧密团结在以习近平同志为核心的党中央周围，高举中国特色社会主义伟大旗帜，认真学习贯彻习近平新时代中国特色社会主义思想，锐意进取，埋头苦干，为实现推进现代化建设、完成祖国统一、维护世界和平与促进共同发展三大历史任务，为决胜全面建成小康社会、夺取新时代中国特色社会主义伟大胜利、实现中华民族伟大复兴的中国梦、实现人民对美好生活的向往继续奋斗！

七十、决定

文种释义

根据 2012 版《条例》的规定，决定是对重要事项作出决策和部署、奖惩有关单位和人员、变更或者撤销下级机关不适当的决定事项时制定的一种指挥性公文。它属于下行文种，上至党和国家的重大决策和战略部署，下至基层单位的奖惩事宜均可使用。

基本结构与写法

决定的基本结构通常由标题、正文和落款三部分构成。

1. 标题

决定的标题一般由作出决定的机关或通过决定的会议名称加决定的事项加文种三部分组成。例如，《中共中央国务院关于实施科技规划纲要增强自主创新能力的决定》。如果是由某次会议讨论通过的决定，一般是在标题之下标明该决定是在什么时间、什么会议上通过的。

2. 正文

决定的正文一般由开头、主体和结尾三部分内容组成。

（1）开头

开头部分应写明作出决定的目的、意义及根据。其中根据包括理论根据、政策法律根据和事实根据三个方面。开头部分要求开门见山，简明扼要。如果是对重大行动作出安排的决定，还要求比较透彻地说明作出该决定的目的和意义，以便执行者能够充分地认识实施这一重大行动的重要性。

（2）主体

主体部分主要是写决定事项，即决定的内容，是决定写作的核心部分。由于决定所具有的权威性和指导性，要求下级机关认真贯彻执行，故决定事项必须写得明确具体，政策界限必须清晰分明，措施和要求必须具体得当。主体部分的结构形式，常见的有篇段结合式、多段组合式、条款分列式、分块式和条块结合式五种情况。

①篇段结合式。即整篇决定只有一个自然段，适用于内容单一、文字很少的决定。

②多段组合式。即由若干自然段构成一篇决定，适用于内容简单、篇幅较短的决定。

③条款分列式。适用于涉及事项较多、内容比较庞杂的决定。为了使决定的事项条理清楚、层次分明，通常采用条款分列的形式，即将决

定事项分成若干条款，并用数码标列出来。

④分块式。又称分部分式，即把决定的事项分为若干部分的一种结构形式，其优点在于使内容繁杂的决定显得有条有理，层次分明。

⑤条块结合式。就是将决定事项采取部分和条款相结合的方式来写的一种结构形式，其作用是既可以使决定事项在表达上做到问题相对集中，又可使文章条理清楚。例如，《中共中央关于建立社会主义市场经济体制若干问题的决定》就分为10个部分共计50条。

（3）结尾

一般是以一个自然段的篇幅发出号召或提出希望。

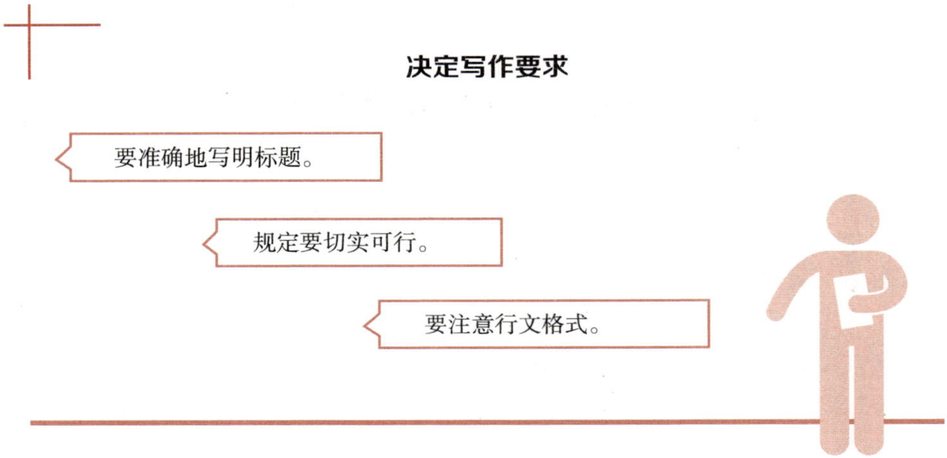

决定写作要求
要准确地写明标题。
规定要切实可行。
要注意行文格式。

3. 落款

决定都应该有落款，写明作出决定的机关（单位）全称或规范化简称以及作出决定的年、月、日。会议通过的决定既可以在标题之下写明什么时间在什么会议上通过，用圆括号括入，也可以只写明会议通过的年、月、日，用圆括号括入，正文之后便不再需要落款。

例文

国务院关于2017年度国家科学技术奖励的决定

国发〔2018〕2号

各省、自治区、直辖市人民政府，国务院各部委、各直属机构：

为全面贯彻党的十九大精神，深入贯彻落实习近平新时代中国特色社会主义思想，坚定实施科教兴国战略、人才强国战略和创新驱动发展战略，国务院决定，对为我国科学技术进步、经济社会发展、国防现代化建设作出突出贡献的科学技术人员和组织给予奖励。

根据《国家科学技术奖励条例》的规定，经国家科学技术奖励评审委员会评审、国家科学技术奖励委员会审定和科技部审核，国务院批准并报请国家主席习近平签署，授予王泽山院士、侯云德院士国家最高科学技术奖；国务院批准，授予“水稻高产优质性状形成的分子机理及品种设计”等2项成果国家自然科学奖一等奖，授予“华北克拉通破坏”等33项成果国家自然科学奖二等奖，授予“燃煤机组超低排放关键技术研发及应用”等4项成果国家技术发明奖一等奖，授予“水稻精量穴直播技术与机具”等62项成果国家技术发明奖二等奖，授予“特高压±800kV直流输电工程”等3项成果国家科学技术进步奖特等奖，授予“涪陵大型海相页岩气田高效勘探开发”等21项成果国家科学技术进步奖一等奖，授予“多抗广适高产稳产小麦新品种山农20及其选育技术”等146项成果国家科学技术进步奖二等奖，授予厄尔·沃德·普拉默教授等7名外国专家中华人民共和国国际科学技术合作奖。

全国科学技术工作者要向王泽山院士、侯云德院士及全体获奖者学习，不忘初心、牢记使命，继续发扬求真务实、勇于创新的科学精神和服务国家、造福人民的优良传统，主动担当起建设世界科技强国的历史重任，深入实施创新驱动发展战略，坚定不移走中国特色自主创新道路，加快建设创新型国家，为决胜全面建成小康社会、夺取新时代中国特色社会主义伟大胜利、实现“两个一百年”奋斗目标和中华民族伟大复兴的中国梦作出新的更大贡献。

国务院

2018 年 1 月 1 日

七十一、命令（令）

文种释义

根据条例的规定，命令（令）适用于公布行政法规和规章、宣布施行重大强制性措施；批准授予和晋升衔级，嘉奖有关单位及人员。命令（令）是法定的领导机关或领导人对下级发布的一种具有强制执行效力的指挥性公文。

根据用途的不同，命令（令）可以分为公布令、行政令、嘉奖令、通令、任免令、通缉令、赦免令等。

基本结构与写法

命令（令）一般由首部、正文和落款三部分组成。

1. 首部

（1）标题

命令的标题有三种写法：一是由发令机关的领导人职务或发令机关和“令”字两项要素组成；二是由发令机关名称、事由和“命令”三项要素组成；三是由事由和“命令”两项要素组成。事由一般用“关于……”句式。

（2）发文字号

命令的发文字号也叫“令号”，有两种形式：一种是编制自发式，标识于标题之下，又称“流水号”；另一种是公文发文字号的一般写法。“流水号”一般用于国家主席签发的“令”，按年度编号，即一年中其签发命令的顺序编号；其他命令一般用公文发文字号的写法，即由发令机关代字、年份和发文顺序号三项要素组成。

（3）主送机关

普发性命令，一般不写主送机关；公布令是普发性的，一般也不写主送机关；行政令该项或有或无；嘉奖令一般要写主送机关。

命令的写作要求

要严格按照发文权限行文。

语言应当准确，不能使人产生歧义；语气应坚决果断，斩钉截铁，切忌使用商量语气。

撰写和签发命令必须严肃认真。

结构要严谨周密，篇幅要短小，使人易读易记，便于理解和执行。

2. 正文

（1）发令缘由

该部分一般需要说明发布命令的依据、原因、目的等内容。公布令一般只说明所公布的法规、规章于何时经何机构或会议批准、通过；行政令一般说明采取重大强制行政措施的原因、目的；嘉奖令一般要介绍受嘉奖者的事迹。

（2）命令事项

这部分是正文的核心，其语句简洁精练，篇幅一般都不长。一般置于发令缘由之后，也可将其置于发令缘由之前。

（3）结尾

这部分内容或有或无。公布令一般没有结尾；行政令和嘉奖令大多有结尾内容，用来提出要求、希望等。

3．落款

包括发令机关领导人职务及其签名章和成文日期等要素。签名章即发令机关领导人专门用于签名的个人印章（红色），在成文日期上一行加盖，下不压成文日期。

例文

关于嘉奖参加纪念抗战胜利70周年阅兵的解放军和武警部队全体官兵的通令

在纪念中国人民抗日战争暨世界反法西斯战争胜利70周年盛大庆典活动中，受阅部队作为共和国武装力量的代表，光荣地接受了祖国和人民的检阅。各级党委领导坚决贯彻党中央、中央军委决策指示，紧紧围绕阅兵主题，精心筹划、周密组织、团结协作，保证了阅兵任务有力有序推进。受阅官兵勇于追求卓越，将军领队率先垂范，担负保障工作的同志们甘当无名英雄，高标准高质量完成了各项任务。阅兵实践中，广大官兵表现出听党指挥、绝对忠诚的政治品格，献身使命、崇尚荣誉的价值追求，精益求精、争创一流的进取意识，顾全大局、甘于奉献的高尚情怀，埋头苦干、顽强拼搏的优良作风，立起了有灵魂、有本事、有血性、有品德新一代革命军人的好样子。受阅部队以强军兴军的崭新风貌、威武雄壮的磅礴阵容、能打胜仗的过硬素质，向国内外集中展示了全国人民弘扬抗战伟大精神、聚力实现中国梦强军梦的豪迈意志，展示了在强军目标引领下国防和军队建设的新成就新气象，展示了人民军队捍卫国家主权、安全、发展利益和维护世界和平的坚强决心，充分激发了全党全军全国各族人民为实现中华民族伟大复兴而奋斗的强大正能量。

全军指战员要向阅兵部队学习，用好这次阅兵取得的成功经验，把阅兵焕发出的爱国热情、强军壮志，转化为牢记使命担当、投身强军实践的自觉行动。各级要深入贯彻党的十八大和十八届三中、四中全会精神，坚持以邓小平理论、“三个代表”重要思想、科学发展观为指导，按照“四个全面”战略布局，加快推进国防和军队建设改革，为实现党在新形势下的强军目标努力奋斗！

中华人民共和国中央军事委员会主席　习近平

2015 年 9 月 3 日

七十二、公报

文种释义

公报是 2012 版《条例》中规定的主要公文种类之一，适用于“公布重要决定或者重大事项”。

基本结构与写法

公报一般由以下几个部分组成：

1. 标题

通常有三种写法：一是由会议名称与文种组成，并在其下用括号标明会议通过的日期，如《中国共产党第十九届中央委员会第三次全体会议公报》（2018 年 2 月 28 日中国共产党第十九届中央委员会第三次全体会议通过）；二是直接点明公报的发布形式与文种，如《新闻公报》《联合公报》；三是由公报的发布机关、内容和文种组成，如《中华人民共和国国家统计局关于国民经济和社会发展“十三五”规划执行情况的公报》等。

2. 正文

由于公报内容及发布形式的不同，各种公报正文的写法也不尽相同。

一是发布会议情况的公报。其正文主要是由引言（即会议召开的时间、地点等）、基本情况（即出席会议的人员、议题及主要活动内容）、决定事项和会议的号召与要求四方面内容组成。

由于是会议公报，涉及的是对会议全部内容的反映，代表全体与会人员的意志，因此文中通常使用“全会听取”“全会指出”“全会强调”“会议审议”“会议决定”“全会号召”等标志性语句，并以之提领一项议题内容，这是会议公报常用的一种表达方式。

二是新闻公报。一般都非常简明扼要、精练概括，包括导语、主体和结尾三方面内容。新闻公报具有新闻报道的性质，必须遵循新闻的写作原则，做到内容新、速度快、让事实说话。其写法类似动态消息。

三是统计公报。统计公报的正文及写法与会议公报的写法大不相同。因为它是公布某一时期的人口数据或国民经济和社会发展的一些情况和数据的，往往篇幅较长、内容全面。正文一般分为前言、主体两部分。前言部分可说明公报的依据和主要内容。例如，国务院第一次全国经济普查领导小组办公室和中华人民共和国国家统计局联合发布的《第一次全国经济普查主要数据公报》（第一号）的前言部分，首先交代了第一次全国经济普查的有关背景资料，包括时间、普查的对象、主要内容及普查的结果等方面的情况，并用“现将第一号公报发布如下”的标志用语，作为从前言到主体的过渡。主体部分是公报的主要内容，要着力写好，一般采用分项列述的方法，要求条理清楚，内容全面、具体。如以上所举例文的主体部分就是按国民经济及社会发展所包括的项目分项说明的，分为：（1）单位基本情况；（2）就业人员；（3）企业实收资本；（4）普查数据质量情况。第一号公报与后面的第二号、第三号……前后共同构成一个整体，内容非常全面、具体。

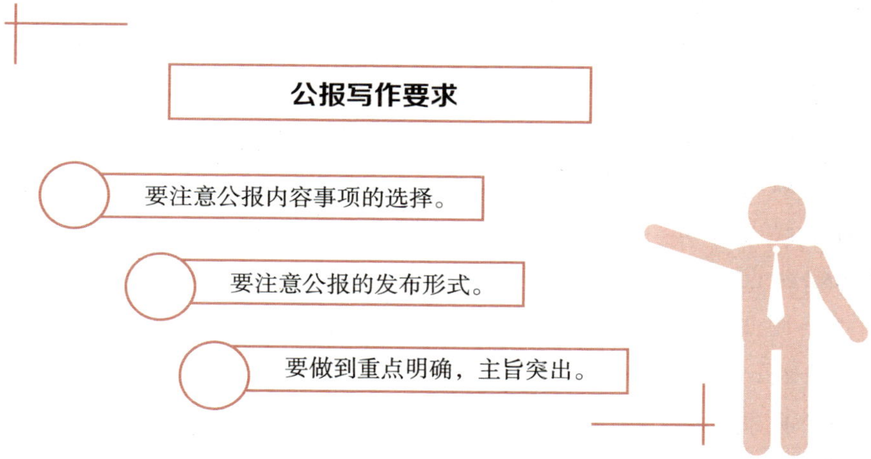

公报写作要求
要注意公报内容事项的选择。
要注意公报的发布形式。
要做到重点明确，主旨突出。

例文

中国共产党第十九届中央委员会第三次全体会议公报

（2018 年 2 月 28 日中国共产党第十九届中央委员会第三次全体会议通过）

中国共产党第十九届中央委员会第三次全体会议，于 2018 年 2 月 26 日至 28 日在北京举行。

出席这次全会的有，中央委员 202 人，候补中央委员 171 人。中央纪律检查委员会副书记和有关方面负责同志列席会议。

全会由中央政治局主持。中央委员会总书记习近平作了重要讲话。

全会听取和讨论了习近平受中央政治局委托作的工作报告。全会审议通过了中央政治局在广泛征求党内外意见、反复酝酿协商的基础上提出的拟向十三届全国人大一次会议推荐的国家机构领导人员人选建议名单和拟向全国政协十三届一次会议推荐的全国政协领导人员人选建议名单，决定将这两个建议名单分别向十三届全国人大一次会议主席团和全国政协十三届一次会议主席团推荐。全会审议通过了《中共中央关于深化党和国家机构改革的决定》和《深化党和国家机构改革方案》，同意把《深化党和国家机构改革方案》的部分内容按照法定程序提交十三届全国人大一次会议审议。

全会充分肯定党的十九届一中全会以来中央政治局的工作。一致认为……

全会提出……

全会强调……

全会强调……

全会提出……

全会提出……

全会提出……

全会提出……

全会提出……

全会提出……

全会号召，全党全国各族人民要紧密团结在以习近平同志为核心的党中央周围，统一思想，统一行动，锐意改革，确保完成深化党和国家机构改革的各项任务，不断构建系统完备、科学规范、运行高效的党和国家机构职能体系，为决胜全面建成小康社会、加快推进社会主义现代化、实现中华民族伟大复兴的中国梦而奋斗！

七十三、公告

文种释义

根据 2012 版《条例》的规定，公告是向国内外宣布重要事项或者法定事项时使用的文种。

基本结构与写法

公告一般包括标题、正文和落款三部分。

1. 标题

公告的标题有三种写法：一是由发文机关名称和文种两个要素组成，如《中华人民共和国全国人民代表大会公告》《国务院办公厅公告》等。宣布重要人事任免事项、公布法律和地方法规常用这种标题。二是由发文机关名称、事由和文种三个要素组成，如《中国人民银行关于国家货币出入境限额的公告》。宣布重要事项常用这种标题。三是只有文种“公告”二字，如《公告》。

公告的写作要求

表述应简明扼要，直陈其事，就实避虚，一事一告。

语言要庄重严肃、朴实无华。

应及时、迅速地将所发生的重大事项向社会公布。

严肃对待，不可乱用。

2．正文

公告的正文通常由依据、事项和结语三部分构成。公告依据应写明根据什么法律、法规或什么会议的决定、精神；公告事项要写清发布的内容，如果事项较多，可以分条列项；公告结语一般使用比较固定和规范的专用词语，如“现予公告”“特此公告”等。

3．落款

公告落款要写明发布公告的机关名称和发布日期。

例文

中华人民共和国财政部公告

2018年第13号

根据《彩票管理条例实施细则》（财政部　民政部　国家体育总局令第67号）和《国务院办公厅关于2018年部分节假日安排的通知》（国办发明电〔2017〕12号）的有关规定，现将2018年彩票市场春节休市有关事项公告如下：

一、休市时间为2018年2月15日0：00至2月21日24：00。

二、休市期间，除即开型彩票外，停止全国其他各类彩票游戏的销售、开奖和兑奖。具体彩票游戏的开奖、兑奖等时间调整安排，由彩票发行机构、彩票销售机构提前向社会公告。

三、休市期间，即开型彩票的销售活动由彩票销售机构根据彩票发行机构的要求和本地实际情况决定，要制定全面细致的销售工作方案，切实加强安全管理。同时，彩票销售机构要充分尊重彩票代销者的意愿，不得强行要求销售。

四、彩票发行机构、彩票销售机构要妥善保管休市前形成的销售数据，确保数据安全；充分利用休市间隙对彩票销售系统及设备进行调整和维护，为休市结束后的彩票销售活动做好准备。

特此公告。

财政部

2018 年 1 月 23 日

七十四、通告

文种释义

按照 2012 版《条例》的规定，通告适用于在一定范围内公布应当遵守或周知的事项，属于一种告知性公文。

基本结构与写法

通告通常由标题、正文和结尾三部分组成。

1. 标题

通告的标题应当紧扣通告主题，主要有三种写法：一是三要素俱全的完全式标题。例如，《× × 市人民政府关于控制烟花爆竹销售燃放的通告》。二是省略事由，仅有发文机关名称和文种两个要素。例如，《× × 市交通局通告》；三是省略发文机关名称和事由，仅用“通告”二字。

2. 正文

正文是通告的主体，通常由通告缘由和通告事项两部分组成。通告缘由主要交代制发通告的原因、目的、根据和意义等内容；通告的事项应写明需要有关方面遵守、执行或周知的内容，一般采用分条列项、逐一阐述的方式行文。

3．结尾

通告的结尾具有补充和强调的性质，有的讲明执行时间与范围、有效期限及对有关方面的要求和希望；有的则以“特此通告”等专用词语作结；还有的不写结尾部分，正文写完后，行文自然结束，应视具体情况和行文需要来确定结尾的写法。

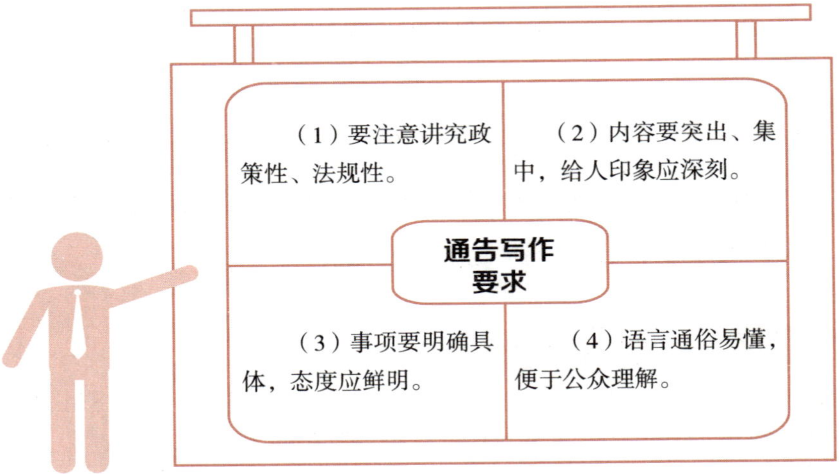

（1）要注意讲究政策性、法规性。
（2）内容要突出、集中，给人印象应深刻。
通告写作要求
（3）事项要明确具体，态度应鲜明。
（4）语言通俗易懂，便于公众理解。

例文

天津市人民政府关于2018年全国“两会”期间小型航空器具和空飘物禁飞的通告

依据《中华人民共和国飞行基本规则》（国务院、中央军委令第509号）、《通用航空飞行管制条例》（中央军委、国务院令第371号）、《天津市民用机场净空及安全管理规定》（津政令第3号）等有关法律法规，本市在2018年中国人民政治协商会议第十三届全国委员会第一次会议和中华人民共和国第十三届全国人民代表大会第一次会议（以下简称全国“两会”）期间，禁止小型航空器具和空飘物起降、飞行。现将有关事项通告如下：

一、自2018年3月2日0时至全国“两会”闭幕次日12时，全市行政区域为临时空中限制区。在空中限制区内，禁止一切公民、法人和其他组织的轻型和超轻型飞机（含轻型和超轻型直升机）、滑翔机、三角翼、动力三角翼、载人气球（热气球）、飞艇、滑翔伞、动力滑翔伞、无人机、航空模型、无人驾驶自由气球、系留气球等低空慢速小型航空器具和空飘物在地面以及空中进行起降、飞行活动。在全国“两会”期间，确需利用小型航空器进行飞行活动的，应依据《中华人民共和国飞行基本规则》第三十五条规定，预先提出申请，并经中部战区空军、民航空中管制部门审批后方可实施。

二、在飞行限制期内，民航、体育、气象以及其他涉及小型航空器、航空器材的单位，要强化对小型航空器具和空飘物的监控，严格落实禁飞规定。公安、市场监管、无线电管理委员会等部门要按照各自职责分工，加强日常监督检查，切实落实监管责任。

三、请广大市民及飞行爱好者主动配合民航、体育、气象、公安等部门做好对“低慢小”航空器拥有者及使用者的登记和管理工作，同时严格遵守各项规定，杜绝违规飞行。对不遵守临时空中限制规定、妨害空中安全的单位和个人，由民航、体育、气象、公安等有关主管部门按照各自职责依法予以处理；对危害公共安全、扰乱公共秩序的，由公安机关依法予以处罚；构成犯罪的，依法追究刑事责任。

2018年2月28日

七十五、意见

文种释义

按照2012版《条例》的规定，意见适用于对重要问题提出见解和处理办法。

作为一种法定公文，意见具有这样几个方面的特点：一是行文方向的多样性。在法定公文组群中，绝大多数文种在行文方向上都具有严格的限定性。但从意见的实际运转情况看，它既可以下行，也可以上行，还可以平行，呈现出灵活性的特点。二是党政工作中的适应性。意见这一文种不仅在党内使用，而且用于党政机关联合发文，还用于各级政府机关及其职能部门的上行、下行与平行。因此，它在党政机关的公文处理工作中具有广泛的适用性。三是注重笔墨的多样性。意见文种中所提出的见解明确、有新意，所提办法力求切合实际，这是意见写作的“共性”。具体到某一篇意见来说，措辞又很不相同。对上，它通常体现出较强的参谋和建议性；对下，它又往往体现出较强的指导和执行性；对平级机关和单位，意见又具有较强的参考性。

基本结构与写法

意见的内容结构一般由标题、正文、结尾和落款四部分构成。

1. 标题

由行文机关、事由和文种三个要素组成。例如，《国务院关于全面推进农村税费改革试点工作的意见》。

2. 正文

这部分是意见写作的主体，应当在开头部分用简明扼要的文字，说明行文的目的、背景、依据或缘由，以便受文者理解和贯彻执行；然后应当明确、详尽地写出意见的具体内容，如阐明工作的基本见解、原则性要求、政策性措施及注意事项等，一般采用分条的结构安排方式。撰写时要注意做到三点：一是全面系统。即对工作的见解和要求，一定要顾及各个方面，使工作涉及的各个部门，都能明确地领会工作的原则和要求。二是准确具体。即意见中所提出的措施和办法，用语要准确，表述要具体，这样才便于受文单位理解与执行。三是层次分明。在意见行文中，一般既有工作的基本原则，又有具体的政策措施，撰写时应当分层叙述，不宜交织进行。

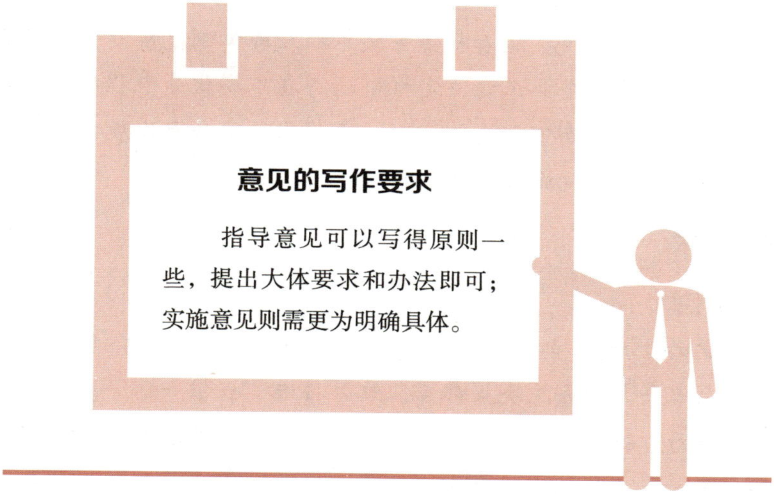

意见的写作要求
指导意见可以写得原则一些，提出大体要求和办法即可；实施意见则需更为明确具体。

3．结尾

正文写完之后，一般用一个结尾段落来进一步强调工作或提出希望和要求。

4．落款

在主体的右下方落款处署上发文机关名称及发文日期。

例文

国务院关于改革国有企业工资
决定机制的意见

国发〔2018〕16号

各省、自治区、直辖市人民政府，国务院各部委、各直属机构：

国有企业工资决定机制改革是完善国有企业现代企业制度的重要内容，是深化收入分配制度改革的重要任务，事关国有企业健康发展，事关国有企业职工切身利益，事关收入分配合理有序。改革开放以来，国家对国有大中型企业实行工资总额同经济效益挂钩办法，对促进国有企业提高经济效益、调动广大职工积极性发挥了重要作用。随着社会主义市场经济体制逐步健全和国有企业改革不断深化，现行国有企业工资决定机制还存在市场化分配程度不高、分配秩序不够规范、监管体制尚不健全等问题，已难以适应改革发展需要。为改革国有企业工资决定机制，现提出以下意见。

一、总体要求

（一）指导思想。

全面贯彻党的十九大精神，以习近平新时代中国特色社会主义思想为指导，认真落实党中央、国务院决策部署，统筹推进“五位一体”总体布局和协调推进“四个全面”战略布局，坚持以人民为中心的发展思想，牢固树立和贯彻落实新发展理念，按照深化国有企业改革、完善国有资产管理体制和坚持按劳分配原则、完善按要素分配体制机制的要求，以增强国有企业活力、提升国有企业效率为中心，建立健全与劳动力市场基本适应、与国有企业经济效益和劳动生产率挂钩的工资决定和正常增长机制，完善国有企业工资分配监管体制，充分调动国有企业职工的积极性、主动性、创造性，进一步激发国有企业创造力和提高市场竞争力，推动国有资本做强做优做大，促进收入分配更合理、更有序。

（二）基本原则。

……

二、改革工资总额决定机制

……

三、改革工资总额管理方式

……

四、完善企业内部工资分配管理

……

五、健全工资分配监管体制机制

……

六、做好组织实施工作

……

本意见所称工资总额，是指由企业在一个会计年度内直接支付给与本企业建立劳动关系的全部职工的劳动报酬总额，包括工资、奖金、津贴、补贴、加班加点工资、特殊情况下支付的工资等。

国务院

2018 年 5 月 13 日

七十六、通知

文种释义

按照 2012 版《条例》的规定，通知适用于发布、传达要求下级机关执行和有关单位周知或者执行的事项，批转、转发公文。通知是党政机关常用的一种公文。在我们党和国家历次发布的公文处理法规中，一直将其列为主要公文种类之一。从实际情况来看，通知是党政机关发文数量最多、使用频率最高、适用范围最广的一个文种。

基本结构与写法

通知由于功能的多样性，其写作模式及要领也不尽相同。现将几种主要通知的写作技法分述如下：

1. 发布性通知

发布性通知一般由以下几部分组成：

（1）标题

这类通知的标题通常由发文机关名称、被发布的法规或规章名称和文种三要素组成，如《中共中央办公厅　国务院办公厅关于印发〈党政机关公文处理工作条例〉的通知》。

（2）正文

正文一般应当载明两层内容：一是明确指出所发布的是什么法规，该法规的施行或生效日期及相关事项说明；二是提出贯彻执行的希望或要求。一些十分重要的法规，文中还要强调它的重大意义。

在具体表达次序上，开头都要通过一个“提前”句式，使用“现将”二字，把所要发布的法规、规章展现给阅者。例如，中共中央关于印发修订后的《中国共产党纪律处分条例》的通知指出：“现将修订后的《中国共产党纪律处分条例》（以下简称《条例》）印发给你们，请认真遵照执行。”

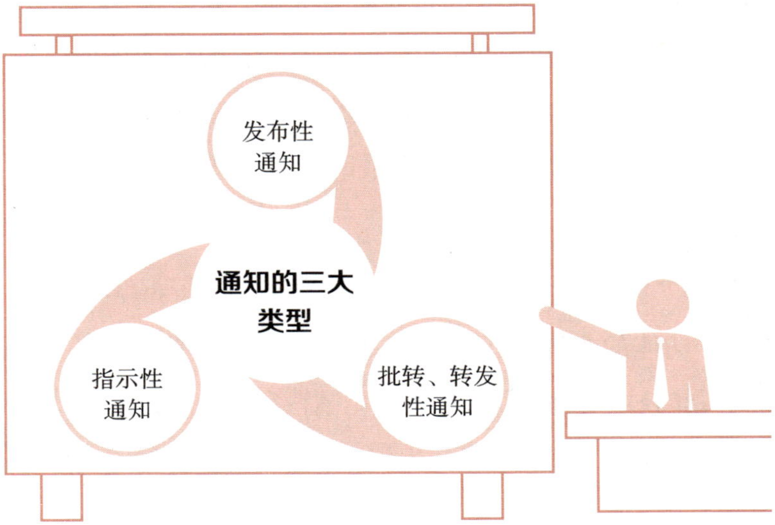

在主体部分，一方面可强调它的重要性及重大意义，如“《条例》全面贯彻习近平新时代中国特色社会主义思想和党的十九大精神，以党章为根本遵循，将党的纪律建设的理论、实践和制度创新成果，以党规党纪形式固定下来，着力提高纪律建设的政治性、时代性、针对性。”另一方面要提出贯彻执行的要求，如“各级党委（党组）要牢固树立政治意识、大局意识、核心意识、看齐意识，担负起全面从严治党政治责任，抓好《条例》的学习宣传和贯彻落实。”

（3）结尾

主要有两种情形，或是要求下级反馈贯彻执行的情况，或是在多数情况下用来宣布法规及规章的时效，其写法有的是“从即日起施行”“自某年某月某日起施行”，并写明原有相同的法规、规章同时废止等。

以上是内容比较复杂一些的发布性通知的写法。一些内容比较简单的发布性通知，在写作上一般只有发布了什么法规规章及其时效两个方面的内容。

2. 指示性通知

指示性通知一般由以下几个部分组成：

（1）标题

这类通知的标题都是标准式的，即由“制文机关”“事由”与“文种”三个要素组成，如《中共中央关于印发〈中国共产党纪律处分条例〉的通知》等。

（2）正文

正文的写法主要有两种形式：

一是既有一个独立且简短的开头“撮要”，又有一个总括全文主题并要求下级及时反馈执行情况的结尾，中间主体部分由若干并列的内容组成，呈现“总—分—总”的结构模式。这是内容复杂的指示性通知比较普遍的一种写法。还有一个值得注意的地方，即不论写几个部分，通常第一部分都是讲提高思想认识方面的问题，而最后一个部分则是讲有关组织领导的问题，这也算是这类通知写作的一大特点。

二是开头有一个开宗明义，交代缘由、背景的“撮要”，然后分条列项提出要求，其结构形式表现为“撮要分条式”。这是较前者内容简单一些的指示性通知的写法。在写法上，一般采用撮要标目的方式，先用序号标明层次，随即列出段旨句，使行文条理清晰，眉目清楚，便于领会、理解和执行。同时，对每项要求的阐述都很明确具体，具有很强的针对性和可操作性。

由于是指示性通知，因而在文中应适当使用“不得”“要”“不要”“必须”等模态词语，以使表意明确，语气坚定有力，令人不容置疑。这对于确保通知内容的贯彻执行，显然是极为必要的。

（3）结尾

结尾部分主要是对有关单位提出贯彻执行的希望和要求。它既与开头的“撮要”相互照应，使全文圆润缜密，又起总括收束之作用，以进一步提高人们的认识。

通知的写作要求

指示性通知和批转、转发性通知，应一律写明主送机关名称。

事项部分都要写得符合实际，切实可行；应知应办的事项要交代清楚，文字要简练准确，语气要恳切庄重。

遇到几个“通知”重复出现的问题，为了防止重叠和烦琐，按照惯例，可以省略中间层次和自己使用的两个“通知”，只保留文件发源处的一个文种“通知”。

3. 批转、转发性通知

批转、转发性通知一般由以下几个部分组成：

（1）标题

此种通知的标题，通常由批转（转发）文件的机关名称、主要内容与文种三个要素构成。这里讲的主要内容即被批转（转发）文件的标题。例如，《国务院批转财政部国家计委关于进一步加强外国政府贷款管理若干意见的通知》。

（2）正文

此种通知的正文，通常要写明三层意思。一是表明对被批转（转发）文件的态度；二是强调阐述批转该文件的重要性和必要性；三是提出贯彻执行的希望和要求。这层内容视具体情况而定，可以是一句话，也可以是若干条段。

（3）落款

要写明本通知的制发日期，并加盖公章。

例文

国务院办公厅关于开展工程建设项目审批制度改革试点的通知

国办发〔2018〕33 号

各省、自治区、直辖市人民政府，国务院各部委、各直属机构：

为贯彻落实党中央、国务院关于深化“放管服”改革和优化营商环境的部署要求，推动政府职能转向减审批、强监管、优服务，促进市场公平竞争，国务院决定开展工程建设项目审批制度改革试点。经国务院同意，现就试点工作有关事项通知如下：

一、总体要求

……

二、统一审批流程

（五）优化审批阶段。将工程建设项目审批流程主要划分为立项用地规划许可、工程建设许可、施工许可、竣工验收等四个阶段。其中，立项用地规划许可阶段主要包括项目审批核准备案、选址意见书核发、用地预审、用地规划许可等。工程建设许可阶段主要包括设计方案审查、建设工程规划许可证核发等。施工许可阶段主要包括消防、人防等设计审核确认和施工许可证核发等。竣工验收阶段主要包括规划、国土、消防、人防等验收及竣工验收备案等。其他行政许可、涉及安全的强制性评估、中介服务、市政公用服务以及备案等事项纳入相关阶段办理或与相关阶段并行推进。

……

六、统筹组织实施

（二十二）强化组织领导……

（二十三）建立考评机制……

（二十四）做好宣传引导。试点地区要通过多种形式及时宣传报道相关工作措施和取得的成效，加强舆论引导，增进社会公众对试点工作的了解和支持，及时回应群众关切，为顺利推进试点工作营造良好的舆论环境。

国务院办公厅

2018 年 5 月 14 日

七十七、通报

文种释义

通报是告知性的下行文种，适用于表彰先进、批评错误、传达重要精神和告知重要情况。它是上级机关用以沟通信息、交流经验、传达情况、批评错误、教育干部和群众的重要工具。凡是有价值的信息和具有典型示范性的、能够起到普遍教育或警诫意义的事项，都可以用通报下发到有关机关或单位。

基本结构与写法

通报通常由标题、主送机关、正文和落款四部分组成。

1. 标题

通报应当使用全称标题，即由发文机关名称、通报事项和文种三要素构成，如《山东省人民政府关于表彰全省矿业秩序治理整顿工作先进单位的通报》。由于通报的落款要署发文机关名称，因而在其标题中可以省去发文机关名称。

2. 主送机关

因为通报的目的在于教育干部群众、交流信息、指导和改进工作，使下级机关及时了解某一方面的情况，因而一般都需要写明主送机关。通报的主送机关可以分为两种情况：一种是行文对象属于专指性的，就必须写明主送机关名称；另一种是普发性通报，由于行文对象广泛，可以不写明主送机关，只在文中注明或在生效标识之后的发文范围中注明即可。

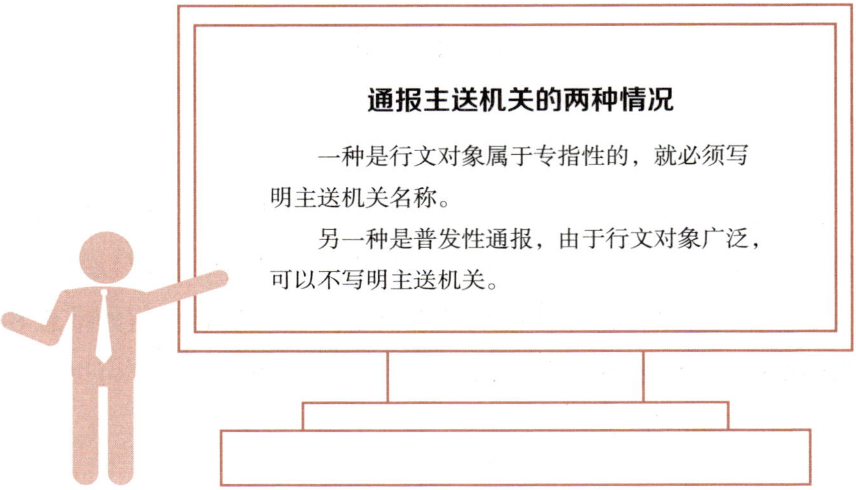
通报主送机关的两种情况
一种是行文对象属于专指性的，就必须写明主送机关名称。
另一种是普发性通报，由于行文对象广泛，可以不写明主送机关。

3．正文

通报正文的写作因通报类型的不同而有一定的差异。但无论哪种通报，其内容应包括这样三个方面：一是叙述事实，写明事件的起因、发展和结果，包括事件发生的时间、地点、单位或人员，主要情节、后果或影响。二是分析事件的教育意义。表扬性通报须分析主要经验和提出学习的具体要求，批评性通报则应分析产生问题或错误的客观原因和主要教训，提出今后防止和杜绝发生类似事件的主要措施。三是制发通报机关的态度、意见和要求。

一般说来，通报的正文主要有三种写法：

（1）直述式

直述式是通报最常用的一种写法，即直接叙述表扬或批评的内容，并加以评议和提出要求。其正文一般包括四个部分：一是概述基本事实。即对所通报的先进事迹或错误事实进行概括地叙述，使人们对所通报的人和事有一个大致的了解，知道有关情况的来龙去脉。二是分析性质意义。通过分析综合，阐明先进事迹所体现出来的精神，并指出学习这种精神的重要意义，或者说明错误的性质以及产生错误的原因、责任及其危害性。三是写明有关决定，即讲清制发通报的领导机关作出的决定。例如，对于通报表彰的先进集体或个人，要讲清是予以表扬，还是记功、晋级或是给予物质上的奖励；如果是对事故或者错误的通报，则要说明是通报批评，还是记过、降级或者扣发工资、奖金等处罚性措施。四是提出希望和要求，即对受文单位或提出鼓励、希望（表彰性通报），或发出警诫、要求（批评性通报）。

（2）转述式

转述式即不直接叙述主要内容，而是将主要内容放在附件中予以交代，通过转发其他机关或部门的通报或报告，并加以评议和提出要求的一种写法。转述式一般都要附上所转述的通报或报告的原文，因而不直接详细叙述所要通报的事实，只在开头交代被转发文件的名称，简略复述附件中的基本事实，而着重分析所通报事件的性质、意义以及应当吸取的经验、教训，并联系本地区、本系统、本部门的实际，提出发文机关的意见和要求。

（3）传达式

这种写法主要用于传达重要精神或情况的通报，其正文主要包括情况和意见两部分内容。陈述情况时，可以夹叙夹议，适当评点，帮助受文机关认识所通报的重要情况的性质；意见部分则往往比较简短，三言两语，点明即可。

4. 落款

通报在正文之后都要落款，署上发布通报机关的名称和具体日期。

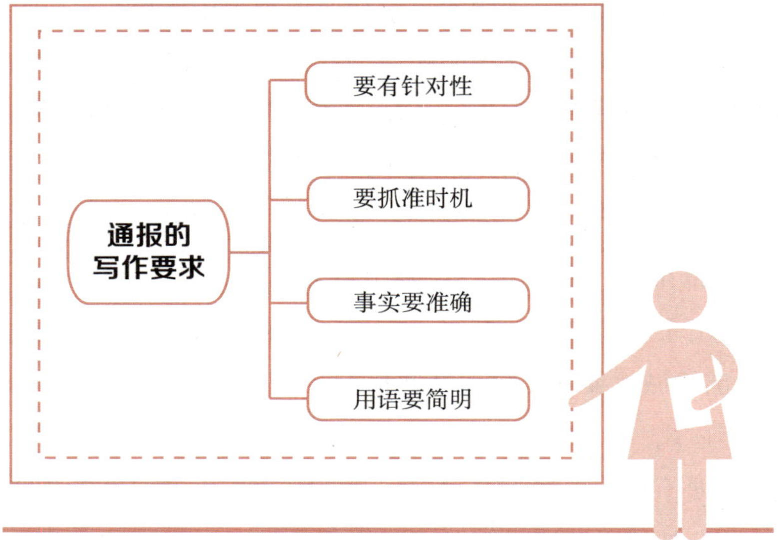

例文

关于表彰2018年全省中等职业学校学生技能大赛获奖单位、选手和优秀指导教师的通报

各市教育局、人社局，杨凌示范区教育局、人社局，西咸新区教育卫体局、人社民政局，韩城市、神木市、府谷县教育局、人社局，有关高职院校，省属各中等职业学校，省教科院：

根据省教育厅、省人力资源和社会保障厅《关于举办2018年全省中等职业学校学生技能大赛的通知》（陕教〔2017〕514号），2018年全省中等职业学校学生技能大赛于3月12日至23日在12个赛点学校完成了43个项目的竞赛。

2018年全省中等职业学校学生技能大赛共有15个市（区）的110所中等职业学校、省属14所中等职业学校和27所技工学校的1757名选手参赛，经过激烈的角逐和技能比拼，共评选出获奖选手一等奖183名、二等奖346名、三等奖523名，优秀指导教师奖136名，优秀组织奖12个，特别贡献奖2个。

经研究，决定对获奖单位、选手和优秀指导教师予以通报表彰（名单见附件 1、附件 2），希望受表彰的单位和个人珍惜荣誉，继续努力，不断创造新的成绩。各中等职业学校要以技能大赛为抓手，不断深化教育教学改革，积极参与产教融合、校企合作，切实提升专业教学水平和办学特色，提高教育教学质量。广大中职学生要以获奖选手为榜样，刻苦学习专业知识，不断强化技能训练，努力成为新时代需要的技术技能人才。

联系人：××× 电话：×××—××××××××

附件：

1. 2018 年全省中等职业学校学生技能大赛优秀组织奖、特别贡献奖获奖单位名单

2. 2018 年全省中等职业学校学生技能大赛获奖选手、优秀指导教师名单

陕西省教育厅

陕西省人力资源和社会保障厅

2018 年 4 月 13 日

七十八、报告

文种释义

根据 2012 版《条例》的规定，报告是向上级机关汇报工作、反映情况，回复上级机关询问的公文。

报告按所涉的内容不同，又可分为综合性报告与专题性报告。

基本结构与写法

报告一般由标题、主送机关、正文和结尾四部分组成。

1. 标题

报告的标题有两种形式：一种是完全型标题，即由发文机关、事由和文种三部分组成；另一种是由事由与文种构成。

2. 主送机关

报告的主送机关即直接上级机关。2012 版《条例》第十五条第五项规定：“除上级机关负责人直接交办的事项外，不得以本机关名义向上级机关负责人报送公文。”也就是说，如果是上级机关负责人直接交办的事项，就可以以机关名义制发报告（请示或意见），在主送机关处标写上级机关负责人的姓名。

3. 正文

一般应载明三项内容：

（1）报告缘由

缘由类似“导言”，一般要概述制发报告的目的、原因和背景等。工作报告一般概述过去的工作业绩。情况报告一般概述实践情况、事故总的情况。答复报告概述作出答复的缘由，即接受或收到关于某方面的询问（公文或口头交办），并做了什么调查，有什么结果等工作，并以“现就某问题报告如下”之类的句式过渡到下文。报送报告一般没有该部分。

（2）报告事项

这部分是报告的核心。工作报告要叙说工作的各个方面是如何开展的，包括进程、措施、成绩、经验、教训、存在问题和今后打算等；情况报告则要详叙事情的起因、过程和结果；事故报告和检讨报告在情况报告的基础上，往往还要写对事故责任人所做的处理；答复报告要完整地叙述或说明所要回答的内容；报送报告一般用固定性的句式“现将……报上，请审阅”。

（3）未尽事宜

这部分内容应根据事项而定。工作报告、情况报告、检讨性报告一般在客观叙述了事项之后，再简述主观方面的看法和已采取的做法或今后的努力方向之类；答复、报送类的报告一般没有这部分。

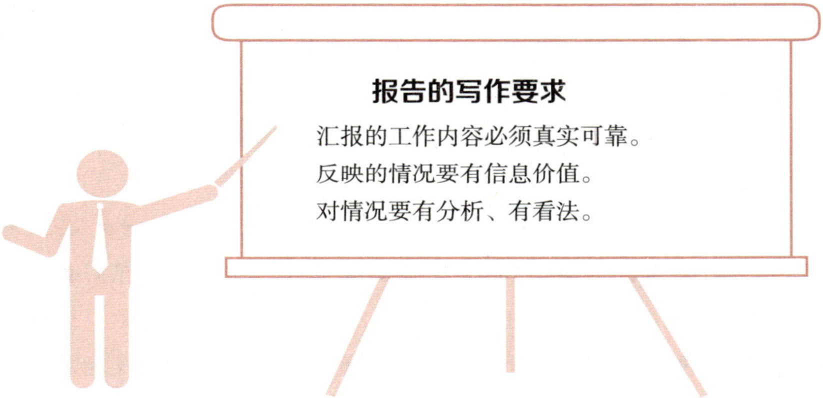

报告的写作要求
汇报的工作内容必须真实可靠。
反映的情况要有信息价值。
对情况要有分析、有看法。

4. 结尾

结束语可写可不写。如果写，一般用“特此报告”之类的固定性语句。

例文

××县教育局2017年工作报告

2017年，我局根据《中华人民共和国政府信息公开条例》和××县政务信息公开工作领导小组的有关要求，本着公平、公正、公开的原则，结合工作实际，创造性地开展了政府信息公开工作，现将有关情况报告如下：

一、主要做法

（一）加强组织领导，健全工作机构……

（二）抓政府信息公开载体建设……

（三）加强学习培训，提高思想认识……

二、主动公开政府信息情况

1. 主动公开信息数量。全年共主动公开信息 408 条，其中网站公开信息 208 条，报刊广播电视台公开 102 条，其他形式公开 98 条。

2. 主动公开信息类别。公开目录分为机构职能、政策法规、规划计划、人事信息、统计数据、应急管理、工作动态、通知公告、业务事项 9 个类别，包括机构职能类信息、通知公告类信息、工作动态类信息、政策法规类信息、人事管理类信息、规划计划类信息、教育业务类信息等类别。

3. 公开重点政府信息……

4. 信息公开的形式。一是优先选用信息化的手段，通过 ×× 县政府网和 ×× 教育信息网发布，主动公开我局相关政府信息，方便公众了解信息。二是开通电话、电子信箱、在线咨询等，实行人工和网上答复。其中，通过网站主动公开政府信息的形式为最常用方式。三是通过回复群众信件及相关申请，有针对性地公开相关政府信息。

……

六、政府信息公开工作存在的主要问题和改进措施

虽然，今年我们在政府信息公开工作中作出了一点成绩，但与上级机关的要求和社会群众的期望还有一些差距。一是标准还不够高，内容还不够全面丰富，信息更新还不够及时；二是公开形式的便民性需要进一步提高，主要是适合社区、农村等群众查阅的公开形式还不够丰富便利。

今后将进一步按照条例的规定和上级机关的要求，做好以下几件工作：

……

七十九、请示

文种释义

根据 2012 版《条例》的规定，请示是下级机关请求上级机关给予指示或批准的公文。

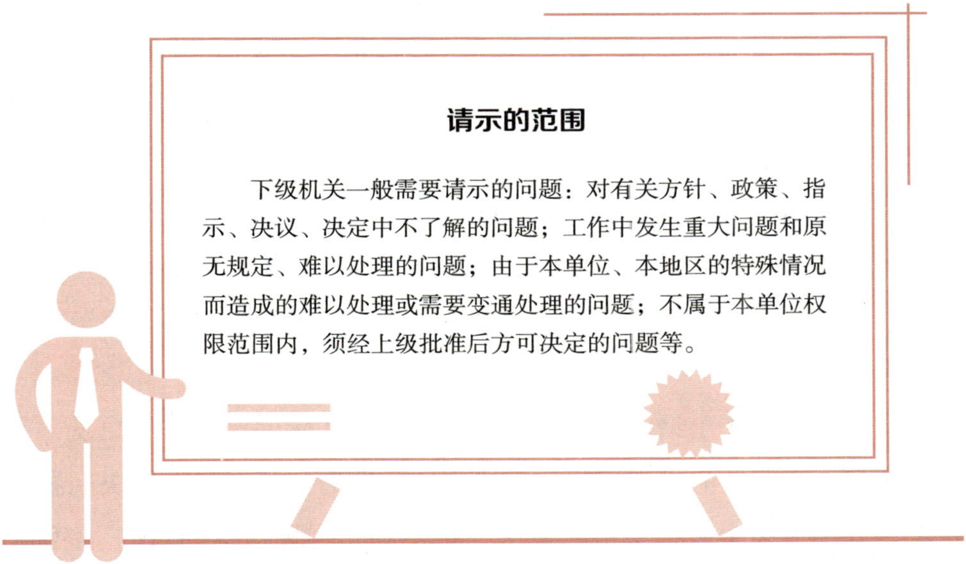

请示的范围
下级机关一般需要请示的问题：对有关方针、政策、指示、决议、决定中不了解的问题；工作中发生重大问题和原无规定、难以处理的问题；由于本单位、本地区的特殊情况而造成的难以处理或需要变通处理的问题；不属于本单位权限范围内，须经上级批准后方可决定的问题等。

基本结构与写法

请示一般由标题、正文和落款三部分构成。

1. 标题

请示的标题由发文机关、事由和文种三个要素组成。例如，《大连市兴华贸易总公司 ×× 分公司关于修建办公大楼的请示》。

2. 正文

请示的正文一般由请示理由（问题）和请示事项两部分构成。

（1）请示理由（问题）。这部分应写明请示的问题并陈述理由。请示的要求一般从标题上就能反映出来，如《××省人民政府关于民族贸易继续给予扶持和照顾的请示》，上级机关一看就知道请示的要求是对民族贸易继续给予扶持和照顾。但请示的要求是根据什么问题提出的、其理由是什么，必须在请示的正文中先作具体陈述。只有让上级了解到请示的问题轻重如何、属于什么性质，是否非解决不可，才能为上级机关提供指示或是否批准的依据。撰写这部分一定要做到问题明确，理由充分。

（2）请示事项。请示的问题明确，理由充分，要求解决的事项就能得到上级的认可和批准。在请示批准事项这部分，要针对前面的问题及理由，向上级机关提出具体的请示事项。内容多可分条列出，内容少可集中陈述。

向上级机关提出请示，既要从请示机关的实际问题和需要出发，又要考虑到上级机关的批准权限和解决问题的能力。任意提高解决问题的要求，或不考虑上级机关能否解决，都不利于实现请示的目的。因此，在写请示批准的事项时，要抱着客观实际的态度，向上级机关提出合理可行的请求。

结语写上“以上意见当否，请批示”“当否，请批复”之类的结束语。

3. 落款

写上请示的机关名称和成文日期，并加盖公章。机关及名称要写全称或者规范化简称，成文日期使用阿拉伯数字。

请示的写作要求

要一文一事。

不要多头请示。

一般不要越级请示。

不要与报告混淆使用。

请求拨款的，应附预算表；请求批准规章制度的，应附规章制度的内容；请示处理问题的，本单位应先明确表态。

联合行文时要搞好会签。

例文

关于申报2018年度
国家重点文物保护专项资金的请示

省文物局：

根据《浙江省文物局关于做好2018年度国家重点文物保护专项资金申报工作的通知》（浙文物发〔2017〕298号）精神，我区南宋赵伯澐墓出土丝绸服饰保护修复符合申报要求。现报告如下：

2016年5月，黄岩区博物馆在浙江省考古研究所和中国丝绸博物馆等单位的指导下，发掘了屿头乡前礁村南宋赵伯澐夫妻墓，墓葬的丝织品服饰得到了科学有效的初步保护。为进一步保护这批珍贵的出土文物，黄岩区博物馆委托中国丝绸博物馆编制了《浙江黄岩南宋赵伯澐墓出土丝绸服饰保护修复方案（一期）》和《浙江黄岩南宋赵伯澐墓出土丝绸服饰保护修复（一期）项目预（概）算》，国家文物局已批复同意该保护修复方案（文物博函〔2017〕402号），并于2017年申请到国家专项资金77万元，特申请2018年国家重点文物保护专项保护修复一期经费 39 万元，用于后期的丝织服饰修复。

特此申请，请批复。

黄岩区文化广电新闻出版局　黄岩区财政局

2017 年 8 月 22 日

八十、批复

文种释义

根据 2012 版《条例》的规定，批复是上级机关对下级机关请示事项作出答复的公文。批复要对请示事项明确表示同意或不同意、批准或不批准的态度。批复是具有指示性质的公文，而且属于被动行文，下级部门要解决请示的问题必须以批复内容为依据。

基本结构与写法

一般针对简单请示事项的批复，文字都比较简短，针对重大问题或复杂问题的批复，文字就比较长。无论长短，批复一般都由标题、正文和落款三部分组成。

1. 标题

由发文机关名称、发文事由、文种三个要素构成。拟写标题的事由部分有两种常见的情况：一种是写出下级机关请示文件的标题来体现事由，如《××省人民政府对省监察厅等部门〈关于开展治理公路“三乱”工作的请示〉的批复》；另一种是针对下级机关请示的事项，直接写出批复的事由，如《××市人民政府关于整顿各区、县劳务市场问题的批复》。这两例都包括了发文机关、发文事由和文种，但前者不仅反映了批复什么事，还反映了对什么机关批复什么事，比起后者的内容更准确、全面，因而前者更能体现出批复这种公文的要求。

批复的写作要求
慎重对待、及时答复。
针对请示进行答复。
要明确态度。

2. 正文

批复的正文由批复的根据和批复的意见两部分内容构成。

（1）批复的根据

批复前面要写出批复的根据，引述下级单位的来文标题和发文字号。例如 ×× 市物价局针对 ×× 市电子元件厂递交的请示，在批复的开头就写道“你厂《关于提高电子元件出厂价格的请示》（×× 厂发〔2017〕36 号）已收悉。经研究现批复如下”。

（2）批复的意见

紧接批复根据写出批复意见，对请示或报告的事项作出明确、具体的答复。例如《×× 市物价局关于对 ×× 市电子元件厂〈关于提高电子元件出厂价格的请示〉的批复》，正文写出批复的根据后，针对请示中陈述的困难和申请批准的事项，写出了批复意见："由于电子产品的原材料及辅料价格的提高，生产成本上升较大。为保证电子产品正常生产，满足市场的需要，同意将你厂电子产品出厂价格提高5%，从文到之日起执行。"这篇批复的文字不多，但结构完整，内容简明扼要，针对性强。

如批复的意见较长，就需要单独写成一个部分，并以条款的形式来分别表述有关的意见。在正文的结尾处，常用"此复""特此批复"等习惯用语。

3. 落款

在正文右下方的位置写上发文机关名称及发文日期。

例文

中共中央　国务院
关于对《河北雄安新区规划纲要》的批复

中共河北省委、河北省人民政府，国家发展改革委：

你们《关于报请审批〈河北雄安新区规划纲要〉的请示》收悉。现批复如下：

一、同意《河北雄安新区规划纲要》(以下简称《雄安规划纲要》)。《雄安规划纲要》深入贯彻习近平新时代中国特色社会主义思想，深入贯彻党的十九大和十九届二中、三中全会精神，坚决落实党中央、国务院决策部署，牢固树立和贯彻落实新发展理念，紧扣新时代我国社会主要矛盾变化，按照高质量发展要求，紧紧围绕统筹推进"五位一体"总体布局和协调推进"四个全面"战略布局，着眼建设北京非首都功能疏解集中承载地，创造"雄安质量"和成为推动高质量发展的全国样板，建设现代化经济体系的新引擎，坚持世界眼光、国际标准、中国特色、高点定位，坚持生态优先、绿色发展，坚持以人民为中心、注重保障和改善民生，坚持保护弘扬中华优秀传统文化、延续历史文脉，符合党中央、国务院对雄安新区的战略定位和发展要求，对于高起点规划、高标准建设雄安新区具有重要意义。

二、设立河北雄安新区，是以习近平同志为核心的党中央深入推进京津冀协同发展作出的一项重大决策部署……

……

《雄安规划纲要》执行中遇有重大事项，要及时向党中央、国务院请示报告。

中共中央

国务院

2018 年 4 月 14 日

八十一、议案

文种释义

根据 2012 版《条例》的规定，议案是指各级人民政府按照法律程序向同级人民代表大会或者人民代表大会常务委员会提请审议事项时使用的一种公文。

因其内容是提请审议的事项，又因各级人民政府是由各级人民代表大会产生并应向人大报告工作，所以，从行文方向上看，议案属于上行文。

基本结构与写法

议案的内容结构一般由标题、主送机关、正文、提出议案单位（或代表）、成文日期和附件等部分组成。

1. 标题

一般采用发文机关、事由和文种三要素齐全的形式。例如，《国务院关于提请审议兴建长江三峡工程的议案》。

2. 主送机关

指审议议案的人民代表大会或人民代表大会常务委员会。

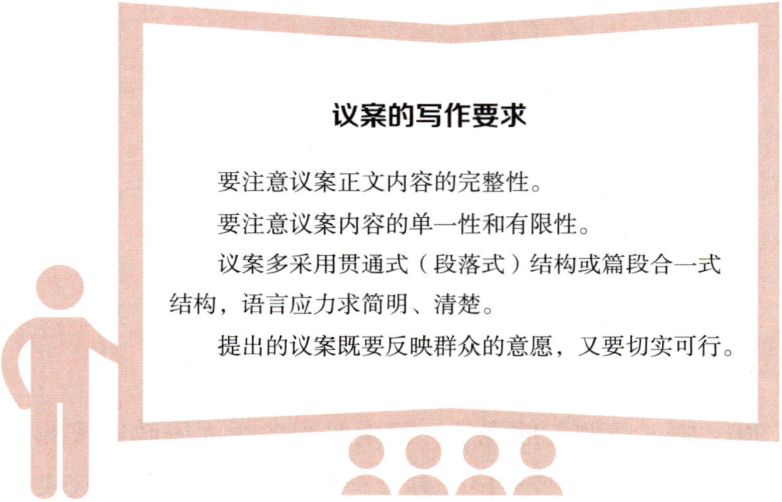

议案的写作要求
要注意议案正文内容的完整性。
要注意议案内容的单一性和有限性。
议案多采用贯通式（段落式）结构或篇段合一式结构，语言应力求简明、清楚。
提出的议案既要反映群众的意愿，又要切实可行。

3. 正文

正文是议案的主体，通常包括提出议案的缘由（立案理由）、议案事项和审议要求三部分内容。

立案理由是阐明提出议案的原因、目的和依据，既要充分有据，又要写得简明扼要。这部分篇幅或长或短，如《国务院关于提请审议兴建长江三峡工程的议案》，就用较长篇幅对兴建三峡工程的必要性、可能性、可行性和困难性作了充分、科学和周密的阐述，然后写道："三峡工程的建设是必要的，技术上是可行的，经济上是合理的，随着经济的发展，国力是可以负担的。"有些议案则简要陈述缘由即可。

议案事项即所提出的审议事项，提出的重要意见和建议要写得明确、可行。

审议要求，通常用一句话“请予审议”作结语。

4. 提出议案单位（或代表）

指提出议案的政府、法律规定的单位或代表团，人民代表大会中的有关机构或一定人数的人民代表，通常写在正文后面右下方，也可签署机关主要领导人职务、姓名而不另署发文机关。

5. 成文日期

即提交议案的日期，用汉字数码写于提出议案单位之下偏右位置。

6. 附件

指议案正文后所附的需审议的法律、法规的草案文本或其他有关文件、资料。若议案是专为提请审议所附法律、法规而提出的，因标题、正文中已有说明，则不必另写“附件”。否则，应在正文之后发文机关之前写上附件名称；多项附件则分条列出。

政府议案多采用公文式议案，且常以函件正本形式发出。

例文

×× 市人民代表大会常务委员会主任
会议关于提请审议决定 ×× 市
代理市长的议案

×× 市人民代表大会常务委员会：

根据省委决定，景 ×× 同志出任 ×× 油田党委书记，不再担任 ×× 市市长职务。景 ×× 同志已向市人大常委会提出了辞去 ×× 市市长职务的请求。按照《××市人民代表大会常务委员会任免国家机关工作人员条例》第五条第一款规定，“在市长因故不能担任职务的时候，根据市长或市人大常委会主任会议的提名，从副市长中决定代理市长”。经主任会议研究，提请××同志为××市代理市长。

请审议决定。

××市人大常委会主任会议

2018年5月31日

八十二、函

文种释义

函是不相隶属机关之间用于商洽工作、询问和答复问题、请求批准和答复审批事项的一种公文。

基本结构与写法

“函”一般由以下几个部分组成：

1. 标题

基本上由制文机关、事由和文种三要素构成，如《中国科学院××研究所关于商洽建立全面协作关系的函》。

2. 正文

一般是由两个层次组成：

一是制文的依据、缘由与背景，即为什么要发函，如“申请函”开端部分为什么要申请的内容，“商洽函”开端部分提出商洽问题的原因，“答复函”的开端部分所引来文的标题及发文字号等。

二是申请、商洽、回复的具体事项。

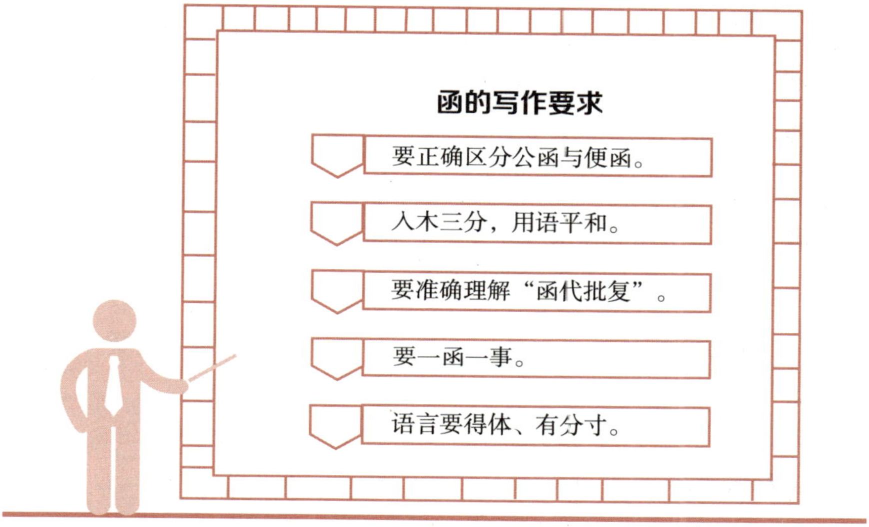

函的写作要求
要正确区分公函与便函。
入木三分，用语平和。
要准确理解“函代批复”。
要一函一事。
语言要得体、有分寸。

3. 结尾

属于申请及商洽事项的函，通常结尾要写“可否，请审批”“同意否，望请复函”等；答复函一般可写为“特此函复”。

4. 落款

一般包括署名和成文时间。署名要写明机关单位名称，成文的年、月、日，并加盖公章。

例文

关于做好2018年“讲文明树新风”公益广告刊播工作的函

××东风教育分局、市直各教育单位：

“讲文明树新风”公益广告是创建全国文明城市的规定动作，是培育和弘扬社会主义核心价值观的有效载体。为弘扬新风正气，凝聚奋进力量，营造浓厚的育人氛围，根据市文明委《关于进一步做好“讲文明树新风”公益广告刊播工作的通知》（××文明委〔2018〕7号）和市创文办《关于印发〈2018年“讲文明树新风”公益广告品质提升专项行动实施方案〉的通知》（××创文办发〔2018〕2号）精神，现就市直教育系统2018年“讲文明树新风”公益广告刊播工作通知如下：

一、主题内容

……

二、主要任务

……

三、具体要求

……

××市教育局

2018年3月12日

八十三、纪要

文种释义

纪要是用来记载会议主要情况和议定事项的一种公文。纪要原称为“会议纪要”，2012版《条例》发布后业已简化为“纪要”。

基本结构与写法

纪要一般包括以下几个部分：

1. 标题

通知型纪要由于均有特定的版式（如前所述），所以一般不再另有标题。只有指示性纪要，才会有显示会议名称或中心内容的标题。例如《××省第八次政法工作会议纪要》《××煤矿集团公司2018年度生产工作会议纪要》《关于研究今年农产品收购资金问题的会议纪要》等，前两个显示的是会议名称，后一个显示的是中心内容。

纪要的写作要求

1. 必须认真做好材料的搜集、整理和加工工作。
2. 纪要的篇幅不宜过长，语言表达要简明扼要。
3. 内容必须真实。

2. 正文

纪要的正文，一般采用总分式的结构方法，就是将正文分成总述和分述两部分。如另有总结性的结尾，则是总—分—总的方式。具体写法及要求如下：

（1）总述部分

这是全文的前言、导语，即会议概况。一般要简要地交代会议的时间、地点、主持单位、参加人员、会议议题、会议情况、结果以及对会议的评价。然后用“现纪要如下”的固定性语句开启下文。

（2）分述部分

这是纪要的重点、主体，主要应写出会议讨论情况和结果。一些简单的、小型的纪要，可不写讨论情况，直接写出决议事项。大型的纪要，一般均不应省去会议讨论情况。具体写法有以下几种：

①分类式，即按其内容加以归纳分类。每一类有一个小中心，以数字或小标题标明。较大型的会议多采用这种形式。例如《全国农村工作会议纪要》就采用小标题的形式，列出了“关于农业生产责任制”“关于改善农村商品流通”“关于农业科学技术”“关于提高经济效益、改善生产条件”“关于加强思想政治工作和基层组织建设”五个小标题，分别进行阐述。

②发言记录式，就是按在会议上的发言顺序，将每个发言人的主要意见归纳整理出来。这种写法能如实反映出会议的讨论情况和各人的不同看法。一些讨论会、座谈会的纪要，常采用这种方法。但要注意，记录时不可不加选择地将发言人的发言全部写出，要精选能代表发言人的观点的话语。此外，每次发言人的姓名都必须写出。第一次发言的人，要注明其职务。第二次发言，职务可以省略。例如《××学院思想政治教育座谈会纪要》在由总述到分述的过渡词语“现将座谈会情况纪要如下”之后，接着写道：“一、××副院长传达了习近平同志关于思想政治工作的讲话，分析了当前的思想状况。二、××同志说：党的十八届五中全会后……三、××党支部书记××汇报时说到……四、许多同志谈了当前做好思想工作，首先要……”

③综合式。就是将前两种形式综合在一起使用。这种形式不仅能用反映出会议的重点，而且能如实反映在具体问题上各人看法的异同。一般的座谈会、讨论会常用这种方法，常用“会议认为”“会议强调指出”等词语。

3. 结尾

纪要的结尾一般写会议提出的希望、号召和要求。

例文

中国煤炭建设协会勘察设计委员会
第五届理事会 2018 年理事长办公会议纪要

2018 年 4 月 26 日，中国煤炭建设协会勘察设计委员会（以下简称“设计委员会”）在煤炭工业合肥设计研究院有限责任公司召开了 2018 年理事长办公会议。

会议由设计委员会秘书长张祥彤同志主持。会议听取了 2017 年轮值理事长、煤炭工业太原设计研究院院长徐忠和同志对设计委员会 2017 年工作的回顾和总结；2018 年轮值理事长、煤炭工业合肥设计研究院有限责任公司董事长闫红新同志，向全体与会理事长介绍了设计委员会 2018 年工作计划，提请理事长办公会议讨论通过。

中国煤炭建设协会副理事长兼秘书长徐亮同志参会并致辞，对 2017 年设计委员会在轮值理事长带领下取得的工作成绩给予了高度肯定，对 2018 年工作提出了要求，同时表态中国煤炭建设协会将继续领导和帮助设计委员会更好地为各理事单位做好服务。

会上全体理事长研究讨论了 2018 年工作计划，重点讨论了行业自律、优秀工程咨询成果奖评选、BIM 联盟、专业技术部年度工作等内容，会议内容形成纪要如下：

1. 同意设计委员会 2018 年工作计划（附后）。

2. 同意研究制定有具体约束条文的行业自律书。

3. 同意煤炭行业（部级）优秀工程咨询成果奖评选工作与中国工程咨询协会全国优秀工程咨询成果奖评选工作一致，由一年一评改为二年一评，2018 年继续开展煤炭行业（部级）优秀工程咨询成果奖评选工作，下一次评选年度为 2020 年。

4. 同意各专业技术部继续开展专业技术年会，未列入工作计划的专业技术部也可酌情考虑组织开展相应年会。

5. 同意筹建BIM联盟，具体流程和联盟事项由信息化专业技术部牵头提出，在信息化专业技术部工作年会上重点研究。

参加会议人员

……

附：中国煤炭建设协会勘察设计委员会2018年工作计划

第三章

事务公文的写作

SHIWU GONGWEN DE XIEZUO

八十四、计划

文种释义

计划是为完成某项工作任务而预先作出打算和安排的应用公文。在未来一定时间或一个阶段内打算做什么、怎么做、预期达到什么样的目标，将这些写成书面材料就是计划。

基本结构与写法

计划通常由标题、正文和落款三部分组成。

1. 标题

计划的标题一般由制订计划的单位名称、适用时间、计划内容和文种四项要素组成，例如《××市广播电视局2016年培训工作计划》。也可以省略时间或省略制订计划的单位名称，或者采用公文标题的三要素形式拟写。

计划的写作要求
服从大局
目的明确
切实可行
责任分明

2. 正文

计划的正文包括前言、计划事项、措施和步骤、结尾四个部分。

（1）前言

一般是写明制订计划的指导思想，提出任务的依据和目的，以及总任务、总要求等内容，即说明“为什么”要制订这一计划。主要应当写明两点：一是计划的制订根据党和国家哪些方针政策或上级指示；二是对面临的形势作简要的分析，对前段时间工作的基本情况作简要的概括（也可以不写）。

（2）计划事项

要写清计划的目标，说明“做什么”。目标是对计划总任务的分解。任何工作计划都是在提出总任务的前提下，确定完成任务的各项基本目标，包括应该达到的指标在数量和质量上的要求。这部分内容要做到重点突出，简洁明确，数量、质量指标清楚、准确。

（3）措施和步骤

即针对所提出的工作指标和任务，写清楚“怎么做”。措施是指围绕计划目标而设计的一系列实施办法，如要动员和依靠什么力量、利用哪些有利条件，采取哪些措施，克服哪些困难，负责人，配合合作的单位及个人等。措施是实现目标的保证，一定要周到严密，切实可行。步骤是指目标实现的程序设计和时间安排。计划的实现是一个过程，包含了不同的阶段，每一阶段又包含了若干环节。因此，工作计划的实施步骤要对各个阶段和环节从时间、空间作出全局性的分析和评估，做好统筹安排，明确应先做什么、后做什么以及重点解决的问题等。

（4）结尾

主要是对计划实施的重点和主要环节的强调，还可以说明注意事项，分析计划实施过程中可能出现的问题，提出实施前景的展望或要求。

3．落款

计划的落款主要包括以下两项内容：一是如有指标和数字材料，可以“附件”形式列于正文之后计划制订机关名称之前；二是在正文下方署上制订计划的机关名称和时间，如果标题中已注明，此处可省略标示。

例文

国务院2018年立法工作计划

2018年是贯彻党的十九大精神的开局之年，是改革开放40周年，是决胜全面建成小康社会、实施“十三五”规划承上启下的关键一年。国务院立法工作的总体要求是：在以习近平同志为核心的党中央坚强领导下，高举中国特色社会主义伟大旗帜，全面贯彻党的十九大精神，以习近平新时代中国特色社会主义思想为指导，加强党对政府立法工作的领导，坚持稳中求进工作总基调，围绕统筹推进“五位一体”总体布局和协调推进“四个全面”战略布局，深入推进科学立法、民主立法、依法立法，着力提高立法质量和效率，以良法促进发展、保障善治，加快建设法治政府，为决胜全面建成小康社会、开启全面建设社会主义现代化国家新征程提供坚实法治保障。

一、全面贯彻党的十九大精神，围绕统筹推进“五位一体”总体布局和协调推进“四个全面”战略布局安排政府立法项目

……

二、以习近平新时代中国特色社会主义思想为指导，加强和改进新时代政府立法工作

中国特色社会主义进入新时代，政府立法工作也进入了新时代，必须不断提升站位和格局，坚定不移把习近平新时代中国特色社会主义思想作为根本遵循，坚决贯彻落实党中央和国务院重大决策部署，努力回应新时代对政府立法工作提出的新任务新部署新要求。

把习近平新时代中国特色社会主义思想贯穿到政府立法工作全过程和各

方面……

坚持党对政府立法工作的领导……

深入推进科学立法、民主立法、依法立法……

大力加强法规规章备案审查……

三、切实抓好立法工作计划的执行

……

国务院办公厅

2018 年 3 月 2 日

八十五、规划

文种释义

规划是党政机关、企事业单位制订的全面或专项的、长期的宏观发展计划。用于对一定地区、一项事业或某项需要较长时期完成的工作，提出在若干年内的全局性战略部署，制订出发展远景和总体目标，并划分实现设想的阶段与步骤。它是一种粗线条的带有全局性、长远性和方向性的计划。

基本结构与写法

规划一般由标题、正文和落款三部分构成。

1. 标题

规划的标题通常由适用范围、时限、内容和文种四个要素构成，如《××市 2015—2020 年城乡建设规划》。有的可不加时限，如《××公司市场发展战略规划》。

规划的写作要求

- 要注意规划内容的科学性和可行性。
- 要注意集中群体的智慧。
- 规划不同于一般的计划。

2. 正文

这部分是规划的主体，一般包括指导思想、现状分析、发展目标、措施办法和实施步骤等多项内容。对其内容的制订，要充分运用科学理论，遵循客观规律和科学原则，结合实际情况，确立一个切实可行的、先进的目标体系，并通过一系列令人信服的控制指标数据系统地呈现出来。

由于规划的内容涉及面较大，为了有条有理地进行表述，应在结构上多下功夫。一般的结构安排应采用总分式，首先写出前言，阐明依据、目的、总体目标等，然后就有关事项内容逐条展开叙述。这样做，能够给人层次清晰、条理分明之感。

3. 落款

在正文的右下侧，署上制订规划的单位名称和日期。

例文

国家突发事件应急体系建设“十三五”规划

根据《中华人民共和国突发事件应对法》、《中华人民共和国国民经济和社会发展第十三个五年规划纲要》等法律法规和相关文件，制定本规划。

1　现状与形势

1.1　“十二五”期间建设成效

“十二五”期间，我国突发事件应急体系建设取得重要进展，防范和应对突发事件综合能力显著提升。

——健全中央统筹指导、地方就近指挥，分级负责、相互协同的抗灾救灾应急机制，建立中央统筹指导、地方作为主体、灾区群众广泛参与的灾后恢复重建机制，确立党政同责、一岗双责、齐抓共管、失职追责的安全生产责任体系，制修订各类应急预案550余万件，应急管理体系进一步完善。

……

2　指导思想、基本原则和建设目标

2.1　指导思想

……

2.2　基本原则

……

2.3　建设目标

2.3.1　总体目标

到2020年，建成与有效应对公共安全风险挑战相匹配、与全面建成小康社会要求相适应、覆盖应急管理全过程、全社会共同参与的突发事件应急体系，应急管理基础能力持续提升，核心应急救援能力显著增强，综合应急保障能力全面加强，社会协同应对能力明显改善，涉外应急能力得到加强，应急管理体系进一步完善，应急管理水平再上新台阶。

2.3.2　分类目标

……

3　主要任务

3.1　加强应急管理基础能力建设

……

3.2　加强核心应急救援能力建设

……

3.5　进一步完善应急管理体系

……

国务院

2017 年 1 月 12 日

八十六、纲要

文种释义

纲要是一种重要的计划体公文。它是一种既具有远景发展设想，又具有较强的政策性、思想性、指导性的提纲挈领式事务公文。

基本结构与写法

纲要一般由标题、正文和结尾三部分组成。现分述如下：

1. 标题

标题是纲要的“眼睛”，应当载明纲要的适用范围、内容和文种名称等几个要素，如《国家中长期科学和技术发展规划纲要》《新时代公民道德建设实施纲要》《建立健全教育、制度、监督并重的惩治和预防腐败体系实施纲要》。有时还在标题中标示出纲要所涉及的时间跨度。

2. 正文

正文是纲要的主体，是纲要写作的重心所在。一般包括制定纲要的有关背景、原则、任务、措施等方面的内容。通常在开头部分用扼要语句交代制定纲要的目的和依据，然后采用分部分或者分条列项的形式加以展开，既明确目标、任务，又提出措施、办法，使内容清晰，条理分明。

纲要的写作方法

内容要简要概括。注意讲求概括性。多而不繁，是纲要写作的要诀。

条理要清晰，层次要分明。应载明背景与总的要求、目标与任务、措施与办法等方面的内容，给人条明理晰、层次清楚之感。

3. 结尾

一般用一个自然段提出希望、要求或发出号召，以激励人们为实现文中所提出的目标而努力奋斗。

例文

促进大数据发展行动纲要

大数据是以容量大、类型多、存取速度快、应用价值高为主要特征的数据集合，正快速发展为对数量巨大、来源分散、格式多样的数据进行采集、存储和关联分析，从中发现新知识、创造新价值、提升新能力的新一代信息技术和服务业态。

信息技术与经济社会的交汇融合引发了数据迅猛增长，数据已成为国家基础性战略资源，大数据正日益对全球生产、流通、分配、消费活动以及经济运行机制、社会生活方式和国家治理能力产生重要影响。目前，我国在大数据发展和应用方面已具备一定基础，拥有市场优势和发展潜力，但也存在政府数据开放共享不足、产业基础薄弱、缺乏顶层设计和统筹规划、法律法规建设滞后、创新应用领域不广等问题，亟待解决。为贯彻落实党中央、国务院决策部署，全面推进我国大数据发展和应用，加快建设数据强国，特制定本行动纲要。

一、发展形势和重要意义

……

（一）大数据成为推动经济转型发展的新动力……

（二）大数据成为重塑国家竞争优势的新机遇……

（三）大数据成为提升政府治理能力的新途径……

二、指导思想和总体目标

（一）指导思想……

（二）总体目标。立足我国国情和现实需要，推动大数据发展和应用在未来5—10年逐步实现以下目标：

打造精准治理、多方协作的社会治理新模式……

建立运行平稳、安全高效的经济运行新机制……

构建以人为本、惠及全民的民生服务新体系……

开启大众创业、万众创新的创新驱动新格局……

培育高端智能、新兴繁荣的产业发展新生态……

三、主要任务

……

四、政策机制

……

八十七、要点

文种释义

要点也是一种重要的计划体公文。它以简要的文字，反映一个单位在一定时间内工作计划的主要方面和要点，内容十分扼要。

“工作要点”是指通常在一个时期的工作计划尚未正式出台（如年初需等上级机关的“计划”）之前，先制定发给下级的“准计划”。

基本结构与写法

要点一般由标题、正文和落款三部分组成。

1. 标题

要点的标题一般由制定单位名称、适用时间和文种三个要素组成，如《××大学2018年行政工作要点》。

2. 正文

这部分是要点的重点，一般应由前言和主体两层内容组成。其中，前言部分要用简要的文字交代制定要点的目的、依据、指导思想和总的任务，用语要富有概括性，篇幅不宜过长；主体部分将前言内容具体化，要将有关的措施和办法逐一列出。可以采取条项贯通的形式，将所要做的工作明确、清晰、概括地表述出来。从内在结构形式上讲，应当体现出一种“做什么（前言）—怎样做”的结构模式。如下面的例文开头为前言，包括2018年工作的指导思想与主要指标，然后写为实现主要指标而采取的有关农业、工业、服务业、对外开放、高新技术、民营经济、城市建设、精神文明建设、民主法治建设、党的建设这十大措施。从逻辑结构上看，表现为开头集中讲“做什么”，然后分十条讲“怎样做”，这是人们撰写要点时经常采用的写法。

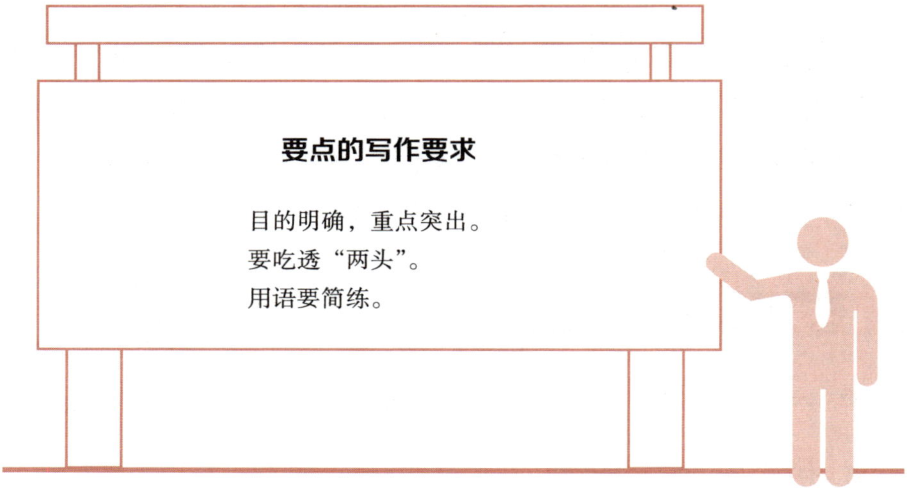
要点的写作要求
目的明确，重点突出。
要吃透“两头”。
用语要简练。

3. 落款

在正文的右下侧注明制订要点的机关或单位名称及制作日期。

例文

××市2018年工作要点

2018年全市工作总的要求是：以马克思列宁主义、毛泽东思想、邓小平理论、“三个代表”重要思想、科学发展观以及习近平新时代中国特色社会主义思想为指导，认真贯彻党的十九大和十九届三中全会和中央、全省经济工作会议精神，坚持以发展为主题，以结构调整为主线，以改革开放和科技进步为动力，以提高人民生活水平为根本出发点，大力推进经济国际化、高新技术产业化、城市化和民营经济发展，提高经济运行质量和效益；切实加强党的建设、精神文明建设和民主法制建设，做好思想政治领域和社会稳定工作，促进国民经济持续快速健康发展和社会全面进步，为“十三五”规划的顺利实施奠定良好的基础。经济和社会发展的主要指标预定为：国内生产总值增长 11%；地方财政收入增长 14%；全社会固定资产投资增长 12%；实际利用外资增长 15%，外贸出口增长 18%；社会消费品零售总额增长 10.5%；城镇居民可支配收入增长 6%，农民人均纯收入增长 8%；城镇登记失业率控制在 5% 以内；人口自然增长率控制在 3.85‰以内。工作中要加倍努力，力争超额完成预定指标。

一、强化农业基础地位，努力增加农民收入

1. 进一步调整优化结构，促进农业增值增效……

2. 推广普及农业科技，提高农业发展水平……

3. 加大基本建设投入，努力改善农业条件……

二、加大改革改组改造力度，推进工业结构战略性调整和优化升级

……

6. 推进技术改造和创新，提高装备水平和开发能力。年内全部工业完成技改投资比上年增长 12%。重点抓好 20 个投资 5000 万元以上的技改项目。完成技术创新项目 850 项。20 户市属重点企业全部建立技术开发中心，争取再有几户企业通过省级技术开发中心认定。

……

十、全面加强党的建设，进一步提高各级党组织的凝聚力和战斗力

……

中共 ×× 市委

×× 市人民政府

2017 年 12 月 13 日

八十八、方案

文种释义

方案是按有关管理目标，对未来要做的某一重要的专门事项，从总体筹划上所作的最佳选择与安排。

方案是计划的一种具体表现形式，侧重于对某一专项工作从目的、要求到方式、方法再到具体进度作出详尽的安排，内容单一，专业性强，在实践中具有较高的使用频率。

基本结构与写法

方案一般由标题、正文两部分构成。

1. 标题

方案的标题一般由制订方案的机关或单位名称、事由、文种三个要素组成，如《国务院机构改革方案》；也可只写出事由和文种，如《关于深入开展“三严三实”专题教育实践活动的方案》。

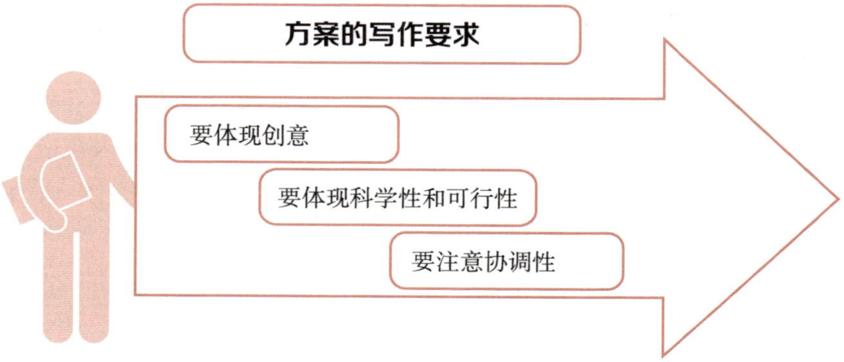
方案的写作要求
要体现创意
要体现科学性和可行性
要注意协调性

2. 正文

正文部分一般由前言、主体构成。

（1）前言

这部分应该写明制订方案的缘由、背景情况以及行文的根据、总体目标、意义和要求等，要写得准确、简练、概括。例如，《生态环境损害赔偿制度改革试点方案》的前言："党中央、国务院高度重视生态环境损害赔偿工作。党的十八届三中全会明确提出对造成生态环境损害的责任者严格实行赔偿制度。为逐步建立生态环境损害赔偿制度，现制定本试点方案。"

（2）主体

这部分应针对某项工作或某项活动的总体要求、指导思想或基本原则，具体阐述方案的基本内容。要重点载明具体的工作任务、目标、步骤安排、实施办法，以及各个方面应达到的标准或效果。在写法上，可以采取分条列项的形式，将有关内容明确具体地表述出来。要注意讲求内容表达的逻辑性，按照主次、性质及相应关系分项写出，以使条理清楚，主次分明，重点突出，便于理解和执行。

例文

深化党和国家机构改革方案

在新的历史起点上深化党和国家机构改革，必须全面贯彻党的十九大精神，坚持以马克思列宁主义、毛泽东思想、邓小平理论、"三个代表"重要思想、科学发展观、习近平新时代中国特色社会主义思想为指导，牢固树立政治意识、大局意识、核心意识、看齐意识，坚决维护以习近平同志为核心的党中央权威和集中统一领导，适应新时代中国特色社会主义发展要求，坚持稳中求进工作总基调，坚持正确改革方向，坚持以人民为中心，坚持全面依法治国，以加强党的全面领导为统领，以国家治理体系和治理能力现代化为导向，以推进党和国家机构职能优化协同高效为着力点，改革机构设置，优化职能配置，深化转职能、转方式、转作风，提高效率效能，积极构建系统完备、科学规范、运行高效的党和国家机构职能体系，为决胜全面建成小康社会、开启全面建设社会主义现代化国家新征程、实现中华民族伟大复兴的中国梦提供有力制度保障。

一、深化党中央机构改革

……

（一）组建国家监察委员会。为加强党对反腐败工作的集中统一领导，实现党内监督和国家机关监督、党的纪律检查和国家监察有机统一，实现对所有行使公权力的公职人员监察全覆盖，将监察部、国家预防腐败局的职责，最高人民检察院查处贪污贿赂、失职渎职以及预防职务犯罪等反腐败相关职责整合，组建国家监察委员会，同中央纪律检查委员会合署办公，履行纪检、监察两项职责，实行一套工作机构、两个机关名称。

……

（二）组建中央全面依法治国委员会。全面依法治国是中国特色社会主义的本质要求和重要保障。为加强党中央对法治中国建设的集中统一领导，健全党领导全面依法治国的制度和工作机制，更好落实全面依法治国基本方略，组建中央全面依法治国委员会，负责全面依法治国的顶层设计、总体布局、统筹协调、整体推进、督促落实，作为党中央决策议事协调机构。

……

八十九、安排

文种释义

安排是对未来短期内就某项工作作出筹划，提出要求和任务的一种计划体公文。它适用于范围较小、时间较短、内容单一、要求具体的短期行为。

基本结构与写法

安排通常由标题和正文两部分组成。

安排的写作要求

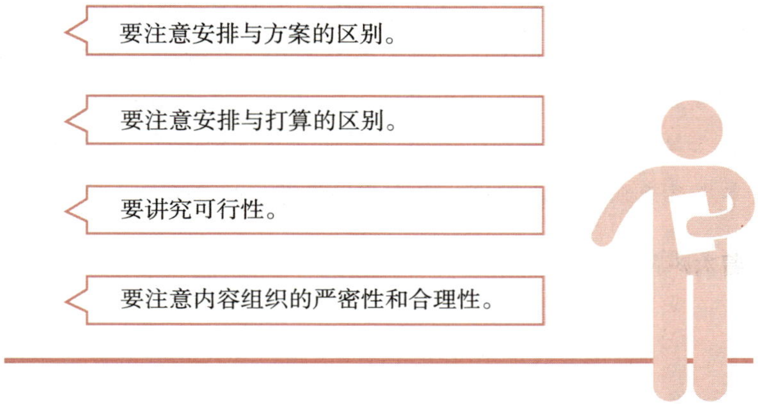

要注意安排与方案的区别。
要注意安排与打算的区别。
要讲究可行性。
要注意内容组织的严密性和合理性。

1. 标题

一般由制定安排的机关或单位名称、适用时间、内容和文种等要素组成。例如,《× × 造船厂党委 2018 年 2 月工作安排》。

2. 正文

安排的正文部分通常应当载明三层内容:一是总的目的、工作任务与要求。要用简要语句加以概括,开宗明义,令人一目了然。二是具体安排事项,包括方法、步骤、措施等。撰写这层内容时,应当注意按照时间的先后顺序或按工作任务的不同方面有条有理地进行叙写,切忌主次不分,杂乱无序。工作的有序性决定了安排内容表述的时序性,即按照时间发展的顺序表述，这一特点必须在正文部分得以充分体现，否则就难以起到应有的效果。三是施行要求与变通措施。要写得简练明确，易于把握和执行。

例文

四川省2018年食品安全重点工作安排

2018年，全省食品安全工作总体思路是：以习近平新时代中国特色社会主义思想为指导，深入学习贯彻党的十九大和十九届二中、三中全会精神，按照党中央国务院和省委省政府关于食品安全工作的决策部署，坚持“稳中求进”工作总基调，落实“四个最严”要求，坚持“党政同责”，大力实施食品安全战略，筑牢基层基础，坚决守住不发生系统性区域性食品安全事故的底线。

一、着力风险防范

……

二、强化源头治理

……

八、促进高质量发展

围绕乡村振兴战略，开展“农业质量年”活动，扎实推进质量兴农、绿色兴农、品牌强农工作，以提升食用农产品质量安全水平助推农业供给侧结构性改革（农业厅负责）。对照《中国制造2025四川行动计划》，配合做好食品产业布局优化，协同打造产业集中区、重点发展区，助推川菜、川茶、川酒等“川字号”品牌提质升级（省食品药品监管局负责）。积极争取中央支持，做好统筹安排，推动食品产业健康发展（省发展改革委负责）。引导和支持食品工业企业实施技术改造，完善质量安全检测和追溯体系建设，加大先进技术和设备推广应用，加快提升食品工业企业质量安全保障能力（省经济和信息化委负责）。大力实施餐饮业质量提升工程，打造新型餐饮服务食品供应链，鼓励“农餐对接”，促进原料统一加工、集中配送，推动品牌创建（省食品药品监管局牵头，农业厅、商务厅、省质监局配合）。实施“优质粮食工程”，增加绿色优质粮油产品供给（省粮食局负责）。推进餐厨废弃物分类利用和集中处置场所建设（省发展改革委、省经济和信息化委、住房城乡建设厅、农业厅配合）。

九十、设想

文种释义

设想也是计划体公文的重要成员。它是一种粗线条勾勒的尚未成熟的非正式计划，具有较强的参考性、理想性和一定的可变性。其适用时间一般较长，范围也较广，侧重于方向性、原则性的引导，内容也往往较为概括。

基本结构与写法

设想一般由标题、正文和结尾三部分组成。

1. 标题

通常由制定设想的机关或单位名称、适用时间和文种三个要素组成，如《××海洋化工集团十年（2015—2025年）发展设想》。

2. 正文

撰写这部分内容，应当首先明确工作的任务和总体目标，这是制定设想的首要之点。在此基础上，进一步阐明为了实现目标所要采取的主要措施。要注意体现出可行性和有效性，以确保实现设想的可能性，最大限度地使设想向成功贴近。最后要写明有关的步骤，即实施设想的阶段和程序。值得注意的是，尽管名为“设想”，属于粗线条的初步构想，但也绝非“凭空猜想”，而应力求做到明确无疑，具有充分的客观依据。

设想的写作要求

- 要切实把握设想与打算的不同。
- 站位要高，要富有预见性和开创性。
- 要着眼于“实”，力戒浮泛。

3. 结尾

设想的结尾要求并不十分严格，如果是报给上级的，不必落款，也不必写行文时间；如果不以通知或报告的形式转发或上报，就要求落款并写明行文时间。

例文

××地区经济发展战略的初步设想

战略目标

根据发展社会主义商品经济的客观要求，从××地区的实际情况出发，我们对今后经济发展战略的指导思想是：坚持改革，立足开发，依靠科技进步，扩大开放引进，实行农工贸综合经营，推动社会生产力的发展。总的构思：强化一个基础（农业），发展三大支柱（纺织、食品饮料、建材），实行五轮驱动（县、区、乡、村、户），繁荣千行百业，推进全方位开发，即由南到北的梯度开发，劳力资源与自然资源的配套开发，从耕地到山水集约化经营的深度开发，以市场导向的农、工、商、贸系列开发，传统技艺与现代技术相结合的科技开发。从而形成资源利用充分，生产要素组合合理，产业结构优化，社会效益、经济效益、生态效益同步发展，农工贸互相促进的开发型、开放型经济格局。

战略依据

制定这样一个开发型、开放型的战略，是以××地区的地理资源、经济条件以及历史的，特别是十八届三中全会以来经济建设的实践经验为依据的。

1. 地理位置较好……
2. 气候条件优越……
3. 非金属矿藏资源丰富……
4. 人多土地少……
5. 经济基础薄弱……
6. 老区、山区、库区面积大……
7. 区域经济差异大……
8. 初步摸索到了开发的基本路子……

中央、国务院和省委、省政府对××地区的开发和建设历来很关心，最近两年又接连采取一系列重大措施进行扶持和帮助；曾在这里战斗和工作过的老同志也给予多方面的关怀和支持。这为加速我区的开发和建设提供了一个极为有利的时机，也进一步增强了我们的责任感和紧迫感。

战略方针

……

战略重点

……

战略布局

……

战略措施

……

九十一、预案

文种释义

预案是各级政府或企事业单位根据自身工作权限和职责范围所制定的有关应急方案，以应对处置重大突发性事件而采取的具体措施。重大突出事件包括地震、水灾和台风等自然灾害引起的突发性事件，安全事故、爆炸品危险品、交通事故、疫情和中毒等引起的突发事件，重大集体罢工、集会、游行、示威、刑事案件、邪教或敌对事件而引起的突发事件。

严格说来，预案是计划体公文中的一种。在写法上与方案接近，一般采用条款式写法，兼有表格式的。

基本结构与写法

预案一般由标题、主体和结尾三部分组成。

1. 标题

有两种写法，一种是范围加预案内容 + 文种，如《全国突发性公共卫生事件应急预案》《××市破坏性台风紧急预案》；另一种是预案内容 + 文种，如《食品中毒事件应急预案》。

2. 主体

包括为什么、做什么、怎样做三层内容。

（1）前言，即为什么，主要说明制定预案的依据、目的和指导思想，是全文的总纲，要求高度概括，简明扼要。

（2）主体，解决做什么和怎样做，即目标任务、措施和步骤三要素，包括适用范围、实施原则、启动标准和事件指挥系统及指挥协调责任，事件处理措施与维护、综合保障、事件请示与报告制度等内容。

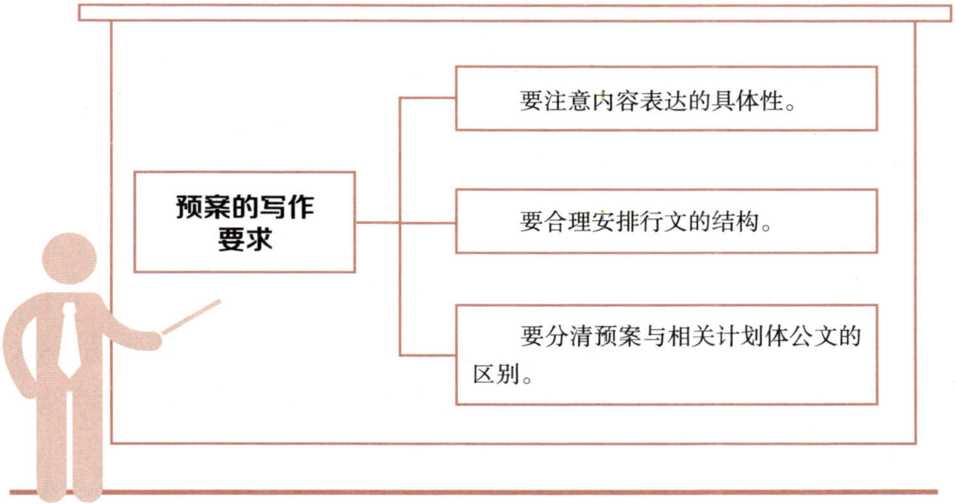

预案的写作要求
要注意内容表达的具体性。
要合理安排行文的结构。
要分清预案与相关计划体公文的区别。

3. 结尾

再次强调执行此预案的希望和要求，呼应前文，总结全文。

例文

国家食品安全事故应急预案

1　总则

1.1　编制目的

建立健全应对食品安全事故运行机制，有效预防、积极应对食品安全事故，高效组织应急处置工作，最大限度地减少食品安全事故的危害，保障公众健康与生命安全，维护正常的社会经济秩序。

1.2　编制依据

依据《中华人民共和国突发事件应对法》、《中华人民共和国食品安全法》、《中华人民共和国农产品质量安全法》、《中华人民共和国食品安全法实施条例》《突发公共卫生事件应急条例》和《国家突发公共事件总体应急预案》，制定本预案。

1.3　事故分级

食品安全事故，指食物中毒、食源性疾病、食品污染等源于食品，对人体健康有危害或者可能有危害的事故。食品安全事故共分四级，即特别重大食品安全事故、重大食品安全事故、较大食品安全事故和一般食品安全事故。事故等级的评估核定，由卫生行政部门会同有关部门依照有关规定进行。

……

7　附则

7.1　预案管理与更新

与食品安全事故处置有关的法律法规被修订，部门职责或应急资源发生变化，应急预案在实施过程中出现新情况或新问题时，要结合实际及时修订与完善本预案。

国务院有关食品安全监管部门、地方各级人民政府参照本预案，制定本部门和地方食品安全事故应急预案。

7.2　演习演练

国务院有关部门要开展食品安全事故应急演练，以检验和强化应急准备和应急响应能力，并通过对演习演练的总结评估，完善应急预案。

7.3　预案实施

本预案自发布之日起施行。

九十二、新闻通稿

文种释义

就通常情况而言，新闻通稿是新闻机构采访到重要新闻以后，以统一的稿件方式发给需要稿件的各有关媒体的稿件。随着公务活动领域的不断扩大、信息传播速度的加快和渠道的增多，越来越多的党政机关和企事业单位在对外发布新闻的时候，为了统一宣传口径，也会组织新闻通稿，以提供给需要的新闻媒体。所以，新闻通稿是反映各机关单位有关政策、会议、活动和事件等方面工作，可供新闻发布会和新闻单位使用的稿件。

按照基本的表现形式，可将新闻通稿分为消息稿和通讯稿。按照报道的对象，可将其分为反映人物的新闻通稿、反映事件的新闻通稿、反映经验的新闻通稿和反映会议的新闻通稿等。

基本结构与写法

新闻通稿一般由以下几部分组成：

1. 标题

标题是新闻通稿的“窗口”，全文的“眉目”，要写得准确、显豁、突出和传神。

2. 导语

类似于消息的导语，简要叙述发布的新闻事实、新闻亮点和重要意义。通常是用一句话或一段文字，将所要发布的新闻最重要的事实和事件的结果作出交代，起到提纲挈领的作用，引领人们继续读下去。

3. 主体

主体由两部分组成，分别是新闻事实的详细介绍和相关背景材料。在写作时要注意运用充分、典型、有力的事实材料和背景材料对导语部分所揭示的主题作进一步阐释，可以采用纵式结构（按时间顺序来写）、横式结构（即按事物的内部联系和逻辑顺序来写）、纵横式结构、断裂式结构（段落之间跳跃性较大）等多种结构形式，把所要表达的问题交代清楚即可。

4. 结尾

这是对全文内容的收束，可以是一句话，也可以是一段话；可以是全文内容的总括，也可以是对发展前景的展望；要能够加深读者印象，升华主题，发挥更好的宣传教育作用。

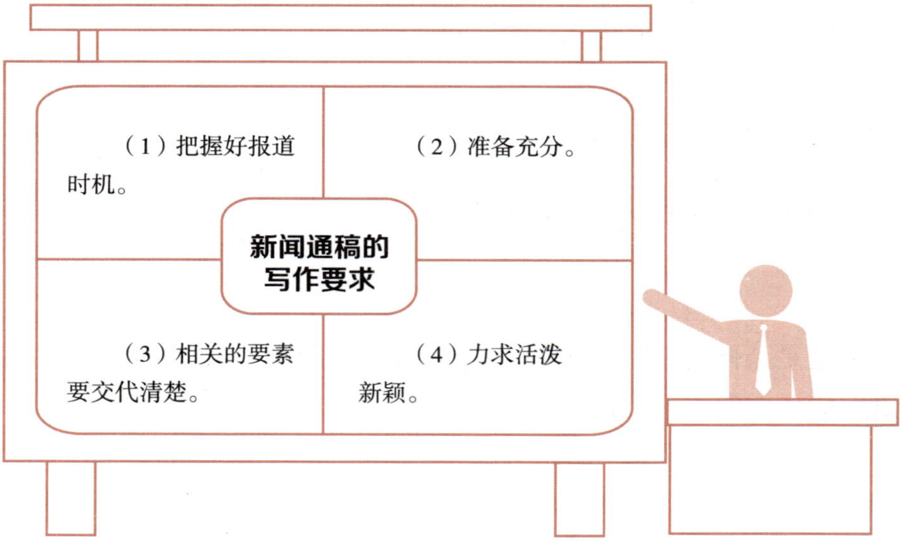

（1）把握好报道时机。
（2）准备充分。
新闻通稿的写作要求
（3）相关的要素要交代清楚。
（4）力求活泼新颖。

例文

体系构建　协调发展　改革创新

——职业教育改革发展座谈会在京召开

日前，教育部在北京召开了“职业教育改革发展座谈会”。本次会议是贯彻落实全国教育工作会议精神和教育规划纲要要求，为在新阶段、新起点、新体制下，加快构建现代职业教育体系，推进职业教育改革创新、科学发展，广泛征求战线意见。全国部分省（区、市）教育行政部门、地市人民政府、行业部门（协会）、企业、教育研究机构、职业学校校长等36名代表应邀出席了座谈会，并针对中高等职业教育科学定位、分类指导、沟通衔接、协调发展等议题发表了意见和建议。教育部相关司局、直属单位有关同志列席了会议。

教育部副部长鲁昕同志在认真听取与会代表发言后，就“为什么要建现代职业教育体系”“什么是现代职业教育体系”“如何构建好现代职业教育体系”等问题讲了话。鲁昕指出，构建现代职业教育体系是经济社会发展规律和职业教育自身发展规律决定的，是产业结构调整升级、经济发展方式转变、国家教育战略目标决定的，也是实践教育规划纲要提出的系列教育新理念、满足终身教育需求的必然要求。鲁昕认为，现代职业教育体系的构建需要满足四个方面的要求：一是经济发展方式转变；二是服务产业结构调整和升级；三是体现终身教育理念；四是中等职业教育和高等职业教育协调发展。

鲁昕指出……

鲁昕强调，要以中高等职业教育管理体制改革为契机，统筹规划中高等职业教育发展，优化学校布局和专业结构，系统设计人才培养方案，探索多样化人才培养模式，加强师资队伍建设，改革招生考试评价制度，提升职业教育整体发展水平，努力形成适应经济发展方式转变和产业结构调整要求、体现终身教育理念、中等和高等职业教育协调发展的现代职业教育体系，发挥好职业教育对促进就业、改善民生、建设和谐社会的重要作用。

九十三、信访回复与答复

文种释义

信访回复和答复，是指有关部门将信访事项的办理情况、复查或复核意见回复信访人的一种公文。这是各级各部门处理信访事项的一个重要环节，是信访人通过信访活动求得的结果。

由于信访活动涉及的内容比较复杂，所以其种类也就多种多样。无论如何，其基本的结构模式和撰写要求大体相同。

基本结构与写法

信访回复与答复一般由标题、正文、落款三部分构成。

1. 标题

可直接写为“关于 ××× 信访事项的回复（答复）”。为具体起见，还可标明是处理意见、复查意见还是复核意见，以便给人明晰之感。

2. 正文

这部分是全文的重心，要写得明确、具体、简练。

一般分为三层内容来写：

一是信访人反映的具体信访事项的受理情况，重点包括：（1）收到信访事项的日期。如果是由其他机关转送、交办的，要写明转送、交办机关和本单位收到日期。（2）受理的信访事项。要注意与信访人实际反映的情况相一致，如受理多个信访事项，应逐一写明。

二是信访事项的事实认定情况及处理意见，重点包括：（1）对信访事项发生的时间、地点、主要事实的认定。（2）作出处理意见所依据的法律、法规和政策。（3）处理意见。要注意对信访事项必须作出明确的认定，不能隐约其词，含蓄蕴藉。对多个信访事项要逐一作出回复和答复。

三是告知对回复或答复意见不服的补救措施。即告知信访人如对回复或答复不服，可自收到本答（回）复意见之日起30日内向上一级行政机关申请复查。

3. 落款

包括作出回复或答复意见的单位名称及日期，并加盖单位公章。

信访回复和答复的写作要求

一要有准确性。遣词造句一定要做到准确简明，恰切得体，力求通俗易懂，切勿语义两歧，令人费解或误解。

二要有针对性。必须紧紧围绕信访人所反映的问题进行“对号入座”，绝不可避而不答，旁骛枝节，更不可答非所问或者绕开问题泛泛空谈。

三要有时间性。及时作出回复或答复。决不能无故拖延。

四要有程序性。拟写时一定要严格按照特定程序进行，以确保文书的质量和效用。

例文

尊敬的×××副市长：

到目前为止，我们对“教育乱收费”还没有一个准确的定义。

1. 如果说，除了 ×× 市物价局等单位规定的几个收费项目以外的收费都是“乱收费”，那么我可以毫不夸张地说：×× 市的“乱收费”几乎在所有的九年义务教育的学校都存在，因为几乎所有的学校对学区以外的学生，除了收取“借读费”之外，还有数额不等的“赞助费”“择校费”。如果这样，按照教育部部长对人民的承诺，×× 市的这些学校的校长岂不都要受到处理？

2. 如果收取“赞助费”“择校费”不是乱收费，那么为什么不把这些收费列入物价局等单位公布的收费标准？为什么各校在收取这些费用时是那么的随意，是不是年收费在 1.5 万元以内都是允许的？政府准备采取哪些手段监督这些收费的使用？期待着您的答复！

×××

20×× 年 9 月 6 日

关于义务教育阶段收费项目和收费管理问题的回复

××× 同志：

您好！您给 × 副市长的邮件我局已收到。现就义务教育阶段的收费项目和收费管理方面的有关情况向您说明如下：

我市义务教育阶段实行学生免试就近入学的方法进行招生，保证每个学生在公办学校有一个学位。国家规定学校对学生收取杂费、代办费、借读费等，住宿的学生收取住宿费。其他有些项目自愿参加，按实收取。如果本人要求择校借读，根据我市规定，义务教育阶段还要交不超过 1.5 万元的捐资助学款。学校对学生收取的费用都是有严格管理要求的。国家规定的收费项目要用省财政厅印制的“中小学收费收据”，捐资助学款要用省财政厅印制的“捐资助学专用票据”。所有收费都要进入财政专户。代办费实行多退少补的方法，学期结束前学校将代办费支出清单打印给学生，接受学生和家长的监督。近年来，各校都将“教育收费公示表”长期在校内公示，接受社会的监督。各级物价部门和教育主管部门都加大了对中小学收费工作的检查力度，对违规收费行为进行查处。

×× 市教育局

20×× 年 9 月 24 日

九十四、总结

文种释义

总结是对已经完成的某项工作或某一阶段的工作进行全面系统的回顾和分析研究，明确所取得的经验、成绩和应当吸取的教训、存在的问题，并使之条理化、规范化的公文。

总结的作用主要在于肯定成绩、积累经验、发现问题、找出教训、认识规律、明确方向，以指导今后的工作。

基本结构与写法

总结一般由标题、正文和结尾三部分构成。

1. 标题

总结的标题有多种形式，常用的有以下两种。

（1）公文式标题

由单位名称、事由和文种（总结）组成，如《共青团 ×× 县委关于开展读书活动的总结》；也可以由单位名称、时间、事由和文种（总结）组成，如《×× 市交通局 2006 年工作总结》；还可以省略单位名称，由事由和文种组成，如《科研工作总结》《外事工作总结》等。

（2）新闻式标题

有两种形式：一是单行标题，如《开展法制宣传教育工作的回顾》；二是双行标题，正标题突出主题，副标题说明单位、事由和文种，如《为用而学，学了能用——×× 公司开展岗位培训工作的总结》，这种类型的标题多用于专题总结。

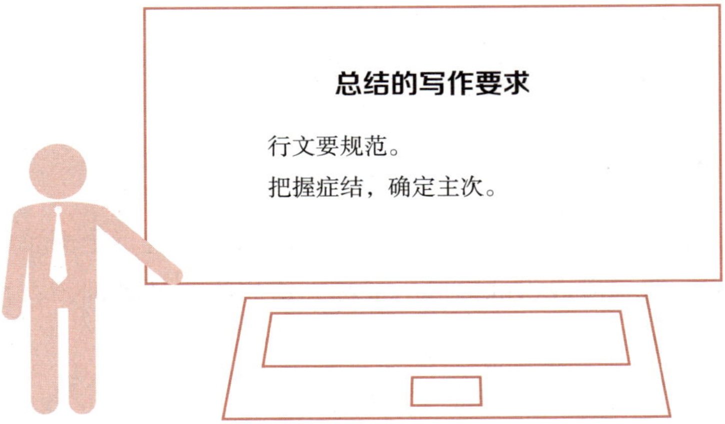
总结的写作要求
行文要规范。
把握症结，确定主次。

2. 正文

通常由开头和主体两个部分组成。

（1）开头

开头又称前言、引言。全面总结的开头一般要用概括性的文字，把总结的时间范围、工作的指导思想及背景，本地区、本单位工作的基本情况作必要的说明，并对总结的主要精神和主要内容作必要的提示。写某一具体事件的专题总结，要求把事件的处理依据，事件的时间、地点、主要经过、结果和有关背景情况交代清楚。

（2）主体

这部分内容主要包括工作的具体做法、经验教训以及今后的努力方向。

工作的具体做法、成绩与经验是全文的重点，包括对所做工作采取的措施、方法和步骤，取得的效果、成绩及其主客观原因，以及这些做法中的成功之处，有何经验和体会。

问题与教训是指工作中存在的问题、不足及其所带来的影响、造成的损失，并分析造成失误、出现问题的原因以及由此得出的教训。这一部分要根据总结类型的不同和行文整体要求而有所侧重，但总的要求是篇幅不宜太长。

今后工作设想和努力方向，是在总结经验教训的基础上，对今后工作提出改进措施、努力方向，或者说明工作的发展趋势，提出新的目标，以起到展望前景、鼓舞斗志的作用。

3. 落款

总结的结尾较为简单，要载明总结写作的日期并加盖单位公章。日期要写公元全称，用汉字或阿拉伯数字书写。有的总结往往还省略落款，以归简易。

例文

××市安全生产监督管理局2017年工作总结

今年以来，市安全生产监督管理局在市委、市政府的统一领导下，在上级业务部门的正确指导下，坚持科学的安全发展理念，牢固树立“安全第一、预防为主、综合治理”的方针不动摇，以预防和减少各类安全生产事故为目标，以遏制重特大事故为重点，强化安全生产责任制，强化基层基础工作，认真落实安全生产隐患治理年各项工作措施，使全市的安全生产形势保持了基本稳定的态势。现将今年以来的主要工作总结如下：

一、工作回顾

截至目前，全市共发生各类事故133起，死亡34人，受伤102人，直接经济损失214.31万元。四项指数三升一降。事故死亡人数（34人）在市政府下达的控制指标内（35人）。烟花爆竹、建筑、水上交通、渔政等行业和领域安全状况良好，未发生伤亡事故。大部分乡（镇）处、管委会及相关部门的安全事故在政府下达的控制指标内。

（一）强化措施，落实安全生产责任制

……

三、2018 年工作思路

2018 年的安全生产工作，我们决心在党的十九大及十九届三中全会精神指引下，继续围绕市委、市政府提出的年度工作目标和上级下达的安全生产考核（控制）指标，抓住重点、强力推进、做好工作，促进安全生产形势的稳定好转，实现安全发展，为我市的经济发展构筑一道牢固的安全屏障。

2018 年工作思路：实现一个目标，发挥两个职能作用，抓住三个关键，突出六大重点。

实现一个目标：

……

××市安全生产监督管理局

2018 年 1 月 10 日

九十五、调查报告

文种释义

调查报告，就是用书面语言表达调查研究结果的一种公文。它是在作者对客观事物进行深入、周密的调查研究和分析综合的基础上写出来的，可以帮助我们比较全面系统地认识事物、解决问题，用以推动工作的深入开展。

基本结构与写法

调查报告通常由标题、前言、主体和结尾四部分组成。

1. 标题

调查报告的标题应当写得新颖、明朗、简洁，要从其内容和作用的需要出发，做到题文相符，揭示主旨，有画龙点睛之妙。调查报告的标题常用的拟写方法有以下四种：

（1）公文式标题

一般由事由加文种组成，如《关于海南进口和倒卖汽车等物资问题的调查报告》。

（2）文章式标题

直接揭示调查报告的内容和研究范围，如《国民法律意识调查》。

（3）正副标题式

将调查的事项、范围及对象作为副标题，而以正标题概括调查报告的主题思想或主要内容，如《基层民主的新验证——赵县村民代表会议制度建设调查》。

（4）提问式标题

通过设问来引起读者的注意，例如《用公款请客为何愈演愈烈？》《中等偏下的物价从何而来》等。

2. 前言

调查报告的前言也称导言、引言和开头，类似新闻报道的导语，但较之更详细。通常要写明调查的线索、目的以及调查的时间、地点、对象、范围、方法、基本情况和结论等，要求紧扣主题，做到简练概括。有的调查报告开门见山，直接进入主体部分，而将前言部分省略掉，以求简易。

3. 主体

主体部分是调查报告的基本内容，它用调查所得的确凿的事实和数据来介绍调查对象的基本情况及其发生、发展与变化过程，以及从这些事实材料中总结出来的经验教训，有的调查报告还提出解决问题的建议。主体部分内容的安排要做到先后有序，主次分明，详略得当，重点突出，逻辑严密和层层深入。其写法以叙事为主，夹叙夹议，常用的结构方式有纵式、横式和纵横结合式三种。

（1）纵式结构

这种结构方式是按照事物发生发展过程顺序或按调查的时间先后顺序进行叙述和议论，适用于内容比较简单的调查报告。

（2）横式结构

这种结构方式是将调查所得的各种事实、数据材料进行概括、分类，按问题性质从几个不同侧面或角度说明问题，并常使用序码或分列小标题的方式使其结构清楚。它适用于涉及面广、事件线索较为复杂的调查报告。

（3）纵横结合式结构

这种结构运用于内容丰富的调查报告，通常是先交代事件发生的原因及发展过程，接着进行分析归纳，总结事物的基本性质和特点。

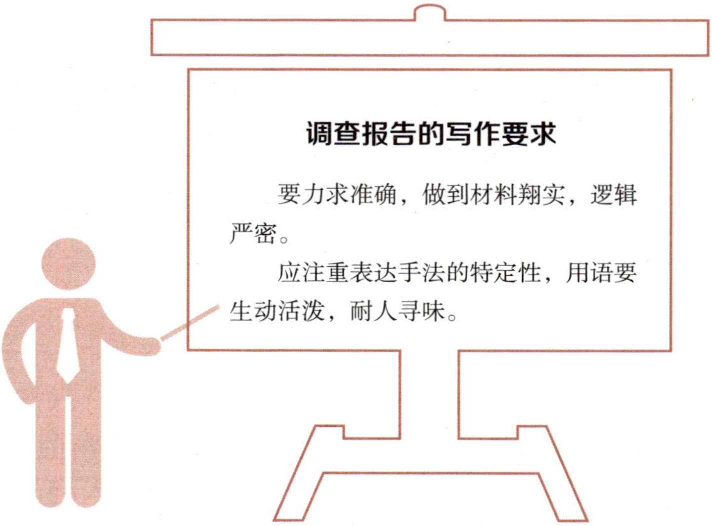

调查报告的写作要求
要力求准确，做到材料翔实，逻辑严密。
应注重表达手法的特定性，用语要生动活泼，耐人寻味。

4. 结尾

调查报告的结尾，应当简洁明了地写出通过对事实材料的分析所得出的结论。有的结尾以简练的语句概括报告的主要观点，以进一步深化主题，增强调查报告的说服力和感染力。除经验性调查报告外，多数是通过分析调查的问题，提出解决问题的办法、措施、意见和建议。有的调查报告通过对事实材料的分析，提出发人深省的问题，启迪人们作更深层次的思考和探索；有的调查报告将结论性意见写在前言或主体中，而不写在结尾部分。

例文

农村卫生工作调查报告

为了全面掌握我县农村卫生事业发展情况，不断促进我县农村医药卫生体制改革，推进全县农村卫生事业发展。按照县人大常委会年度工作安排，5月下旬至6月中旬，县人大常委会副主任 ××× 带领县人大教工委、常委会部分委员和卫生局相关同志深入许家坝、大坝场、兴隆、合朋溪、邵家桥、杨家坳、三道水、宽坪、亭子坝9个乡镇卫生院，12个村卫生室和1家民营医院，采取听汇报、实地查看、走访群众、翻阅资料、召开座谈会等方式，了解我县农村卫生工作情况，并征求乡村医生、村干部、人大代表等对我县农村卫生工作的意见和建议。同时，还组织乡镇人大开展调研，广泛收集情况。现将调研情况报告如下。

一、对我县农村卫生工作的基本估价

近年来，我县农村卫生事业坚持以科学发展观为指导，认真贯彻落实“坚持公共医疗卫生的公益性质，坚持预防为主，以农村为重点”的工作方针，以建立覆盖全县人民医疗卫生基本制度为目标，以解决群众“看病难、看病贵”为着力点，加强组织领导，强化政府责任，坚持城乡统筹，不断深化医药卫生体制改革，全面推进我县农村卫生事业协调发展。

（一）农村医疗卫生服务体系建设得到加强，服务条件有了较大改善……

……

三、建议意见

（一）进一步加大宣传力度。一是加大农村医疗卫生事业相关政策和制度的宣传，进一步加强农村合作医疗制度的宣传，加强实施基本药物制度、药物网上采购和零差率政策的宣传，加强大病救助政策的宣传。加强“降消”项目政策的宣传。二是加大相关法律法规的宣传，切实加强《中华人民共和国食品安全法》《中华人民共和国传染病防治法》等的宣传。三是加强健康教育的宣传。不断增强广大人民群众对政策法律的知晓度，不断增强广大经营者遵章守法的自觉性，不断提高广大人民群众的健康意识。

……

九十六、述职报告

文种释义

述职报告是对一个时期内执行岗位职责的实践活动进行自我评述的总结报告。述职报告的主要作用是使上级组织或人事部门全面细致地了解和评定某个集体或干部个人的政绩，预测干部发展潜力，促使干部忠于职守，更好地完成工作任务。

基本结构与写法

述职报告一般由标题、称谓、正文和结尾四部分组成。

1. 标题

标题有三种形式。第一种是由任职起止时间、所任职务和文种三个要素组成，如《××××年至××××年任××职务的述职报告》；第二种是在述职报告前加一限制词“我的”组成，即《我的述职报告》；第三种是直接写出文种《述职报告》。

2. 称谓

在标题之下，空一行顶格写“组织部”“人事处”“党委”或“××同志”“××（单位名称）的同志们”。因为述职报告是送给主管部门或主管领导审查并读给所属单位群众听的。

3. 正文

这是述职报告的主要部分，一般由引言和主体两层内容组成。

（1）引言部分

这一部分要概述基本情况，写明何时任职，任何职务以及分工主管的工作。从任职至今这段时间职、责是否相称，能、绩是否一致。这是述职报告的基础，一般比较概括，不需要展开。引言到主体部分，往往需要用过渡性的语句：“现在我就履行职责的情况……报告如下。”

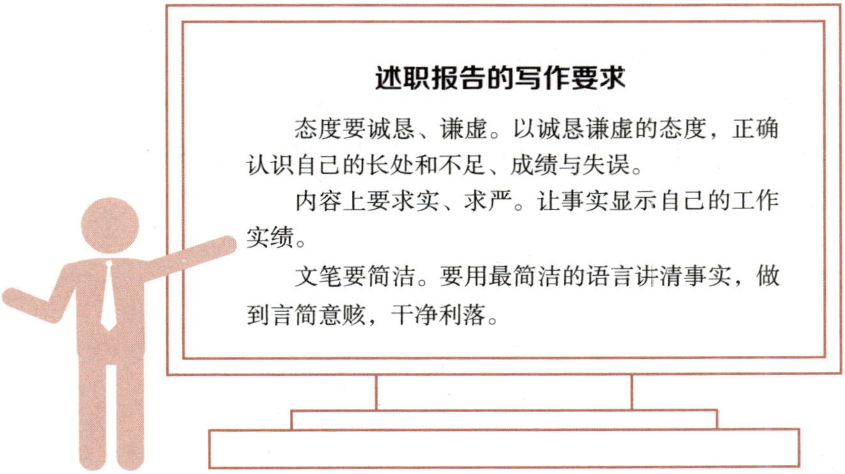

述职报告的写作要求
态度要诚恳、谦虚。以诚恳谦虚的态度，正确认识自己的长处和不足、成绩与失误。
内容上要求实、求严。让事实显示自己的工作实绩。
文笔要简洁。要用最简洁的语言讲清事实，做到言简意赅，干净利落。

（2）主体部分

这是述职报告最重要的内容。一般要对引言概述的内容进行展开叙述，包括以下几方面：一是岗位职责。首先要介绍自己的岗位职责和工作目标，让领导和群众了解自己主抓什么工作，工作计划及指标实现情况。二是决策能力在担负的工作中发挥的作用和效果。要进行定量定性分析，尽可能用事实、数据说明。要以概述本人履行职责为主，以评估个人在整体工作中作用的大小为主，突出本职工作的特点。三是在自己的职权范围内，做了哪些开拓性的工作。包括调查研究的情况，自己有哪些创见，为实现自己的主张作了哪些努力，遇到了什么困难以及克服困难的情况。四是存在的主要问题及教训。

主体部分的内容安排，既可采用纵式结构，以时间为序，把自己任职以来的全部工作按时间划为几个阶段，分别写出各阶段的工作情况；也可采用横式结构，把工作项目用小标题的形式列出，或用数码平行列出，展开叙述。述职者可根据工作实际，选用适合于自己的结构方法，不必强求一律。

4. 结尾

述职者要向考核者和群众表明自己的愿望和态度。如愿不愿意继续任职或对今后工作的设想，并请求与会同志严格审查评议、批评、帮助。态度要真诚，语言要中肯，以真情求得考核者与群众的了解、理解和帮助。

例文

2017年度述职报告

各位领导，同志们：

今年来，本人切实履行党委书记抓党建工作第一责任人的职责，团结乡党委一班人，立足乡情，认真落实基层党组织建设工作各项措施，全年党建工作取得了一定成效，全乡经济社会发展实现了新的跨越。下面，我就2017年度党建工作述职如下：

一、强化工作责任落实，健全规章制度，形成工作合力

一年来，我认真落实县委决议决定和会议精神，在具体抓党建工作中，我作为“第一责任人”，年初就召开班子会议深入分析研讨，将基层党建作为工作重点，列入重要议事日程，把党建工作列入对村考核的重要内容。一是完善党建工作例会制度，每季度召开一次，探索党建工作的新思路，新举措，讨论解决党建工作方面的重大问题。二是建立党建工作党员干部驻村制度，要求党建驻村干部帮助各村理清工作思路，制定党建工作计划，协调解决具体困难和问题。三是下派党建指导员……

二、强化基层组织建设，筑牢战斗堡垒，夯实执政基础

（一）加强乡党委班子建设，充分发挥党委班子的领导核心作用

一年来，我以“创建学习型党组织”为载体，完善领导干部学习机制，深入开展了“一人学一技”活动，努力提高班子成员的政治思想素质；建立健全党委班子的各项规章制度，严格执行民主集中制，坚持民主议事，突出了党委班子的集体领导地位。

（二）加强村级党组织领导班子建设，充分发挥基层党组织的战斗堡垒作用

一年来，我始终把基层党组织建设作为一项基础工作来抓，切实发挥基层党组织的战斗堡垒作用。年内新组建金桂电站等非公企业党组织两个，全面完成了村支两委换届选举任务，配优配强了村级组织领导班子，按上级规定落实了村级管理经费，落实村党支部书记“一定三有”政策，认真组织开展“一体双联”、建设扶贫和村级组织场建设工作，努力健全充满活力的村级工作运行机制，推进村级工作的制度化、规范化和科学化，实行村两委会、村民会议、村民代表大会等机构“民主议事”，党务村务公开监督小组、民主理财小组、村民理事会等机构“跟踪督查”，村级班子绩效考核“述职评议”机制。保障了农民群众行使民主决策、民主管理和民主监督的权利。

（三）创新工作方法，基层党建工作的有效开展

一是实行学教互动……

……

六、存在的问题和今后的工作

回顾今年以来的工作，我乡党建工作取得了一定的成绩，但也仍有许多不足之处，一是农村党建存在薄弱环节，部分村党支部在全面建设小康社会中的战斗力没有充分发挥，村与村发展不平衡；二是党员干部教育培训有待加强，要更加注重培养适应新形势发展的高素质村干部；三是村级组织活动场所的建设步伐要加快、管理和使用需进一步规范；四是个别农村党支部在开展创先争优公开承诺中承诺内容不很具体，显得有些空泛；五是党员管理工作还有待进一步加强。

在今后的党建工作中，我将继续完善自己，充分履行好乡党委书记的职责，围绕“五好”目标，团结党委班子成员，改进方法，落实党建工作责任制，积极探索党员服务群众长效工作机制，切实增强党的基层组织服务社会主义新农村建设的能力，为我镇工作的跨越式发展作出自己应有的贡献！

九十七、条例

文种释义

条例是国家领导机关制定或批准规定某些事项或机关团体的组织、职权等带有规章性质的法规性文件。

条例具有法规性的特点，主要表现在以下两个方面：

（1）制发机关的法定性。条例的制作、发布机关有一定的限制。

（2）内容的法规性。条例涉及政治、经济、文化等各个领域的重要或比较重要的事项，具有强制力和约束力，要求有关人员必须遵照执行，不得违反。

基本结构与写法

条例通常由标题、签署和正文三部分组成。

1. 标题

条例的标题主要有三种写法：一是发文机关名称和文种，如《中华人民共和国计算机信息系统安全保护条例》；二是适用范围、条例内容和文种，如《××省经济合同管理条例》；三是条例内容和文种，如《婚姻登记条例》。

2. 签署

条例的签署一律在标题之下，写明该条例何时经何会议通过，以说明其法定程序及法律效力，其正文之后不再署发文机关名称及日期。

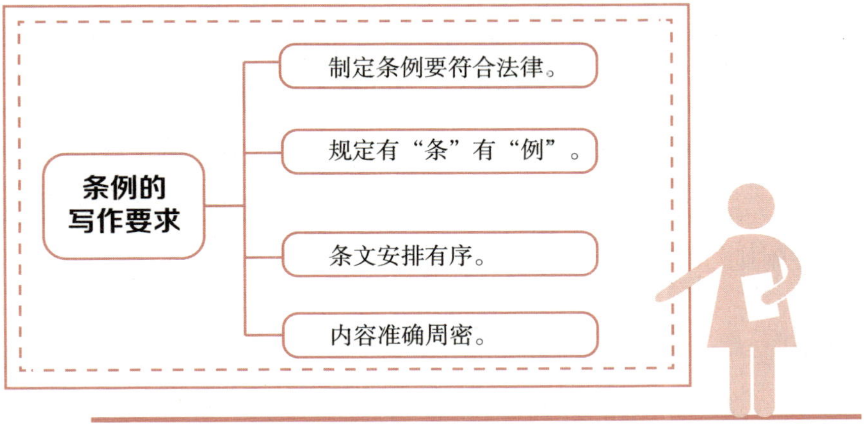

条例的写作要求
制定条例要符合法律。
规定有“条”有“例”。
条文安排有序。
内容准确周密。

3. 正文

条例的正文，可以采用章断条连式和条款贯通式两种写法。

（1）章断条连式

这种条例一般涉及面广，内容丰富，由总则、分则和附则三部分构成。

①总则。分条说明制定条例的缘由、目的、依据、适用范围或运用对象和基本原则等。总则条文的多少，通常根据其适用范围或适用对象情况确定，其第一条多用“为了……根据……特制定本条例”或“为了……特制定本条例”或“根据……特制定本条例”的标准格式，说明制文和立法的目的。

②分则。分则是条例的主体部分，要求按照条例涉及的方面，分为若干章和若干条写明相关内容。

③附则。附则也是条例必不可少的部分，是条例的结尾，包括条例的实施要求、生效日期、解释权与修订权归何机关、实施细则（办法）由谁负责制定、本条例与有关文件的关系以及其他未尽事宜的处置办法等，其条款的多少，根据条例内容确定，力求多而不繁，少而不漏。

（2）条款贯通式

这种条例的格式比较简单。由于内容单一，其正文写作只分条，不分章，从开头第一条起到最后一条，均以条款形式一气贯通写成。在内容的安排上，一般是第一条或第一、二两条写明制定条例的缘由、目的、根据、适用范围或适用对象，相当于“总则”；中间以若干条写条例的具体内容，相当于“分则”；最后用一两条说明生效日期、解释权，相当于“附则”。

例文

中国共产党党务公开条例（试行）

第一章　总　则

第一条　为了贯彻落实党的十九大精神，推动全面从严治党向纵深发展，加强和规范党务公开工作，发展党内民主，强化党内监督，使广大党员更好了解和参与党内事务，动员组织人民群众贯彻落实好党的理论和路线方针政策，提高党的执政能力和领导水平，根据《中国共产党章程》，制定本条例。

第二条　本条例所称党务公开，是指党的组织将其实施党的领导活动、加强党的建设工作的有关事务，按规定在党内或者向党外公开。

第三条　本条例适用于党的中央组织、地方组织、基层组织，党的纪律检查机关、工作机关以及其他党的组织。

第四条　党务公开应当遵循以下原则：

……

第二章　公开的内容和范围

第七条　党的组织贯彻落实党的基本理论、基本路线、基本方略情况，领导经济社会发展情况，落实全面从严治党责任、加强党的建设情况，以及党的组织职能、机构等情况，除涉及党和国家秘密不得公开或者依照有关规定不宜公开的事项外，一般应当公开。

……

第五章　附　则

第二十四条　中央军事委员会可以根据本条例，制定有关党务公开规定。

第二十五条　中央纪律检查委员会、中央各部门，各省、自治区、直辖市党委应当根据本条例制定实施细则。

第二十六条　本条例由中央办公厅会同中央组织部解释。

第二十七条　本条例自2017年12月20日起施行。

九十八、规定

文种释义

规定是领导机关、职能部门、社会团体和企事业单位对特定的事项、工作和活动所作出的关于原则、方式、方法等的规定、要求以及相应的措施。它是根据本单位或部门的实际需要而制定的行政法规性文件。

由于规定是对特定的事项、工作和活动而制定的原则、方式、方法和措施，因此，它与条例有许多相似之处，是对有关法律、法规的具体化，不过有时它比条例的规范项目和范围更窄一些。

基本结构与写法

规定的内容结构比较固定，其内容结构一般如下：

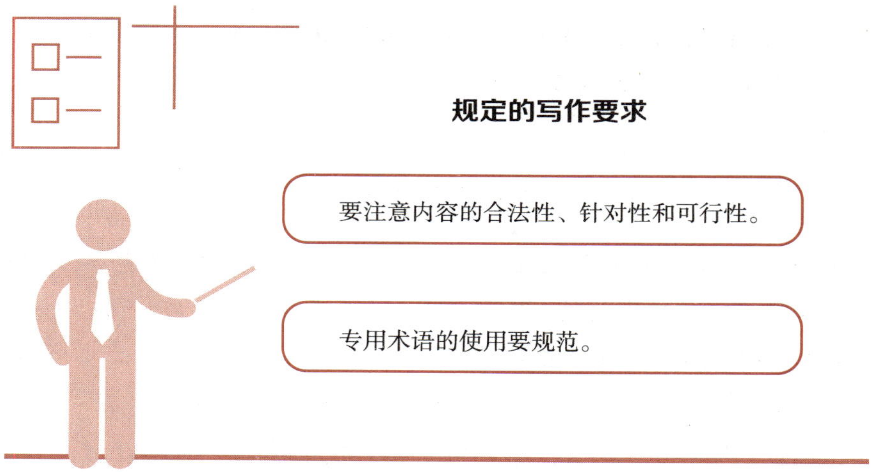

规定的写作要求
要注意内容的合法性、针对性和可行性。
专用术语的使用要规范。

1. 标题

一般由事由和文种两个要素构成，用“关于 ×× 的规定”或“×× 的规定”的句式，有的在事由的前面加制定者的名称，如《中共中央、国务院关于党政机关厉行节约制止奢侈浪费行为的若干规定》。

2. 正文

正文是规定的主体部分，包括制定规定的事由、依据、目的和意义、具体规定事项、实施办法和要求等。有的规定在开头部分说明制定本规定的事由、依据、目的和意义，在主体部分明确规定的事项，在结尾部分对本规定的适用范围和要求、实施时间等有关事项进行说明。有的规定只有主体部分，开宗明义地规定有关事项，而没有开头和结尾。

例文

公司注册资本登记管理规定

第一条　为规范公司注册资本登记管理，根据《中华人民共和国公司法》（以下简称《公司法》）、《中华人民共和国公司登记管理条例》（以下简称《公司登记管理条例》）等有关规定，制定本规定。

第二条　有限责任公司的注册资本为在公司登记机关依法登记的全体股东认缴的出资额。

股份有限公司采取发起设立方式设立的，注册资本为在公司登记机关依法登记的全体发起人认购的股本总额。

股份有限公司采取募集设立方式设立的，注册资本为在公司登记机关依法登记的实收股本总额。

法律、行政法规以及国务院决定规定公司注册资本实行实缴的，注册资本为股东或者发起人实缴的出资额或者实收股本总额。

第三条　公司登记机关依据法律、行政法规和国家有关规定登记公司的注册资本，对符合规定的，予以登记；对不符合规定的，不予登记。

第四条　公司注册资本数额、股东或者发起人的出资时间及出资方式应当符合法律、行政法规的有关规定。

第五条　股东或者发起人可以用货币出资，也可以用实物、知识产权、土地使用权等可以用货币估价并可以依法转让的非货币财产作价出资。

股东或者发起人不得以劳务、信用、自然人姓名、商誉、特许经营权或者设定担保的财产等作价出资。

……

九十九、办法

文种释义

办法是党政机关或者主管部门根据党和国家的方针、政策，对某项具体工作所做的具体实施性的法规文件，对某一方面的具体工作手续和措施加以条理化和制度化，使有关部门在办理中有所遵循。

基本结构与写法

办法通常由标题和正文两部分组成。

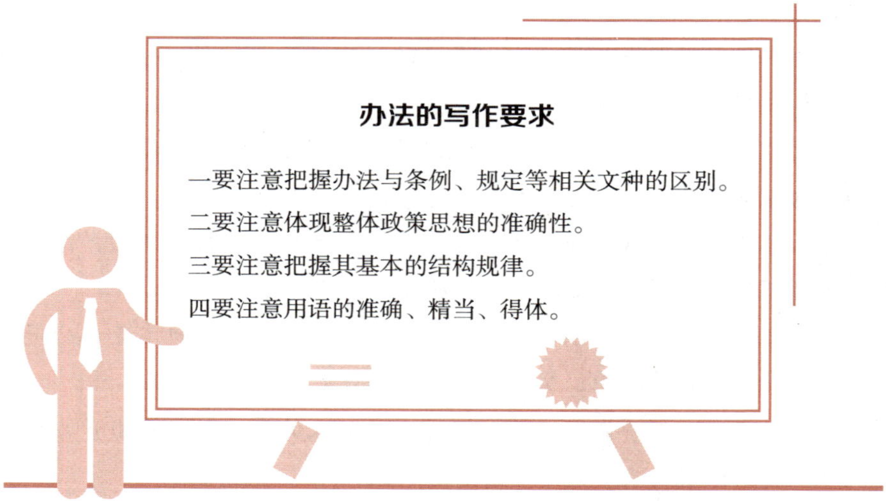

办法的写作要求
一要注意把握办法与条例、规定等相关文种的区别。
二要注意体现整体政策思想的准确性。
三要注意把握其基本的结构规律。
四要注意用语的准确、精当、得体。

1. 标题

办法的标题主要有三种写法：一是由发文机关名称、主要内容和文种三个要素组成，如《××市小公共汽车管理办法》《中国共产党党内关怀帮扶办法》；二是由适用范围、主要内容和文种三个要素组成，如

《国家行政机关公文处理办法》；三是由办法内容和文种两个要素组成，如《国家赔偿费用管理办法》。此外，也可以根据具体情况，在标题中加上“试行”“暂行”字样。

2. 正文

办法的正文写作与条例和规定基本相同，分为总则、分则和附则三部分。

“总则”一般是分条写明制定办法的缘由、目的、依据、适用范围或适用对象、基本原则等。

“分则”是办法的主体部分，通常以数章若干条的篇幅写明办法的内容。

“附则”包括办法的执行要求、生效日期、解释权或修改权归何机关（单位），本办法与以往有关文件的关系及其他未尽事宜的处理办法等。

内容较为简单的办法，多数采用条款贯通式或序言加条款式的结构方式进行写作。

例文

对省级人民政府履行教育职责的评价办法

第一章　总　则

第一条　为推动省级人民政府切实履行教育工作相关职责，提高教育质量，促进教育公平，提升教育服务经济社会发展能力，根据《中华人民共和国教育法》《教育督导条例》等教育法律法规，制定本办法。

第二条　对省级人民政府履行教育职责的评价是指对省级人民政府领导、管理、保障、推进本行政区域内教育事业改革发展稳定工作有关情况的评价。

第三条　评价工作由国务院教育督导委员会统筹领导，国务院教育督导委员会办公室组织实施。

第四条　评价工作坚持以提高教育教学质量为中心，遵循依法依规、突出重点、客观公正、注重实效的原则。

第五条　评价工作每年开展一次，根据国家教育事业发展的总体目标、当年重点任务和存在的突出问题，制定年度评价工作重点、实施细则。

第二章　评价的内容

第六条　评价的内容主要包括……

……

第五章　附　则

第十五条　省级人民政府应依据本办法，结合本行政区域实际制定具体实施方案，开展对本行政区域内各级政府履行教育职责的评价工作。

第十六条　本办法由国务院教育督导委员会办公室负责解释，自印发之日起施行。

一〇〇、章程

文种释义

章程是一个社会团体或党政机关，为规范本组织的成员而对本组织的内部事务（如宗旨、组织、权利、义务等）作出的共同遵守的集体决定，是要求组织整体及每个成员严格遵守和执行的规范性和纲领性文件，如《中国共产党章程》《中国共产主义青年团章》《中国工会章程》等。

章程一般由一定的组织或社会团体制定，涉及的内容是长期的、经常性的工作任务，在其适用的范围内具有权威性，一旦通过，即可生效。

基本结构与写法

章程一般由标题、签署和正文三部分构成。

1. 标题

章程的标题由组织或团体名称和文种组成，如《中国写作学会章程》。组织或团体名称应当写全称或规范化简称，以示庄重、严肃。

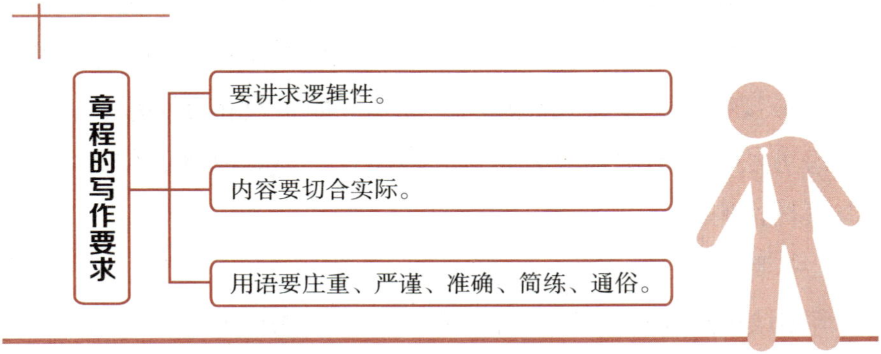

章程的写作要求
要讲求逻辑性。
内容要切合实际。
用语要庄重、严谨、准确、简练、通俗。

2. 签署

章程的签署即指通过章程的会议及时间，是章程权威性和执行效力的标志，通常置于标题下方，用圆括号加以标注。

3. 正文

章程的正文部分一般应当载明组织或团体的性质、宗旨、任务、组成人员、组织结构和活动规则等基本内容。在结构安排上，可分别采用章断条连或条款贯通的形式，多数采用章断条连式结构，由总则（或总纲）、分则和附则组成。

（1）总则（或总纲）

这是章程的灵魂或统帅。要简明、准确地写明该组织或团体的名称、性质、宗旨、任务、指导思想和组织或团体自身建设等内容。为了突出这部分内容在整个章程中的地位和作用，有的党派、团体的重要章程将总则部分列为总纲，行文不分章条而独立于分则各章之前，如《中国共产党章程》；而在条款贯通式结构中，总则的内容通常列为第一、二条。

（2）分则

分则是章程的主体，一般分为数章若干条，写明以下内容：成员条件、参加组织或团体的手续和程序、享受的权利及承担的义务、对成员的纪律要求等；组织机构，包括领导机构、常务机构和办事机构的设置、人员规模、产生方式和程序、任期、职责及相互关系；经费来源及其管理方法；活动内容及方式；其他事宜，一般视组织或团体的需要确定其具体内容。

（3）附则

附则是对前述内容的一种补充说明或其他相关内容，通常用最后一章（条款贯通式为最后的一至二条）简要说明章程的生效时期、适用对象、实施要求、修订及解释权限的归属等。有的章程则不写这部分。

例文

中国共产党章程

（中国共产党第十九次全国代表大会部分修改，2017 年 10 月 24 日通过）

总　纲

中国共产党是中国工人阶级的先锋队，同时是中国人民和中华民族的先锋队，是中国特色社会主义事业的领导核心，代表中国先进生产力的发展要求，代表中国先进文化的前进方向，代表中国最广大人民的根本利益。党的最高理想和最终目标是实现共产主义。

中国共产党以马克思列宁主义、毛泽东思想、邓小平理论、“三个代表”重要思想、科学发展观、习近平新时代中国特色社会主义思想作为自己的行动指南。

……

十八大以来，以习近平同志为主要代表的中国共产党人，顺应时代发展，从理论和实践结合上系统回答了新时代坚持和发展什么样的中国特色社会主义、怎样坚持和发展中国特色社会主义这个重大时代课题，创立了习近平新时代中国特色社会主义思想。习近平新时代中国特色社会主义思想是对马克思列宁主义、毛泽东思想、邓小平理论、“三个代表”重要思想、科学发展观的继承和发展，是马克思主义中国化最新成果，是党和人民实践经验和集体智慧的结晶，是中国特色社会主义理论体系的重要组成部分，是全党全国人民为实现中华民族伟大复兴而奋斗的行动指南，必须长期坚持并不断发展。在习近平新时代中国特色社会主义思想指导下，中国共产党领导全国各族人民，统揽伟大斗争、伟大工程、伟大事业、伟大梦想，推动中国特色社会主义进入了新时代。

……

第一章　党　员

……

第十一章　党徽党旗

第五十三条　中国共产党党徽为镰刀和锤头组成的图案。

第五十四条　中国共产党党旗为旗面缀有金黄色党徽图案的红旗。

第五十五条　中国共产党的党徽党旗是中国共产党的象征和标志。党的各级组织和每一个党员都要维护党徽党旗的尊严。要按照规定制作和使用党徽党旗。

一〇一、规程

文种释义

规程，顾名思义就是规定的程序，是机关单位对某一事项或者操作在一定范围内要求人们遵守的统一的程序和要求。它是一种规范性文件，目的在于规范人们的行动，建立统一的工作、生产和活动秩序。

基本结构与写法

规程一般由标题和正文组成。

1. 标题

通常包括制发规程的机关或单位名称、主要内容和文种名称三个要素，如《××机械厂电工操作规程》；视实际情况，也可只写主要内容和文种两个要素，如《××操作规程》《××活动规程》。

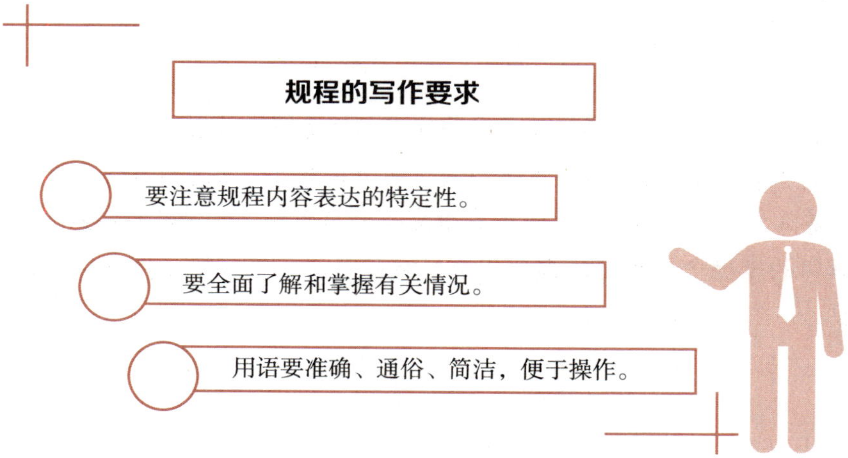

规程的写作要求
要注意规程内容表达的特定性。
要全面了解和掌握有关情况。
用语要准确、通俗、简洁，便于操作。

2. 正文

这是规程的主体部分和实质性内容，应写得明确具体，条理清楚。要将有关内容事项按照一定的内在逻辑顺序逐一作出表述，而且要尽可能地涵盖工作或生产过程的每一个环节。在结构安排上，对于内容复杂的规程，可以采取章条款分列的形式；如果内容较为简单，则可采用分条列明的形式，条下可以分成若干项，用序号标明层次，将规定事项顺次列出。

例文

幼儿园工作规程

第一章　总　则

第一条　为了加强幼儿园的科学管理，规范办园行为，提高保育和教育质量，促进幼儿身心健康，依据《中华人民共和国教育法》等法律法规，制定本规程。

第二条　幼儿园是对3周岁以上学龄前幼儿实施保育和教育的机构。幼儿园教育是基础教育的重要组成部分，是学校教育制度的基础阶段。

第三条　幼儿园的任务是：贯彻国家的教育方针，按照保育与教育相结合的原则，遵循幼儿身心发展特点和规律，实施德、智、体、美等方面全面发展的教育，促进幼儿身心和谐发展。

幼儿园同时面向幼儿家长提供科学育儿指导。

第四条　幼儿园适龄幼儿一般为3周岁至6周岁。

幼儿园一般为三年制。

第五条　幼儿园保育和教育的主要目标是：

……

第六条　幼儿园教职工应当尊重、爱护幼儿，严禁虐待、歧视、体罚和变相体罚、侮辱幼儿人格等损害幼儿身心健康的行为。

第七条　幼儿园可分为全日制、半日制、定时制、季节制和寄宿制等，上述形式可分别设置，也可混合设置。

第二章　幼儿入园和编班

第八条　幼儿园每年秋季招生。平时如有缺额，可随时补招。

幼儿园对烈士子女、家中无人照顾的残疾人子女、孤儿、家庭经济困难幼儿、具有接受普通教育能力的残疾儿童等入园，按照国家和地方的有关规定予以照顾。

第九条　企业、事业单位和机关、团体、部队设置的幼儿园，除招收本单位工作人员的子女外，应当积极创造条件向社会开放，招收附近居民子女入园。

第十条　幼儿入园前，应当按照卫生部门制定的卫生保健制度进行健康检查，合格者方可入园。

幼儿入园除进行健康检查外，禁止任何形式的考试或测查。

第十一条　幼儿园规模应当有利于幼儿身心健康，便于管理，一般不超过360人。

幼儿园每班幼儿人数一般为：小班（3周岁至4周岁）25人，中班（4周岁至5周岁）30人，大班（5周岁至6周岁）35人，混合班30人。寄宿制幼儿园每班幼儿人数酌减。

幼儿园可以按年龄分别编班，也可以混合编班。

……

第十一章　附　则

第六十四条　本规程适用于城乡各类幼儿园。

第六十五条　省、自治区、直辖市教育行政部门可根据本规程，制订具体实施办法。

第六十六条　本规程自2016年3月1日起施行。1996年3月9日由原国家教育委员会令第25号发布的《幼儿园工作规程》同时废止。

一〇二、规范

文种释义

规范是机关、团体和企事业单位为了实现预定的工作目标，按照有关工作任务的实施要求制定的行为准则，是一种具有规范性和约束力的事务性公文。

基本结构与写法

规范一般应由以下几个部分组成：

1. 标题

规范的标题通常应当载明适用范围和文种名称两个要素，如《人民警察职业道德规范》《教学工作规范》等。

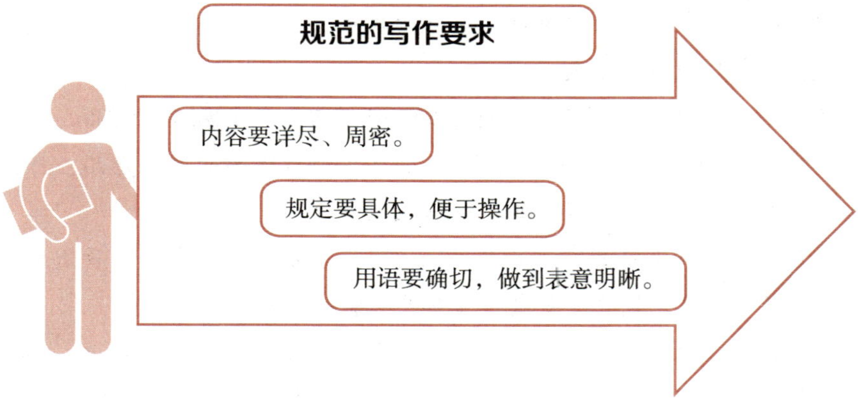

规范的写作要求
内容要详尽、周密。
规定要具体，便于操作。
用语要确切，做到表意明晰。

2. 正文

规范的正文部分，应当首先用扼要文字交代行文的目的和依据，以此作为规范的引言，并提领具体的规范事项。要根据不同的行业、不同的工作性质和内容，分别制定相应的规范性要求，可以采用分条列述的形式，将有关工作程序的规范化要求逐一表述清楚。

3. 结尾

应当包括有关的实施说明或名词术语诠释等内容。根据具体情况，也可省略结尾部分，以求简洁。

例文

公民生态环境行为规范（试行）

第一条 关注生态环境。关注环境质量、自然生态和能源资源状况，了解政府和企业发布的生态环境信息，学习生态环境科学、法律法规和政策、环境健康风险防范等方面知识，树立良好的生态价值观，提升自身生态环境保护意识和生态文明素养。

第二条 节约能源资源。合理设定空调温度，夏季不低于26度，冬季不高于20度，及时关闭电器电源，多走楼梯少乘电梯，人走关灯，一水多用，节约用纸，按需点餐不浪费。

第三条 践行绿色消费。优先选择绿色产品，尽量购买耐用品，少购买使用一次性用品和过度包装商品，不跟风购买更新换代快的电子产品，外出自带购物袋、水杯等，闲置物品改造利用或交流捐赠。

第四条 选择低碳出行。优先步行、骑行或公共交通出行，多使用共享交通工具，家庭用车优先选择新能源汽车或节能型汽车。

第五条 分类投放垃圾。学习并掌握垃圾分类和回收利用知识，按标志单独投放有害垃圾，分类投放其他生活垃圾，不乱扔、乱放。

第六条 减少污染产生。不焚烧垃圾、秸秆，少烧散煤，少燃放烟花爆竹，抵制露天烧烤，减少油烟排放，少用化学洗涤剂，少用化肥农药，避免噪声扰民。

第七条　呵护自然生态。爱护山水林田湖草生态系统，积极参与义务植树，保护野生动植物，不破坏野生动植物栖息地，不随意进入自然保护区，不购买、不使用珍稀野生动植物制品，拒食珍稀野生动植物。

第八条　参加环保实践。积极传播生态环境保护和生态文明理念，参加各类环保志愿服务活动，主动为生态环境保护工作提出建议。

第九条　参与监督举报。遵守生态环境法律法规，履行生态环境保护义务，积极参与和监督生态环境保护工作，劝阻、制止或通过“12369”平台举报破坏生态环境及影响公众健康的行为。

第十条　共建美丽中国。坚持简约适度、绿色低碳的生活与工作方式，自觉做生态环境保护的倡导者、行动者、示范者，共建天蓝、地绿、水清的美好家园。

一〇三、规则

文种释义

规则属于规定和准则相结合的规章，是对某项工作、某一事项或某一活动所作出的规范性要求。它是党政机关、社会团体、企事业单位为维护工作纪律、公共利益和某种秩序，保证工作、生产和生活等活动的正常进行而制定的行为准则。

规则所管理、制约的对象和范围比较集中、单一，多是侧重于某项或某方面的工作。

作为以某种行为为对象而制定的共同准则，规则属于行政规章性质的公文，具有针对某种场合的具体行为以及自上而下制定的特点。

基本结构与写法

规则通常由标题和正文两部分组成。

1. 标题

规则的标题一般由主要内容和文种两个要素组成，如《中华人民共和国出口货物原产地规则》《仓库防火安全管理规则》等；也可由制定规则的机关或单位名称、主要内容和文种三个要素组成，如《杭州市人民政府工作规则》《中国共产党党委（党组）理论学习中心组学习规则》等。标题之下可注明规则通过的机关名称和通过日期，用圆括号括入。

规则的写作要求

要注意体现针对性。做到周密详尽，责任明确，是非清楚，赏罚分明。

要注意把握内容表达的先后顺序。先说规范，后提要求；先倡导，后禁止。

2. 正文

正文是规则的核心内容。撰写时应当首先用一个自然段说明制定规则的目的、应当遵循的总方针以及适用范围，以便给人总体认识；然后分别提出对各类问题的处置要求，包括应遵循的方法、措施、注意事项以及奖惩等项内容。在具体的结构形式上，可以采取条款式、序言加条款和章断条连式三种形式。其中，条款式结构用于内容比较简单的规则，通常是在第一条主要写明制定规则的缘由和目的，而后依照内容的主次，逐条将应当遵守的规范事项列出；序言加条款式的写法是在规则的条款之前，先用一段文字说明制定规则的缘由和目的，并用“为了……制定本规则”或“为此，特制定以下规则”之类的固定语提领具体的规则条款；章断条连式的写法一般用于内容复杂、层次较多的规则，其写法与其他相关的规章制度类公文完全相同。

例文

宁夏回族自治区人民政府工作规则

（2018 年 2 月 11 日）

第一章　总　则

第一条　依据《中华人民共和国宪法》《中华人民共和国地方各级人民代表大会和地方各级人民政府组织法》和《国务院工作规则》，宁夏回族自治区第十二届人民代表大会第一次会议选举产生的新一届自治区人民政府，制定本规则。

第二条　自治区人民政府是自治区人民代表大会的执行机关，是国务院统一领导下的省级国家行政机关，在自治区党委的领导下，对自治区人民代表大会及其常务委员会和国务院负责并报告工作。自治区人民政府各部门受自治区人民政府统一领导，并依照法律和行政法规接受国务院主管部门的业务指导。

第三条　自治区人民政府工作的指导思想是：高举中国特色社会主义伟大旗帜，深入贯彻党的十九大精神，以马克思列宁主义、毛泽东思想、邓小平理论、“三个代表”重要思想、科学发展观、习近平新时代中国特色社会主义思想为指导，牢固树立“四个意识”，坚定“四个自信”，坚决维护以习近平同志为核心的党中央权威和集中统一领导，按照统筹推进“五位一体”总体布局、协调推进“四个全面”战略布局要求，坚决执行党的路线方针政策和自治区党委的各项决策部署，深入实施“三大战略”，认真落实“五个扎实推进”，坚持执政为民、依法行政、实事求是、民主公开、务实清廉，建设责任政府、法治政府、服务政府、效能政府和廉洁政府，努力实现经济繁荣、民族团结、环境优美、人民富裕，与全国同步建成全面小康社会的目标，努力开创中国特色社会主义现代化建设新征程，谱写新时代新宁夏建设的新篇章。

第二章　组成人员

……

第十三章　附　则

第七十三条　本规则适用于自治区人民政府特设机构、派出机构、直属机构、直属事业单位、部门管理机构。

第七十四条　本规则自公布之日起执行。2013 年 2 月 8 日自治区人民政府印发的《宁夏回族自治区人民政府工作规则》（宁政发〔2013〕32 号）同时废止。以往制定的相关规则与本规则不一致的，以本规则为准。

一〇四、细则

文种释义

细则是为了更好贯彻实施某一法规而对其中某些条款进行解释和说明的法规性文件。例如《河北省党政机关公文处理工作实施细则》，是为具体贯彻实施《党政机关公文处理工作条例》而制定的。

基本结构与写法

细则通常由标题和正文两部分组成。

1．标题

细则的标题一般应由适用范围和文种名称两个要素组成，如《短信网址注册实施细则》；也可由制定细则的机关或单位名称、主要内容和文种三个要素组成，如《中共中央政治局贯彻落实中央八项规定的实施细则》。如果细则所补充或解释的法规文件属于“试行”或“暂行”性质的，则须在标题中冠以“试行”或“暂行”字样。

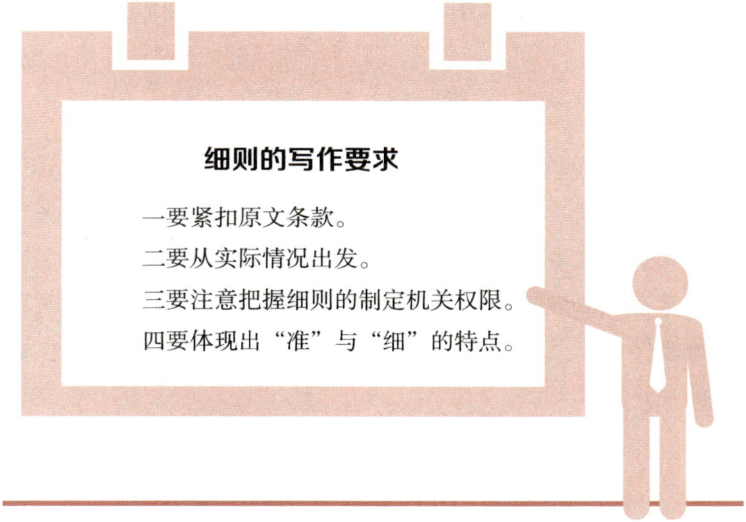

细则的写作要求
一要紧扣原文条款。
二要从实际情况出发。
三要注意把握细则的制定机关权限。
四要体现出“准”与“细”的特点。

2．正文

这部分是细则写作的实质性内容，是细则的主体部分，是对原办法、法规或规章正文的进一步解释和补充。应当采用条款式结构形式，首先用一个条文简明扼要地表明细则的制定依据，即写明根据什么法规的哪一章、哪一条而制定的细则，常用“为了……根据（法律、法规名称或法律、法规某条）……制定本实施细则”的固定性语句提领，以此引出主体部分；然后分条具体列明各项细则内容。条文力求详尽明确，以便管理和遵照执行。细则的最后两条通常是结语部分，主要写明细则的解释权及生效日期等内容。要注意根据细则内容的实际情况进行叙写，全面实施细则要对原件全部条文作出全面解释和补充；部分实施细则则要紧紧围绕实施条文作详细说明；地方实施细则要结合区域或单位实际提出具体意见和措施。

例文

×× 大学毕业生就业工作实施细则

第一章　总　则

第一条　为切实加强毕业生就业工作，使毕业生就业工作向规范化、科学化方向发展，最大限度地促进毕业生实现就业，根据《×× 大学关于加强学生就业工作的意见》制定本细则。

第二条　学校成立就业指导中心，学院建立就业工作领导小组，在“校院两级、以院为主”的就业工作体制下，充分调动各方面积极性，保证毕业生就业工作顺利进行。

……

第四章　就业指导与毕业生教育

第八条　毕业生就业指导要与毕业教育相结合，紧密联系实际，注重实效，采用授课、报告、讲座、咨询等多种形式。

第九条　毕业教育是毕业生就业工作的重要环节，是做好毕业生就业工作的重要保证和基础，是实现德育目标的重要内容，必须把毕业教育贯穿于毕业生就业的全过程。学院要结合各自专业特点，加强对毕业生的教育和就业指导。采取多种形式对毕业生进行理想信念教育、国家政治经济形势教育、就业形势与政策教育、法规校纪教育、文明离校教育等。指导毕业生在签订协议时保护自己的合法权益。

第十条　通过对毕业生的就业指导与教育，帮助毕业生树立正确的世界观、人生观、价值观和择业观；掌握就业技巧和方法；为毕业生正确地设计和选择自己的职业生涯道路打下坚实基础。

……

第十章 附 则

第三十九条 本细则只适用于 ×× 大学毕业生工作。

第四十条 本细则解释权归 ×× 大学就业指导中心。

第四十一条 本细则自公布之日起实施。

一〇五、守则

文种释义

守则是国家机关、社会团体根据上级有关指示精神和本行业、本部门、本单位、本社区等实际工作的需要，在一定范围内为工作人员或社会成员所规定的简明道德规范和行为准则。例如，《国务院工作人员守则》《全国职工守则》。

守则的特点：一是针对各种人员的一般行为；二是制作灵活自由。

守则并不是机关、团体或企事业单位的行政管理文件，而是为了实现某个目标、完成某项任务、维护某种利益，由某个组织把群众的共识、愿望和需要做到的事项集中起来写成条文，作为大家共同遵守的行为准则。

基本结构与写法

守则一般由以下几部分组成：

1. 标题

守则的标题通常由执行对象和文种两个要素构成，如《国务院工作人员守则》《中小学生守则》。

2. 正文

守则正文部分的写法比较简单，通常是采用条文式结构，将有关内容事项逐一列明。一般不用导语，不提依据、原因和目的，而是开门见山，依照主次将要遵守的规范、准则分条列出，条文不宜过长，条下不分款列项。要注意各条内容之间的内在联系，按照一定的逻辑顺序将其有机地组合起来，而且内容规定要做到明确具体，便于遵照执行。以2015年修订的《中小学生守则》为例，采用了直接列出条文的形式，在句型上结构基本一致，都以肯定性的判断句开头，每一条的内容安排都遵循了先原则后具体的顺序。可见，一篇简短的守则从写作的角度看，绝不是随便把提倡的行为进行罗列就能成为一篇好公文的。

例文

国家工作人员保密守则

一、不该说的机密，绝对不说；

二、不该问的机密，绝对不问；

三、不该看的机密，绝对不看；

四、不该记录的机密，绝对不记录；

五、不在非保密本上记录机密；

六、不在私人通信中涉及机密；

七、不在公共场所和家属、子女、亲友面前谈论和处理国家秘密事项；

八、不在不利于保密的地方存放机密文件、资料；

九、不在普通电话、明传电报、普通邮政传递国家秘密；

十、不携带机密材料参观、游览、访友和出入公共场所。

一〇六、制度

文种释义

制度是一个系统或单位为完成特定的工作任务和目标而制定的要求全体成员共同遵守的办事规程或行动准则，如医疗保险制度、保密制度、作息制度、会议制度、安全卫生制度等。它涉及的内容十分广泛。不同的系统和单位都用各自的管理制度对全体成员进行约束，范围明确，针对性强。

基本结构与写法

制度通常由标题和正文两部分组成。

1. 标题

制度的标题一般有三种写法：一是由制定机关或单位名称、内容事项、文种三个要素组成，如《××市工业局廉政制度》；二是由适用范围、内容事项和文种三个要素组成，如《党政干部离退休制度》；三是由内容事项和文种两个要素组成，如《保密制度》《档案管理制度》等。

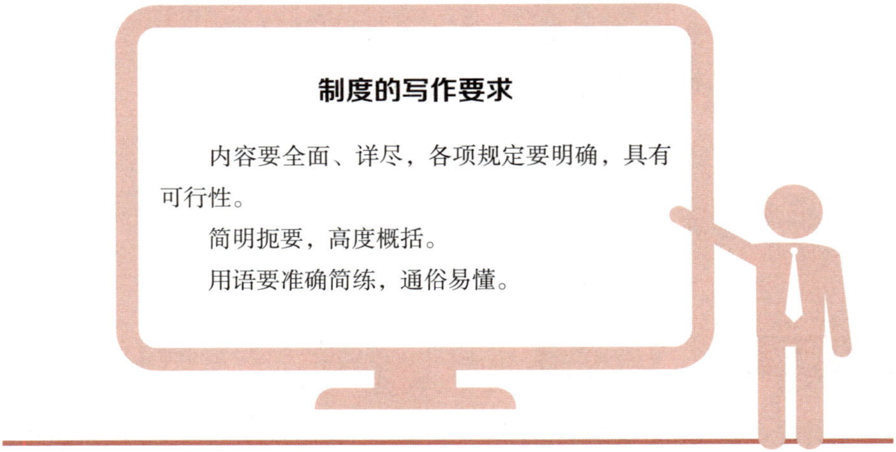

制度的写作要求
内容要全面、详尽，各项规定要明确，具有可行性。
简明扼要，高度概括。
用语要准确简练，通俗易懂。

2. 正文

这是制度的主体和核心部分。一般应先用简明扼要的文字交代制定制度的目的、依据、总的要求和适用范围等，然后采用分条列项的形式，将有关内容列为若干条，逐一进行阐述。具体而言，主要有三种结构形式：一是引言、条文、结语式，即先写一段引言，主要用来阐述制定制度的根据、目的、意义、适用范围等，然后将有关规定一一分条列出，最后再写一段结语，强调执行中的注意事项；二是通篇条文式，即将全部内容都列入条文，包括开头部分的根据、目的、意义，主体部分的种种规定，结尾部分的执行要求等，逐条表达，形式整齐；三是多层条文式，即将全文分为多层序码，篇下分章、章下分条、条下分款等。例如某省制订的《档案管理制度》，用“一、二、三……”来表示大项，用“（一）、（二）、（三）……”来表示大项下的条，用“1、2、3……”来表示条下的款。这种写法适用于内容复杂、篇幅较长的制度。

例文

机关工作人员岗位制度

一、牢固树立全心全意为人民服务的思想，增强公仆意识，坚持依法行政和公开、公正、高效、廉洁的办事原则。

二、忠于职守，勤奋工作，注重质量，讲求实效，高标准完成职位赋予和上级机关、领导交办的各项工作。

三、为群众办事要热情、诚恳、周到，不推不拖，严格按照各项程序和规定办理，为群众提供优质、方便、快捷的服务。

四、树立全局观念，主动配合，密切协作，不推诿扯皮，共同搞好工作。

五、注重调查研究，一切从实际出发，实事求是地反映情况和处理问题；积极参加政治理论和业务学习，不断提高知识水平和业务能力。

六、模范执行国家的法律、法规和规章，严格遵守纪律，清正廉洁，勤政为民，不谋私利；严禁吃、拿、卡、要。

七、文明办公，礼貌待人；接待来人、接打电话要使用文明用语。

八、坚守工作岗位，保持正常办公秩序，不串岗，不大声喧哗，不扎堆闲聊，不做与工作无关的事情；工作时间不准上网聊天、玩游戏或查看不健康的内容；无公务往来，中午不准喝酒。

九、办公室要保持干净、整洁，室内办公用品摆放要整齐、有序，办公人员精神饱满，着装整洁。

十、严格考勤制度，有事必须按规定请、销假。

一〇七、公约

文种释义

公约是机关、团体、企事业单位或社区群众等内部拟订的、在一定范围内要求人们共同遵守的道德规范和行为准则。

基本结构与写法

公约一般包括标题和正文两部分。

1．标题

可直接标明公约的适用主体及文种，如《首都市民文明公约》《火车站文明公约》等。

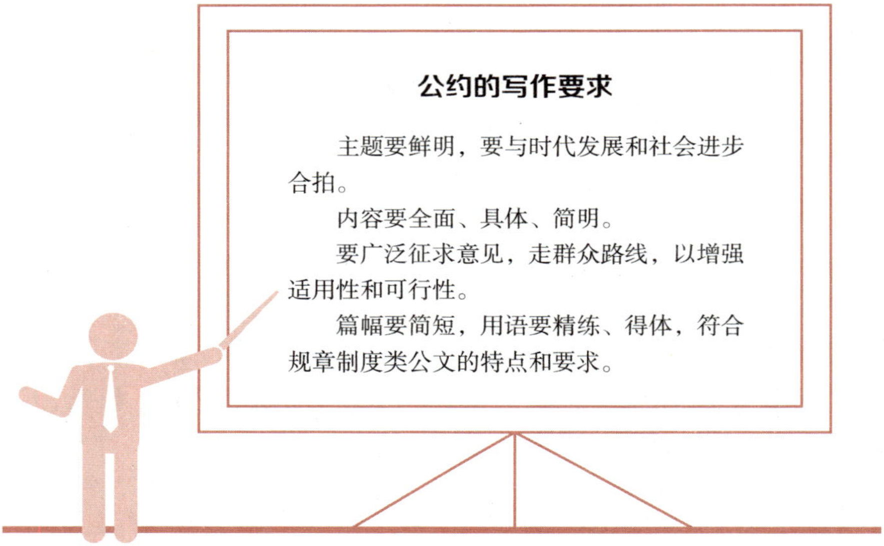

公约的写作要求
主题要鲜明，要与时代发展和社会进步合拍。
内容要全面、具体、简明。
要广泛征求意见，走群众路线，以增强适用性和可行性。
篇幅要简短，用语要精练、得体，符合规章制度类公文的特点和要求。

2．正文

这是公约的主体部分，用来反映公约的内容。要明确地交代清楚成员应该遵守的行为规范和道德规范，应该做什么，反对做什么，要写得明晰可见。有时也可只写“应该做什么”，而将“不应做什么”蕴含其中，可酌情而定。在内容阐述上要注意讲求针对性，力求具体，切忌空洞浮泛。用语要通俗易懂，使人看得清楚，听得明白，为此，可采用韵文形式而写，其句式、字数整齐匀称，读之和谐悦耳，朗朗上口，易读易记。

例文

全国青少年网络文明公约

要善于网上学习　不浏览不良信息
要诚实友好交流　不侮辱欺诈他人
要增强自护意识　不随意约会网友
要维护网络安全　不破坏网络秩序
要有益身心健康　不沉溺虚拟时空

一〇八、简报

文种释义

简报，就是对工作情况的简要报道。它是机关、社会团体和企事业单位用于向上级迅速及时地报告工作情况，反映存在的问题，向下级推广经验、指导工作，向平行单位互通情况、交流信息的一种重要事务公文。

基本结构与写法

简报通常由报头、报核和报尾三部分组成。

1. 报头

（1）简报名称一般用套红印刷的大号字体。如有特殊内容而又不必另出一期简报时，就在名称或期数下面注明“增刊”或“××专刊”字样。秘密等级写在左上角，也有的写“内部文件”或“内部资料，注意保存”等字样。

（2）期号可写在名称下一行，用括号括上。

（3）编印单位。

（4）印发日期写在与编印单位平行的右侧。

报头之下，用一道横线将报头与报核隔开。

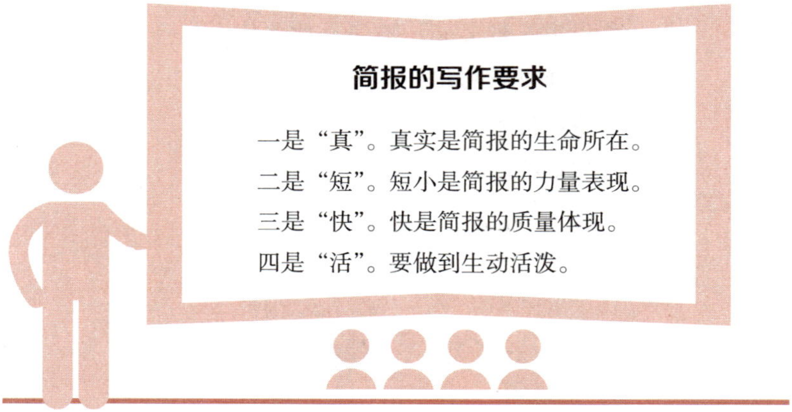

简报的写作要求
一是“真”。真实是简报的生命所在。
二是“短”。短小是简报的力量表现。
三是“快”。快是简报的质量体现。
四是“活”。要做到生动活泼。

2. 报核

报核，即简报所刊的一篇或几篇文章。简报的写法是多种多样的，形式比较灵活。

（1）简报的标题类似新闻的标题，要揭示主题，简短醒目。

（2）导语通常用简明的一句话或一段话概括全文的主旨或主要内容，给读者一个总的印象。导语的写法多种多样，有提问式、结论式、描写式、叙述式等，一般要交代清楚谁（某人或某单位）、什么时间、干什么（事件）、结果怎样等内容。

（3）主体用足够的、典型的、有说服力的材料，把导语的内容加以具体化。

（4）结尾或指明事情发展趋势，或提出希望及今后打算。如果主体部分已经把事情说清楚，那就不必再加结尾。

（5）背景，即对人物、事件起作用的环境条件和历史情况。背景可以穿插在各个部分。

3. 报尾

在简报最后一页下部，用一横线与报核隔开，横线下左边写明报送范围，在平行的右侧写明印刷份数。

例文

政协 ×× 市六届 × 次会议简报

（第 24 期）

大会秘书处编　2018 年 3 月 18 日

今年政府应办几件实事

×× 委员说：建议市长要有相应的任期目标，要像 ××× 那样一年办几件实事，年终总结，有哪些完成，有哪些没完成，为什么。

改“三公开一监督”为好

×××、××× 委员说：报告在谈到廉政建设时，提出实行“两公开一监督”，我们认为应改为“三公开一监督”，即再增加公开市、县两级主要领导的经济收入，以便接受人民群众的监督。

不能再走大投入低效益之路

××× 委员认为：2018 年我市社会总产值为 180 亿元，国民收入为 74 亿元，而全市的财政收入只有9.15亿元，很明显，经济效益是很低的。而2017年的计划数字，基本上是按比例同步增长，经济效益无明显提高。这是我市多年来生产发展的一个关键性的问题，即大投入、低效益，致使财政拮据，入不敷出。市领导应着眼长远，从当前入手，立足于大力提高经济效益和增强生产后劲（包括政策、体制、发展规划、产业结构、环境整顿、提高管理水平、提高劳动力的素质、提高劳动生产率、大力发展科技和教育等多方面综合治理）。只有这样，才能使我市的经济进入高一层次的发展，形成良性循环。这才是提高经济效益的真正出路。

报：××，××

送：××，××

（共印50份）

一〇九、先进事迹材料

文种释义

先进事迹材料又称典型材料，是如实记载和反映工作、生产和学习过程中涌现出来的先进单位、先进人物的优秀事迹的书面文字材料。其作用在于弘扬先进，树立典型，使广大干部群众有所效仿，见贤思齐，从而尽心竭力地做好本职工作。

基本结构与写法

先进事迹材料通常由标题、导语、正文和结尾四部分组成。

1. 标题

标题是先进事迹材料的“眉目”，要写得简明扼要，如《××××

（单位名称）事迹材料》《×××同志的事迹材料》等。

2. 导语

这部分是全文内容的概括，一般写明三项内容：一是基本情况介绍；二是先进事迹概述，要写得高度概括，不可失之冗长；三是过去已经受过的表彰奖励。如果没有，则此项内容省略。

先进事迹材料的写作要求

选材要与时俱进，要紧跟时代的步伐。

叙述要具体深刻，以叙述的方式为主，兼用议论、描写、抒情。

语言要生动感人，要善于运用生动形象的语言加以描绘。

3. 正文

这部分是先进事迹材料的主体和核心，在导语所述内容的基础上进行拓展和加深，要写得完整、准确、具体。要详尽反映出先进单位或者先进人物的感人事迹，其所取得的主要成绩（即工作的收获和效果）和具体表现，要善于运用典型事例加以说明。选材务求真实，切忌人为地拔高甚至随意编造。此外，对先进单位、先进人物的思想来源，先进形成的过程和成长基础等，也应加以反映，以增加材料的可信度和真实感。

4. 结尾

先进事迹材料的结尾，一般有两种写法：一是阐明先进典型的意义，进行总体评价；二是提出向先进学习的要求。也有的省略这部分内容，正文写完后，行文即告结束，以归简洁。

例文

全国安全生产先进工作者典型事迹材料（安监局长）

他，没有豪言壮语，但他的言传身教可圈可点。他，没有宏图伟略，但他的工作业绩历历在目，他就是 ×× 区安监局局长兼局党组书记 ×× 同志。

×× 同志自 2011 年 5 月临危受命，从 ×× 区经贸局副局长走马上任到刚组建成立不久的区安监局任局长兼党组书记以来，他带领局党组一班人勇挑重担，在推进建设经济强区工业化进程中，坚持科学发展观和安全发展理念，认真贯彻落实党中央、国务院关于安全生产的一系列政策措施，深入贯彻落实中央领导同志安全生产重要指示，不畏艰难，健全机构，改善条件，凭着对安全生产工作的一腔热情和严谨负责的工作作风，服从大局，扎扎实实并创造性地开展各项安全生产监管工作，努力扭转全区安全生产工作的被动局面，全区安全生产工作一年一个新台阶，全区非煤矿山、危险化学品、烟花爆竹、消防火灾和建筑施工等重点行业和领域连续多年没有发生较大及以上安全事故，水上交通、特种设备行业领域连续多年零事故，道路交通自 2012 年纳入我区统计口径以来，连续 3 年没有发生重特大事故，全区安全生产工作在 2013 年、2014 年连续两年获得“全市安全生产工作责任目标考核优秀单位”，社会消防工作连续三年获得“全市社会消防工作责任目标考核先进单位”。

忠于事业，坚守责任

×× 同志常说：“民生问题，安全第一，安全责任是天大的事！”他深知安全生产工作责任大，担子重，工作环境差。但他时常教导每位干部职工：“既然选择了这份事业，就要全身心地投入到安全生产工作中，热爱岗位，甘心付出，乐于奉献，用自己的实际行动，履行好组织和群众赋予我们的安监职责，应为安全生产工作作出自己的贡献。”他是这样说的，更是带头这样做的。

几年来，作为 ×× 区安监局这个充满活力和激情团队的负责人，他为事业倾尽心力，兢兢业业的事迹感染着他身边的每一个人，他在区安监局局长这个位子上一干就是 4 个年头。

多年来，他认真履行岗位职责……

……

勤政敬业，公正为民

……

这就是 ×× 同志——一个不太张扬却无比坚定的共产党员，一个始终不渝带领 ×× 安监团队“勇者竭其力、智者尽其谋、仁者播其惠、信者效其忠”的领头雁、带头人。

一一〇、公务演讲词

文种释义

公务演讲词是在会议或集会期间用于讲话或演说的预先拟制的文字底稿。与其他公文相比，这种公文具有特殊性，突出表现为它的运行不像其他文种那样终结于送达或张贴过程的结束，而是终结于讲话或演讲过程的结束。此外，其所体现出来的媒介的声音性（靠有声语言向受众传递信息）、反馈的直接性、特定的对象性以及适度的情感性等特点，也使之与许多公文明显区别开来。

基本结构与写法

公务演讲词作为机关常用的应用性公文，一般由如下几部分组成：

公务演讲词的写作要求
有吸引力——情理相宜，理在情中。
有控制力——条理清晰，跌宕起伏。
有感染力——通俗易懂，形象生动。

1. 标题

其写法较为灵活，但无论如何都要准确、扼要地揭示出全文的核心内容。既可以采用一般文章标题的拟写形式，如《为人民服务》等，也可以采取正副题的结构形式，如《开放共创繁荣　创新引领未来——习近平在博鳌亚洲论坛2018年会开幕式上的主旨演讲》等。

2. 日期和署名

日期在标题之下，用括号注明，但也可不标明日期；署名则在其下居中标示。

3. 正文

这是公务演讲词的核心部分，其称谓和内容因适用对象场合等有所不同，篇幅长短及语言运用等也不尽相同。称谓是对与会者的统称，要根据会议的性质和与会者的身份来称呼。在国内，党的会议一般用“同志们”来称呼；人大、政协会议用“各位代表”来称呼；国际会议一般按国际惯例用“各位嘉宾、女士们、先生们、朋友们”来称呼。有一点必须强调，那就是在行文中一定要以饱蘸激情的笔墨和简明洗练的语言，准确得体地表示出演讲者的欢迎、祝贺或者悲痛之情，以情传意，以情感人。

例文

携手推进“一带一路”建设
——在“一带一路”国际合作高峰论坛开幕式上的演讲

习近平

尊敬的各位国家元首，政府首脑，

各位国际组织负责人，

女士们，先生们，朋友们：

“孟夏之日，万物并秀。”在这美好时节，来自100多个国家的各界嘉宾齐聚北京，共商“一带一路”建设合作大计，具有十分重要的意义。今天，群贤毕至，少长咸集，我期待着大家集思广益、畅所欲言，为推动“一带一路”建设献计献策，让这一世纪工程造福各国人民。

女士们、先生们、朋友们！

……

女士们、先生们、朋友们！

从历史维度看，人类社会正处在一个大发展大变革大调整时代。世界多极化、经济全球化、社会信息化、文化多样化深入发展，和平发展的大势日益强劲，变革创新的步伐持续向前。各国之间的联系从来没有像今天这样紧密，世界人民对美好生活的向往从来没有像今天这样强烈，人类战胜困难的手段从来没有像今天这样丰富。

从现实维度看，我们正处在一个挑战频发的世界。世界经济增长需要新动力，发展需要更加普惠平衡，贫富差距鸿沟有待弥合。地区热点持续动荡，恐怖主义蔓延肆虐。和平赤字、发展赤字、治理赤字，是摆在全人类面前的严峻挑战。这是我一直思考的问题。

2013 年秋天，我在哈萨克斯坦和印度尼西亚提出共建丝绸之路经济带和 21 世纪海上丝绸之路，即“一带一路”倡议。“桃李不言，下自成蹊。”4 年来，全球 100 多个国家和国际组织积极支持和参与“一带一路”建设，联合国大会、联合国安理会等重要决议也纳入“一带一路”建设内容。“一带一路”建设逐渐从理念转化为行动，从愿景转变为现实，建设成果丰硕。

——这是政策沟通不断深化的 4 年……

——这是设施联通不断加强的 4 年……

——这是贸易畅通不断提升的 4 年……

——这是资金融通不断扩大的 4 年……

——这是民心相通不断促进的 4 年……

丰硕的成果表明，“一带一路”倡议顺应时代潮流，适应发展规律，符合各国人民利益，具有广阔前景。

女士们、先生们、朋友们！

中国人说，“万事开头难”。“一带一路”建设已经迈出坚实步伐。我们要乘势而上、顺势而为，推动“一带一路”建设行稳致远，迈向更加美好的未来。这里，我谈几点意见。

第一，我们要将“一带一路”建成和平之路……

第二，我们要将“一带一路”建成繁荣之路……

第三，我们要将“一带一路”建成开放之路……

第四，我们要将“一带一路”建成创新之路……

第五，我们要将“一带一路”建成文明之路……

女士们、先生们、朋友们！

当前，中国发展正站在新的起点上。我们将深入贯彻创新、协调、绿色、开放、共享的发展理念，不断适应、把握、引领经济发展新常态，积极推进供给侧结构性改革，实现持续发展，为“一带一路”注入强大动力，为世界发展带来新的机遇。

——中国愿在和平共处五项原则基础上，发展同所有“一带一路”建设参与国的友好合作。中国愿同世界各国分享发展经验，但不会干涉他国内政，不会输出社会制度和发展模式，更不会强加于人。我们推进“一带一路”建设不会重复地缘博弈的老套路，而将开创合作共赢的新模式；不会形成破坏稳定的小集团，而将建设和谐共存的大家庭。

——中国已经同很多国家达成了“一带一路”务实合作协议，其中既包括交通运输、基础设施、能源等硬件联通项目，也包括通信、海关、检验检疫等软件联通项目，还包括经贸、产业、电子商务、海洋和绿色经济等多领域的合作规划和具体项目。中国同有关国家的铁路部门将签署深化中欧班列合作协议。我们将推动这些合作项目早日启动、早见成效。

……

“一带一路”建设植根于丝绸之路的历史土壤，重点面向亚欧非大陆，同时向所有朋友开放。不论来自亚洲、欧洲，还是非洲、美洲，都是“一带一路”建设国际合作的伙伴。“一带一路”建设将由大家共同商量，“一带一路”建设成果将由大家共同分享。

女士们、先生们、朋友们！

中国古语讲：“不积跬步，无以至千里。”阿拉伯谚语说，“金字塔是一块块石头垒成的”。欧洲也有句话：“伟业非一日之功。”“一带一路”建设是伟大的事业，需要伟大的实践。让我们一步一个脚印推进实施，一点一滴抓出成果，造福世界，造福人民！

祝本次高峰论坛圆满成功！

谢谢大家。

一、讲话稿

文种释义

讲话稿是在各种会议上，为表达讲话者的见解、主张，交流思想、进行宣传或者开展工作而经常使用的一种公文。它既包括各级领导者的发言稿，也包括一般人的各种发言稿，范围较广。常用的讲话稿主要有两类：

一类是公文式的讲话稿，即各种会议上的工作报告，在一定会议上总结、部署一项或一个时期的工作。这种讲话稿实际是公文的形式变换，在格式上与公文中的“总结”和“计划”的写法没有多大区别，用语也比较庄严、郑重。

另一类是专题式的讲话稿，如各种会议上的开幕词、祝词、大会发言、领导同志在会议上的专题性讲话等。通常机关应用文所说的“讲话稿”，主要是指这种，它虽然是以个人名义讲的，实际上是代表了组织和集体。

基本结构与写法

讲话稿一般由以下几部分组成：

1. 标题

一般有三种写法：（1）揭示主旨的标题；（2）直接使用 ×× 同志讲话的标题，它是由讲话人的姓名、会议名称及“讲话”组成；（3）点明中心的标题加上“×× 同志在 ×× 会议上的讲话”的副题。通过标题，我们可以知道讲话者将围绕什么样的中心去展开讲一些具体问题。

2. 日期和署名

日期在标题之下，用括号注明，署名则在其下居中标示。

3. 称谓和开头

称谓的写法与演讲词类似。讲话稿的开头主要有六种写法：（1）表明态度，点出题目。即对一个问题、一件事物或一个会议，亮明讲话者的态度，然后顺势把下面要讲的主要内容点出来。（2）起句立意，揭示主旨。即采用倒悬法，把讲话的主旨写于开端处。（3）分析实际，提出问题。即在开头处对当前面临的形势和工作中的实际问题进行概括的分析，进而说明讲话的原因、目的和背景。（4）作出评价，说明目的。一些纪念性、群众性的会议，领导同志讲话开始时，对所纪念的重要人物和重要事件作出评价，然后交代会议讲话的目的。（5）开门见山，引起下文。（6）致以祝贺，表示慰问。一些纪念性的会议讲话、节日的祝词及各种代表大会的祝贺讲话等，开头一般是致以祝贺或慰问。

4. 主体

主体部分，即讲话稿主题的具体展开，要围绕中心思想来分析、回答、解决问题，是讲话稿的核心所在。由于讲话人的身份，会议的背景、内容、时间、地点、对象等各不相同，所以主体部分的写法必须因人、因事、因地制宜，视具体情况而定。但是，不管具体情况如何千差万别，其基本结构和写法是万变不离其宗的。

正文主体的结构和写法，基本有三种：第一种是划分几大部分，横向并列展开，每一部分相对表达一个独立完整的意思，这种结构形式的

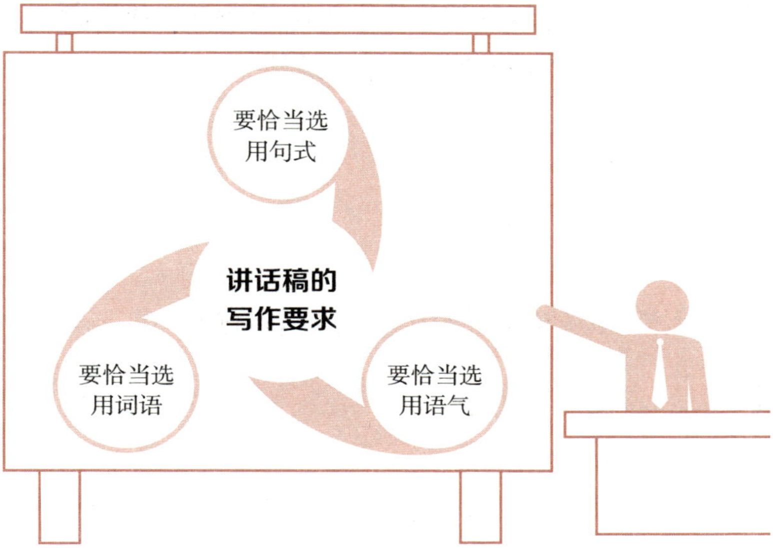

讲话稿比较普遍。第二种是把要讲的内容归纳成几个问题，一个问题一个问题地讲，每一个问题相对表达一个侧面的内容。第三种是全文一贯到底，中间没有序号，而是划分若干自然段。

5. 结尾

一般有以下几种写法：（1）由分到总，提出要求。（2）满怀激情，提出希望。即在结尾处对今后的工作、学习、生活和事业的发展，用激励斗志、振奋人心、富于鼓舞性的言语，向与会者提出简明扼要的要求。（3）总括事理，坚定信心。对通篇讲话的内容，进行推理概括，用非常精练的文字使其上升到哲理高度，进而表明讲话者的坚强信念，使讲话达到高潮。（4）商讨征询，求得意见。（5）祝贺成功，发出号召。比如，最后用“让我们紧密携手，在克服困难中前进吧”“祝大会圆满成功”“祝大家快乐、工作顺利”等语句结尾。

例文

在纪念中国人民抗日战争暨世界反法西斯战争胜利70周年大会上的讲话

（2015年9月3日）

习近平

全国同胞们，

尊敬的各位国家元首、政府首脑和联合国等国际组织代表，

尊敬的各位来宾，

全体受阅将士们，

女士们、先生们，同志们、朋友们：

今天，是一个值得世界人民永远纪念的日子。70年前的今天，中国人民经

过长达 14 年艰苦卓绝的斗争，取得了中国人民抗日战争的伟大胜利，宣告了世界反法西斯战争的完全胜利，和平的阳光再次普照大地。

在这里，我代表中共中央、全国人大、国务院、全国政协、中央军委，向全国参加过抗日战争的老战士、老同志、爱国人士和抗日将领，向为中国人民抗日战争胜利作出重大贡献的海内外中华儿女，致以崇高的敬意！向支援和帮助过中国人民抵抗侵略的外国政府和国际友人，表示衷心的感谢！向参加今天大会的各国来宾和军人朋友们，表示热烈的欢迎！

……

经历了战争的人们，更加懂得和平的宝贵。我们纪念中国人民抗日战争暨世界反法西斯战争胜利 70 周年，就是要铭记历史、缅怀先烈、珍爱和平、开创未来。

那场战争的战火遍及亚洲、欧洲、非洲、大洋洲，军队和民众伤亡超过 1 亿人，其中中国伤亡人数超过 3500 万，苏联死亡人数超过 2700 万。绝不让历史悲剧重演，是我们对当年为维护人类自由、正义、和平而牺牲的英灵、对惨遭屠杀的无辜亡灵的最好纪念。

战争是一面镜子，能够让人更好认识和平的珍贵。今天，和平与发展已经成为时代主题，但世界仍很不太平，战争的达摩克利斯之剑依然悬在人类头上。我们要以史为鉴，坚定维护和平的决心。

……

“靡不有初，鲜克有终。”实现中华民族伟大复兴，需要一代又一代人为之努力。中华民族创造了具有 5000 多年历史的灿烂文明，也一定能够创造出更加灿烂的明天。

前进道路上，全国各族人民要在中国共产党领导下，坚持以马克思列宁主义、毛泽东思想、邓小平理论、“三个代表”重要思想、科学发展观为指导，沿着中国特色社会主义道路，按照“四个全面”战略布局，弘扬伟大的爱国主义精神，弘扬伟大的抗战精神，万众一心，风雨无阻，向着我们既定的目标继续奋勇前进！

让我们共同铭记历史所启示的伟大真理：正义必胜！和平必胜！人民必胜！

一一二、开幕词

文种释义

开幕词是会议的序曲、前奏、动员令，它是在比较重要或隆重的会议开始时，由会议主要领导人所作的讲话。主要是简明扼要地介绍会议召开的背景、组织工作等情况，宣布会议的目的、议程，对会议的进行起着定调的作用。

开幕词属专题灵活式的讲话稿，它虽然多以个人名义出现，但实际上代表了某一组织和领导集体，当其作为公文发出，具有了相应的权威性时，就成为讲话体公文。从文体上看，属于议论文，但比一般议论文更具有鲜明的个性、生动的临场性、实际的针对性、高度的概括性和激昂的鼓动性。对会议的有关问题只是提示一下即可，不必讲得过细，主要是通过简明扼要、庄重热情、带有指导性的提示，使与会者明确会议的有关内容，调动其参加会议的积极性。

基本结构与写法

开幕词一般由标题、称谓、正文和结语四部分构成。

1. 标题

有三种写法：一是由会议名称加文种组成，如《中国共产党第十二次全国代表大会开幕词》；二是由讲话人姓名、职务、会议名称以及文种组成；三是用开幕词的主旨或主要内容作标题。例如，毛泽东在 1945 年 4 月 27 日中国共产党第七次全国代表大会上所作的《两个中国之命运》的开幕词。

2. 称谓

开幕词称谓的写法与演讲词的类似。

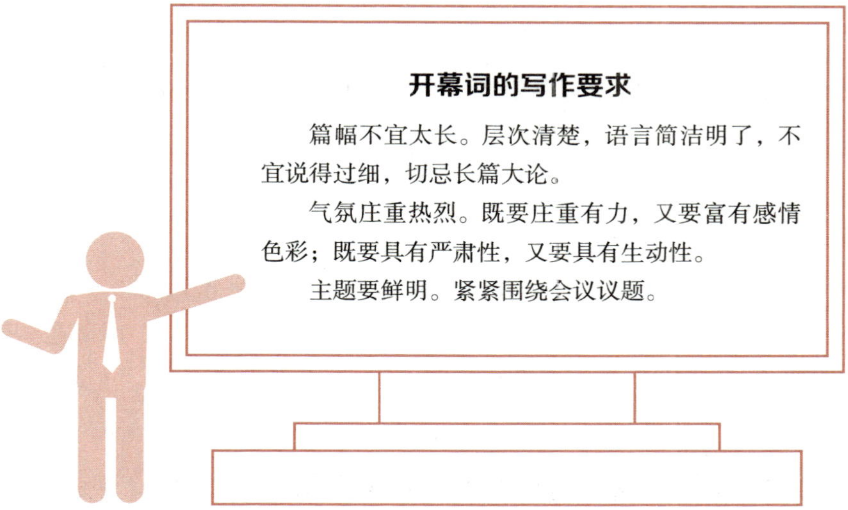

开幕词的写作要求
篇幅不宜太长。层次清楚，语言简洁明了，不宜说得过细，切忌长篇大论。
气氛庄重热烈。既要庄重有力，又要富有感情色彩；既要具有严肃性，又要具有生动性。
主题要鲜明。紧紧围绕会议议题。

3. 正文

正文有开头、主体和结尾三部分。

第一，开头。开头常见的写法有：

以宣布大会开幕为开头。例如毛泽东在 1945 年 4 月 27 日中国共产党第七次全国代表大会上所作的《两个中国之命运》的开幕词，只用了一句“中国共产党第七次全国代表大会今天开幕了”作开头，既简洁又庄重。

以介绍与会者的有关情况为开头。例如，毛泽东在 1954 年 9 月 15 日第一届全国人民代表大会第一次会议上的开幕词的开头：“中华人民共和国第一届全国人民代表大会第一次会议，今天在我国首都北京举行。代表总数 1226 人，报到的代表 1211 人，因病因事请假没有报到的代表 15 人，报到了因病因事今天临时缺席的代表 70 人。今天会议实到的代

表 1141 人，合乎法定人数。”

以向与会者表示祝贺与欢迎为开头。如例文的开头即是如此。

第二，主体。主体是开幕词的核心部分，主要写明召开大会的意义、会议的议程、大会的目的和任务等内容。

第三，结尾。结尾或提出希望与要求，或发出号召，或展望前景，坚定信念。

4. 结语

常用“预祝大会圆满成功”之类的祝颂语来结束全文。

例文

2018 年 ×× 银行 ×× 分行工会第一届一次会议开幕词

各位代表、各位领导、同志们：

分行工会第一届一次职工暨工会会员大会，在工会和领导的直接指导和亲切关怀下，在行领导的大力支持下，经过我行全体员工的共同努力和工会筹备领导小组的认真筹划和卓有成效的工作，现在隆重开幕了。

今天分行工会和党委的领导出席了我们这次大会，并带来了良好祝愿。在这里我以大会的名义向今天到会的各位领导表示热烈的欢迎和衷心的感谢，同时向出席大会的员工们和奋斗在公司各个岗位上的广大员工表示崇高的敬意和亲切的问候！

这次大会是我行广大员工政治生活中的一件大事，是我行工会史上具有深远意义的重要会议，也是我行团结、动员全体员工，积极投入到以“服务第一，客户至上，以信誉求发展”为目标的全面发展中，使经济效益大大提高的动员大会。大会的主要任务是：确定和部署今后一个时期内工会工作的目标和任务，选举产生工会新一届领导机构。

大会的召开，将是我行工会工作的良好开端，必将翻开我行工会工作的崭新一页，对我行的发展产生积极深远的影响。它将凝聚我行广大员工的智慧和力量，充分发挥员工主人翁作用，促进我行快速发展，具有重要的历史意义和现实意义。

各位领导、同志们！开好这次大会，圆满完成大会的各项任务，既是上级工会和分行领导的殷切希望，也是我行广大员工和工会干部的热切期望。我们要勇挑重担、不辱使命，以高度的政治责任感和历史使命感认真履行员工职责，完成这次大会的任务。我坚信在全体员工的共同努力、齐心协作下，这次大会一定能够开成一个充分展示工人阶级良好精神风貌的大会，一个团结奋进、求真务实的大会。

预祝大会圆满成功！谢谢各位！

一一三、闭幕词

文种释义

闭幕词是在会议结束时，由主要领导所作的讲话，是会议的结束语。主要是总结会议的成果，指出贯彻会议精神的要求，指出今后的努力方向，最后祝贺会议的成功等。闭幕词能明确人们的工作方向，鼓舞与会人员的斗志，增强完成会议内容的信心。

闭幕词通常要概括总结会议完成的任务，以及所通过的报告、章程和决议，肯定会议的成功之处，评价会议产生的深远影响，提出贯彻会议精神的要求，激励与会人员为实现会议提出的任务和目标而奋斗。结束语常常是用一句话庄严宣布大会胜利闭幕。

闭幕词与开幕词密切相关，前者为大会收尾，后者为大会开篇，首尾呼应，缺一不可，同时各有侧重，各具特色。

闭幕词要求言简意赅，表达清楚，感情激昂，主要是站在一定高度科学准确地归纳会议的成功之处，有力地提出号召，从而激发与会者贯彻好大会精神的决心，信心百倍地奔赴各自的工作岗位。

基本结构与写法

闭幕词一般由标题、署名和日期、称谓、正文和结语五部分构成。

1. 标题

标题的写法与开幕词类似，可以直接标明会议的内容和文种。同一会议的闭幕词要与开幕词标题相对应。例如，毛泽东在中国共产党第七次全国代表大会上所作的题为《愚公移山》的闭幕词与题为《两个中国之命运》的开幕词相对应，两者都是以主要内容为标题。

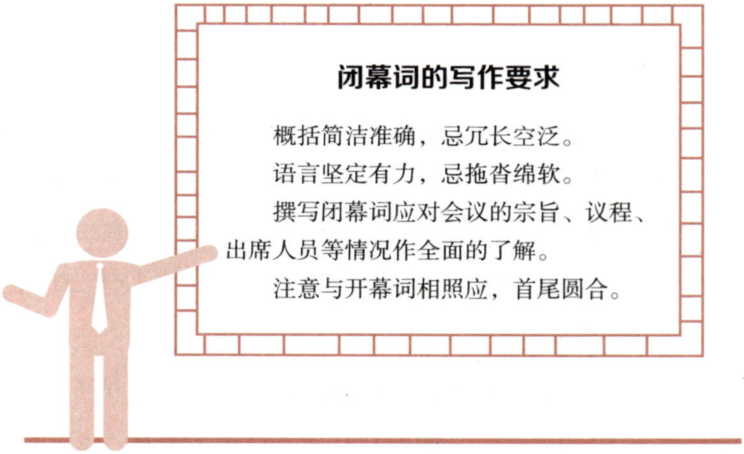

闭幕词的写作要求
概括简洁准确，忌冗长空泛。
语言坚定有力，忌拖沓绵软。
撰写闭幕词应对会议的宗旨、议程、出席人员等情况作全面的了解。
注意与开幕词相照应，首尾圆合。

2. 署名和日期

署名在标题下居中。日期在署名之下居中，用括号注明。

3. 称谓

称谓的写法与演讲词的一致。

4. 正文

正文有开头、主体和结尾三部分。

开头用简洁的文字对会议作总体的评价。例如,《在第十届全国人民代表大会第二次会议闭幕时的讲话》(2004 年 3 月 14 日)的开头就是如此:“第十届全国人民代表大会第二次会议,在全体代表共同努力下,圆满完成了各项议程,就要闭幕了。会议充分发扬民主,严格依法办事,是一次民主、团结、求实、鼓励的大会。”

主体对会议所完成的任务以及会议的意义进行概括总结,并提出贯彻会议精神的要求和希望。对会议所完成任务的概括总结,一定要注意列举出实在内容,不能空泛笼统。

结尾可提出希望,发出号召,也可对支持会议以及为会议服务的人员表示感谢或对与会者表示祝愿。例如,《在第十届全国人民代表大会第二次会议闭幕时的讲话》(2004 年 3 月 14 日)的结尾:“让我们紧密团结在以胡锦涛同志为总书记的党中央周围,高举邓小平理论和‘三个代表’重要思想的伟大旗帜,全面贯彻落实党的十六大和十六届三中全会精神,全面贯彻落实本次大会精神,与亿万人民群众一道,聚精会神搞建设,一心一意谋发展,共同创造更加美好的明天!”这种号召性的语句令听众深受鼓舞,信心倍增。

5. 结语

结语用以宣布会议结束,常用“现在,我宣布,大会胜利闭幕”作为结束语。视具体情况,有时也可省略结语,以求简洁。

闭幕词要对会议作出科学、深刻的总结和客观、中肯的评价,语言精练,富有感染力。

例文

全国第十四届公文学术研讨会闭幕词

桂维民

（2015 年 8 月 17 日）

同志们：

全国第十四届公文学术研讨会，在全体与会人员的共同努力下，顺利完成了各项议程，开得是好的。在这次会议上，同志们继续选举我担任中国写作学会公文写作专业委员会会长，这充分体现了大家对我的高度信任。我深感责任重大，一定要竭尽全力，认真做好本职工作，决不辜负大家的期望。

……

总之，这次研讨会既是一次学习交流的会议，也是一次加强学会建设的会议，更是一次推动实际工作的会议。在这里，我谨代表中国公文写作研究会，向关心和支持本次会议的各个方面的领导，向为本次会议提供赞助支持的企业单位，向为本次会议提供服务的宾馆员工，以及全体与会人员，表示衷心的感谢！

同志们，中国写作学会公文写作专业委员会从 1988 年筹建时算起，至今已经走过了整整 25 年的历程。25 年来，研究会始终坚持以邓小平理论、“三个代表”重要思想、科学发展观为指导，带头宣传、贯彻和落实党和国家的公文法规，推动当代公文写作研究和公文学科建设，引领广大公文写作研究人员发扬理论联系实际的学风，深入探讨公文写作规律，不断推进我国公文写作的科学化、规范化和现代化，取得了引人瞩目的成绩，受到学术界的普遍关注和广大公文写作研究者的一致好评。回顾过去，我们倍感自豪；展望未来，我们充满希望。现在，我们正处在一个新的历史起点上，中国公文写作研究事业面临着良好的发展机遇。我们全体同仁一定要抓住机遇、迎难而上、有所作为，共同推进全国公文写作研究事业不断向前发展。借此机会，我简要地讲四点意见。

一、围绕一个中心，牢牢把握公文写作研究事业的努力方向……

二、整合两支队伍，不断夯实公文写作研究事业的发展基础……

三、突出三大重点，着力促进公文学术研究成果的现实转化……

四、把握四个关系，扎实推动机关公文写作文风的根本好转。

一是上与下的关系。学习贯彻上级机关的精神要求，以此推动本行政区域本部门的实际工作，这是机关公文写作面临的一个经常性的课题。实际工作中存在着两种不好的倾向。一是过于强调原汁原味地传达贯彻上级精神，因此在机关公文中直接照搬照抄上级机关的文件和讲话的内容，以会议贯彻会议、以文件贯彻文件、以讲话贯彻讲话，差不多完全照本宣科；二是特别强调本行政区域的特殊性，适合本地的方面就贯彻执行，不适合的就打擦边球绕过去。严格说来，这两种倾向都不利于上级精神的贯彻落实和本地工作的深入开展。可见，正确处理好上下关系，做好上下结合这篇文章，依然是当前机关公文写作必须认真解决的一个问题。

……

各位领导、各位来宾、各位会员代表，新一届理事会承前启后，继往开来，肩负着光荣的历史使命。我们要在中国写作学会的领导下，坚持正确的办会方针，团结一致，奋发进取，与时俱进，开拓创新，为推动中国公文写作研究事业的发展作出我们应有的贡献。我坚信，有上级主管部门的正确指导，有各位领导的关心和支持，有各位专家学者和全体会员的共同努力，中国写作学会公文写作专业委员会一定越办越好！

我就讲这些。谢谢大家！

四、大会工作报告

文种释义

大会工作报告是指有关领导人在大型会议上，向与会者所作的全局性、系统性的工作汇报或某一重大工作问题的讲话文稿，往往是总结、部署一项或一个时期的工作，如党代会、人代会、职代会等各种会议上的工作报告。

工作报告虽然多以领导成员个人名义出现，但并非个人意见，而是领导班子的意见，是经领导班子集体讨论、专人执笔、反复修改定稿的。一经会议通过，并按文件下发或公布，就具有指示性和约束力。

基本结构与写法

大会工作报告一般由以下几个部分组成：

1. 标题

通常由正副两个标题构成，正标题写“××（内容）工作报告”，副标题写报告的时间、会议名称，另附报告人的职务及姓名。

2. 日期

日期在标题之下居中，用括号注明。

3. 称谓

称谓根据听众来确定。

4. 正文

由开头语、主体及结束语三部分组成。开头语主要是交代依据，写明提请大会审议等语；主体是报告的核心部分，它要分析问题、解决问题，即回顾总结过去的工作，分析当前面临的形势，进而提出今后工作的意见或建议；结束语一般与开头相呼应，总括兜底，发出号召，提出希望。

大会工作报告是会议的中心部分，涉及面广，启示点深，承前启后，展望未来，篇幅比开幕词、闭幕词长，内容比领导同志在会议上的专题性讲话全面，所以要求纲目清楚，逻辑性强，便于记忆领会。在结构上，可用并列式，把报告的内容分成并列的几大部分；可用层递式，围绕中心，逐层加以叙事、议说。

大会工作报告的写作要求

撰写大会工作报告应注意体现四性：一是目的性，要明确会议的目的、要求、指导思想、中心议题，使报告有所依据；二是针对性，要结合地区、部门、系统的工作实际，把上级精神同本地实际情况结合起来，避免空话连篇、言之无物；三是指导性，要有较强的政策思想水平，能够准确地提出问题、精辟地分析问题、中肯地解决问题；四是全局性，即要通观全局、把握重点，避免一般化。

例文

坚持以人为本强化监管力度
努力创造良好的安全生产环境

——在全区安全生产工作会议上的报告

（××××年×月×日）

同志们：

受区安委会委托，我就全区安全生产工作报告如下：

一、20××年全区安全生产工作基本情况

20××年，我区安全生产工作在区委、区政府的正确领导下，各级、各部门、各单位围绕年初确定的各项工作目标，认真贯彻实施《中华人民共和国安全生产法》，深入贯彻落实国务院和省政府《关于进一步加强安全生产工作的决定》，坚持以人为本、安全第一的方针，坚持求真务实精神，落实安全生产责任制，深化各项安全专项整治，强化安全生产基础工作，使安全生产工作得到进一步加强。具体表现在：

一是高危易发事故行业形势平稳。工矿企业事故死亡人数比上年减少 ×× 人。全年没有发生重特大伤亡事故。水上交通、火工品、危险化学品、煤矿、锅容管特等事故易发、多发、高危行业和部门继续保持零事故记录。

二是各乡镇、各行业安全生产状况明显好转。全区除 ×× 乡非煤矿山发生死亡责任事故外，其余乡镇和行业安全生产总体效果明显得到提高。

三是各项专项整治工作取得明显成效。20×× 年继续深化实施矿山、烟花爆竹、危险化学品、水上交通、消防、燃气、建筑市场、民爆物品、锅容管特、食品卫生等行业的专项整治，加大安全投入，提高全员安全生产防范意识，逐步建立和完善安全生产有效机制，使整治与提高有机结合，成效显然。

过去的一年里，全区安全生产工作突出表现在：

（一）强化目标管理，切实健全安全生产责任体系

一是继续完善安全生产工作机制……

……

二、20×× 年全区安全生产工作意见

（一）进一步落实安全生产责任制，建立健全安全生产控制指标体系

认真落实安全生产目标管理。依据《中华人民共和国安全生产法》和《国务院关于进一步加强安全生产工作的决定》，全面落实安全生产责任制。要认真贯彻全国和省、市安全生产工作会议精神，进一步强化“安全生产第一责任人”的责任意识，继续组织签订 ×××× 年度安全生产责任状，逐层分解，层层落实，建立健全“纵向到底、横向到边”的安全生产责任体系。

……

（六）加强安全基础工作，提高安全生产监督管理能力

……

同志们，在新的一年里，新的形势给安全生产工作提出了新要求和新任务，也给我们增强了动力，让我们在区委、区政府的领导下，抓住时机、乘势

而上，以新的精神面貌迎接新的挑战，以求真务实的作风做好今年的安全生产工作，努力构造我区安全生产工作新格局，为我区经济持续稳定发展作出新贡献。

一五、欢迎词

文种释义

欢迎词是机关、团体和企事业单位常用的一种重要公关礼仪文书。它是在迎接宾客的仪式、集会和宴会上对宾客的光临表示热诚欢迎时使用的一种礼仪文书。

基本结构与写法

欢迎词一般由如下几部分组成：

1. 标题

一般应由致词场合、致词人和文种三个要素组成，如《在欢迎日本松下集团考察团宴会上 ××× 总经理的欢迎词》；也可以省略致词人姓名，只以场合和文种名称为题，如《在 ×× 公司组建 10 周年庆典上的欢迎词》；还可以直接以“欢迎词”文种名称作为标题，以示显豁、鲜明。

2. 署名和日期

署名在标题之下居中，必要时注明职务头衔；日期在署名之下居中，用括号注明。

3. 称谓

即对被欢迎宾客的称呼，一定要写得礼貌得体。用语要确切、亲和，一般应在称呼之前冠以诸如“尊敬的”“亲爱的”之类的修饰语，并在其后加上被欢迎宾客的头衔，也可加“先生”“女士”“夫人”之类的称谓。

4. 正文

这部分是欢迎词写作的主体，应根据实际情况表达不同的内容。一般应先交代致词者在何种情况下，代表谁，向宾客表示欢迎、感谢和问候；接下来阐明宾客来访的目的、意义和作用，同时回顾宾主双方交往的历史与友谊，对宾客在交往过程中所作的贡献予以赞扬，突出双方合作的成果，并表示继续加强合作的意愿。要用充满激情的笔调，对合作的前景作出展望，以增强行文的鼓动性。

欢迎词的写作要求

要以礼待人，情真意切。将诚恳热情、情真意切作为第一要义。

要用语恳切、简练，切合实际。以简明扼要的语言充分表达出对宾客的欢迎之意。

篇幅要短小精悍。应力求简短，一般以二三百字为宜。

例文

在辽宁省警察协会代表团来唐交流考察欢迎晚宴上的致词

××市政协主席 ×××

（2017年6月8日）

尊敬的××主席、××会长，尊敬的各位领导、同志们：

晚上好！初夏的××，青山叠翠，碧水盈绿。在这美好的日子里，我们十分高兴地迎来了辽宁省警察协会代表团。在此，我代表××市委、市人大、市政府、市政协向大家表示热烈的欢迎！

××南临渤海，北依燕山，西与京津毗邻，东与秦皇岛接壤，地处渤海湾中心地带，总面积13472平方公里，总人口735万，现辖两市、六县、六区、六个开发区（管理区）。××历史悠久，文化灿烂，资源丰富，经济发达，被誉为“中国近代工业的摇篮”和“中国北方瓷都”。震后30多年来，在党中央、国务院的亲切关怀和全国军民的无私支援下，××历经十年重建、十年振兴、十年快速发展，创造了令世人惊叹的奇迹。××已成为全国较大城市和省域中心城市，全国首批科学发展示范区建设试点城市，全省第一个“全国文明城市”，省经济社会发展的排头兵。2011年，全市地区生产总值达到了5442.4亿元，成功跻身全国大中城市经济发展“第一方阵”和“5000亿俱乐部”；今年1—5月，全部财政收入完成322亿元，提前一个月突破了半年任务，经济总量继续居全省首位。当前，全市上下正朝着科学发展、争先进位，走在全省最前面的目标阔步前行。

××市警察协会自1997年建会以来，在市公安局党委和上级主管部门的正确领导下，秉承办会宗旨，围绕公安中心，服务基层实战，深入开展公安理论研究与探讨，各项工作均取得了显著成效，并已成为全市公安战线的一面旗帜。15年来，协会先后与国内近400家警察协会建立了经常性的联系，加强沟通与交流，积极开展相关领域的务实合作，进一步扩大了协会的影响力。这次××主席一行的来访，为我市公安工作特别是警察协会的建设与发展提供了一次难得的学习交流机会，必将为我市警察协会工作的健康发展提供有益的指导和帮助。

××自然风光秀美，××人民热情好客，我真诚地邀请各位领导、同志们在××期间，多走走，多看看，领略××风情，增进彼此友谊，共创美好未来。

下面，我提议：

为新朋老友欢聚××城，为各位领导在××期间身体健康，心情愉悦，干杯！

谢谢大家！

六、答谢词

文种释义

答谢词属于礼节性社交活动中所使用的讲话稿。它是在专门的仪式、宴会或招待会上，宾客对主人的盛情接待表示感谢时所使用的一种礼仪文书。

基本结构与写法

答谢词一般由如下几部分构成：

1. 标题

可直接以文种名称作为标题，如《答谢词》；也可以由致词人、致词场合和文种三个要素组成，如《×××董事长在欢迎日本株式会社代表团的宴会上的答谢词》。

答谢词的写作要求

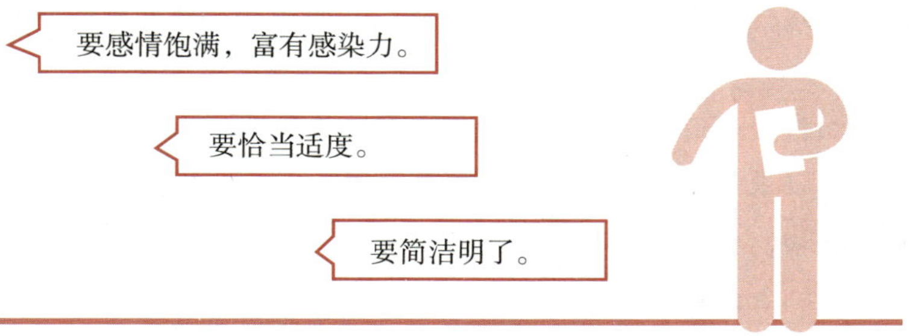
要感情饱满，富有感染力。
要恰当适度。
要简洁明了。

2. 称谓

对被答谢宾客的称呼，一定要写得礼貌得体。用语要确切、亲和，一般应在称呼之前冠以诸如“尊敬的”“亲爱的”之类的修饰语，并在其后加上被欢迎宾客的头衔，也可加“先生”“女士”“夫人”之类的称谓。

3. 正文

这部分是答谢词的主体和核心，要写得完整、规范、有力。应首先对主人的热情接待表示衷心的感谢，接下去对访问期间或双方交往过程中所感受到的主人崇高的精神风范、出色的工作业绩等加以赞誉，或对宾主双方共同关心的一些问题表达出自己的观点、态度和愿望，然后对主人的热情接待再次表示感谢，以示强调。

例文

答谢词

亲爱的朋友们：

我们对贵公司的访问即将结束。首先，请允许我代表我们考察团一行 20

人对贵市政府对我们的盛情款待表示由衷的感谢。

访问期间，我们十分有幸结识了许多知名人士，参观了贵公司及所属分公司的生产线，与有关人员进行了饶有兴趣的谈话，这些都给我们留下了很深的印象。

我相信，我们这次参观访问将有利于促进两市人民之间的友谊。我们用文字和照片记录下了这次访问中一幕幕的动人景象。回去后，我们将让我市人民得知这一切，我深信，这将给他们巨大的鼓舞。

借此机会，再次衷心地感谢大家！

祝兄弟的 ××× 市人民幸福！

祝两市人民之间的友谊万古长青！

再见了，亲爱的朋友们！

七、欢送词

文种释义

欢送词是在欢送宾客的仪式、集会和宴会上对宾客即将离去表示热诚欢送而使用的一种礼仪文书。

与欢迎词一样，欢送词也系礼节性社交活动的讲话稿，二者在写作结构、语言风格等方面均很接近，只是在内容上一个为“迎”，一个为“送”，而且常常与祝酒词互用。

基本结构与写法

欢送词一般由如下几部分组成：

1. 标题

一般应由致词场合、致词人和文种三个要素组成，如《在欢送日本松下集团考察团宴会上 ××× 总经理的欢送词》；也可以省略致词人姓名，只以场合和文种名称为题；还可以直接以“欢送词”文种名称作为标题，以示显豁、鲜明。

2. 称谓

即对被欢送宾客的称呼，一定要写得礼貌得体。用语要确切、亲和，一般应在称呼之前冠以诸如“尊敬的”“亲爱的”之类的修饰语，并在其后加上被欢送宾客的头衔，也可加“先生”“女士”“夫人”之类的称谓。

3. 正文

这部分是欢送词写作的主体，应根据实际情况表达不同的内容。其写法与欢迎词大体相同。一般应在写明对宾客的离去表示热诚欢送之意后，追叙宾客访问期间的活动情况及收获，对其访问的成果进行概括和总结，然后表示需要进一步加强交往与合作的意愿，并以饱蘸深情的笔墨再次对宾客的离去表示热烈欢送。

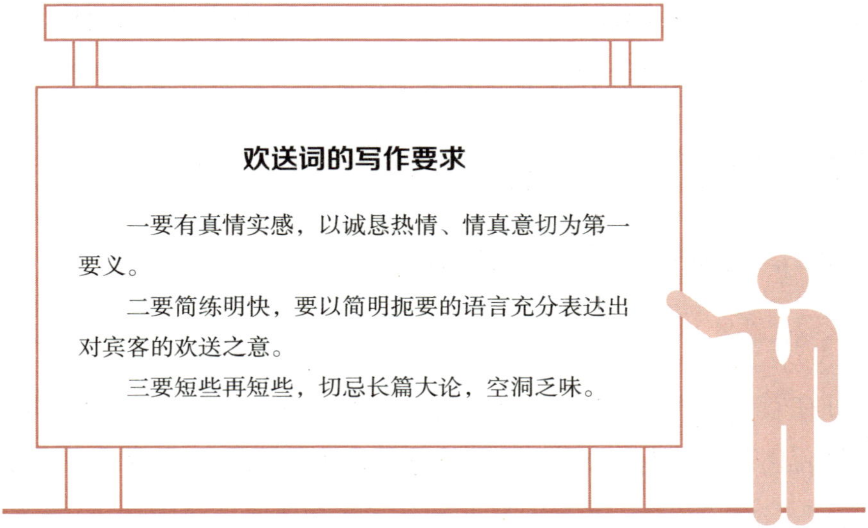

欢送词的写作要求
一要有真情实感，以诚恳热情、情真意切为第一要义。
二要简练明快，要以简明扼要的语言充分表达出对宾客的欢送之意。
三要短些再短些，切忌长篇大论，空洞乏味。

例文

欢送词

××先生：

在您即将启程回国的前夕，我代表×××公司全体工作人员，向您表示热烈的欢送。一个月来，您与我们朝夕相处，不但在技术指导方面给予我们很大帮助，而且使我们的产品质量也有了提高，对此，我代表全体人员向您表示诚挚的谢意。

借此机会，请您转达我们对您一家的问候与敬意，并请他们在适当的时候来××市参观、游览。

祝您一路平安，身体健康！

一一八、表扬信

文种释义

表扬信是对有关方面、有关人员的先进思想和先进事迹进行表扬的一种专用书信。它的使用范围比较广泛，行文也十分自由灵活，既可用于表扬个人，也可用于表扬某一单位。

基本结构与写法

表扬信通常由如下几个部分组成：

1. 标题

可在首行居中写明文种名称即“表扬信”，也可根据内容拟定题目，其后还可加副标题，如《见义勇为，堪称楷模——对×××的表扬信》。

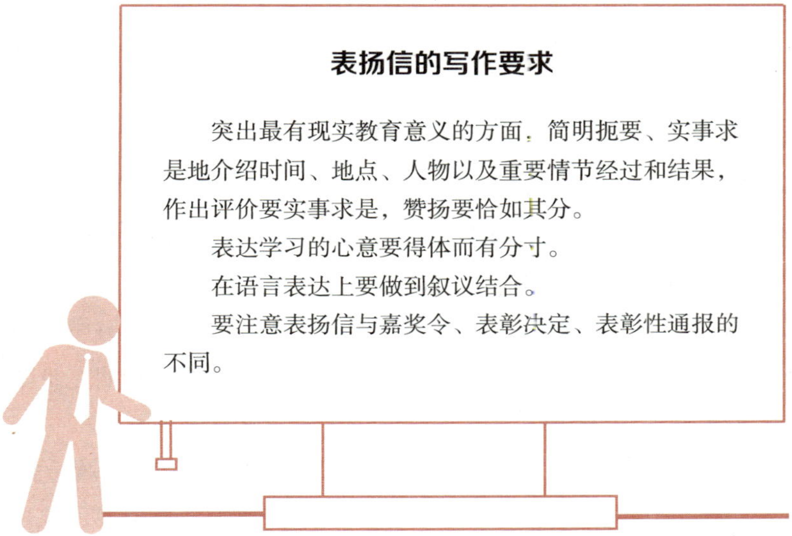

表扬信的写作要求
突出最有现实教育意义的方面，简明扼要、实事求是地介绍时间、地点、人物以及重要情节经过和结果，作出评价要实事求是，赞扬要恰如其分。
表达学习的心意要得体而有分寸。
在语言表达上要做到叙议结合。
要注意表扬信与嘉奖令、表彰决定、表彰性通报的不同。

2. 称谓

即主送单位名称或人员姓名。应在标题之下另起一行顶格书写。如是单位，应使用全称或规范化简称；如系个人，要注意使用得体的称呼，如“尊敬的 ××× 同志”或“尊敬的 ×× 先生”等。有时，用于公开发表的表扬信也可不写主送单位或人员。

3. 正文

表扬信的正文部分一般应当载明三层内容。一是概述表扬的缘由，要将先进事迹的基本情况包括有关的时间、地点、经过、结果及影响等要素用简明扼要的语言加以表述；二是对先进事迹作出恰当的评价、热情的赞扬和充分的肯定；三是表达向被表扬者学习的心意，或者号召群众向被表扬者学习。

4. 落款

写明发信单位及时间。

例文

表扬信

××××学院：

在开展“爱国卫生月”活动中，你校的师生员工，不仅从自己做起，从本校做起，搞好了清洁卫生，注意了文明礼貌，而且多次利用周休日走上街头清理垃圾，维持交通秩序，开展法律咨询与宣传，义务为群众做好事，为建设精神文明作出了可喜的成绩。在此，市政府特授予你校“精神文明先进集体”的光荣称号。

希望你校师生，发扬优良作风，再接再厉，为取得更大的成绩而努力！

××市人民政府

（印）

××××年×月×日

一一九、感谢信

文种释义

感谢信是一种常用的专用书信，是对有关单位、团体和个人的关心、支持、帮助表示谢意的礼仪文书，具有感谢和表扬的双重作用。它可以直接送给对方，也可以在对方所在地的公共场所张贴，还可以通过新闻媒介刊播。

感谢信的应用范围很广，具有对象的确指性、事实的具体性和感情的鲜明性等特点，只要对方给予关心、支持和帮助，任何单位和部门以及个人都可以运用感谢信的方式向对方表示感激之情。

基本结构与写法

感谢信一般由以下几部分组成：

1. 标题

多数标题可直接写文种名称，即“感谢信”。有时也可写明受文对象和文种名称两个要素，如“致 ×× 的感谢信”等。

2. 正文

感谢信的正文内容应着重在叙事中表现人物，即在简明扼要地交代所发生的事情的过程中，表现被感谢者在事情发生过程中所体现出来的好思想、好品德、好作风，并赞扬其可贵精神，表示发文者的真诚谢意。一般分三个层次进行叙写：一是先陈述事实。写清楚对方在什么时间、地点，由于什么原因，对自己或单位有什么支持和帮助。二是对事实作出评价，指出从事件中表现了对方哪些好思想、好品德、好风格。三是表示谢意和向对方学习的态度、决心。

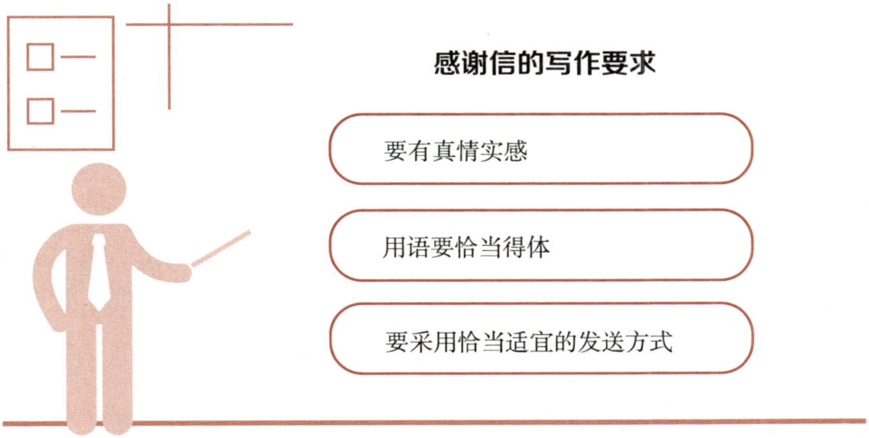

感谢信的写作要求
要有真情实感
用语要恰当得体
要采用恰当适宜的发送方式

3. 结尾

在正文的右下侧由发送感谢信的单位或个人署名，并签具日期。以单位名义发出的感谢信，还应加盖公章，以示郑重、严肃。

例文

感谢信

××××电缆有限公司于20××年×月×日在南京举行隆重开业典礼，此间收到全国各地许多同行、用户以及外国公司的贺电、贺函和贺礼。上级机关及全国各地单位的领导，世界各地的贵宾，国内最著名的电缆线路专家等亲临参加庆典，寄予我公司极大的希望，谨此一并致谢，并愿一如既往与各方加强联系，进行更广泛、更友好的合作。

此致

敬礼

××××电缆有限公司

20××年×月×日

一二〇、祝词

文种释义

祝词也属于礼节性社交活动中所使用的讲话稿，是对有关重大节日、重大活动以及庄重场合表示祝愿的致辞。

基本结构与写法

祝词一般由如下几部分构成：

1. 标题

可直接以文种名称作为标题，即《祝词》；也可以由致词人、致词场合和文种三个要素组成，如《×××董事长在欢迎日本株式会社代表团的宴会上的祝词》。

2. 时间和地点

时间即举行活动的年月日，与地点一起在标题之下，用括号注明。

3. 称谓

即对被致辞宾客的称呼，一定要写得礼貌得体。用语要确切、亲和，一般应在称呼之前冠以诸如“尊敬的”“亲爱的”之类的修饰语，并在其后加上被欢迎宾客的头衔，也可加“先生”“女士”“夫人”之类的称谓。

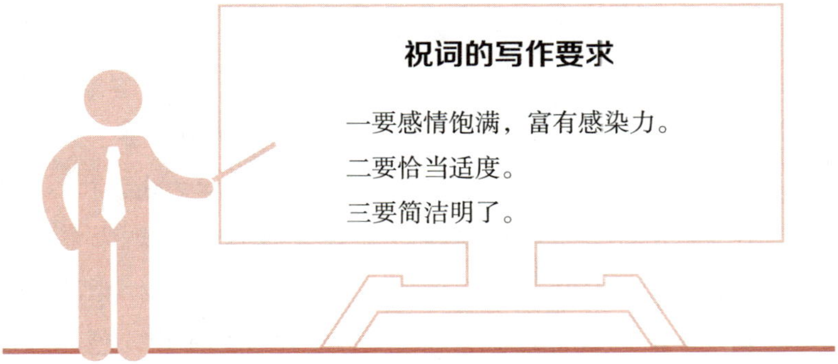

祝词的写作要求
一要感情饱满，富有感染力。
二要恰当适度。
三要简洁明了。

4. 正文

这部分是祝词的主体和核心，要写得完整、规范、有力。应视不同情况的需要而采取不同的写法。如属庆祝宴会或庆功方面的祝词，则应概括地回顾总结前段工作所投入的力量及所取得的成绩或发展、变化情况；如系事业祝词，则应突出祝贺事业的内容并祝愿其获得更大的成功；如属会议祝词，则应突出祝贺会议的内容并寄予希望。至于在公关和外交场合所使用的祝酒词，则应在对宾客表示热烈欢迎的基础上，进一步回顾双方的友好交往情况，进而提出良好的祝愿。需要提及的是，这种祝酒词往往可与欢迎词和欢送词互换，并在结尾处写上鼓励和号召性的辞令，从而显现出其独具的特色。

例文

××省省长在××省冷餐会上的祝酒词

（××××年6月22日　北京）

各位女士、各位先生，同志们、朋友们：

为加快××省改革和对外开放的步伐，增进××人民与各国人民之间的相互了解和友谊，促进我们之间在经济、贸易、科技等方面的合作，××省人民政府在首都北京召开了这次新闻发布会。

值此，我想借这次活动即将圆满结束的机会，代表××省人民政府和一亿多××人民，向百忙中到会的中央领导同志，向给予××工作大力指导和帮助的国家各部、委的同志，向关注和支持××工作的新闻界、理论界、科技界的同志，以及与××诚挚合作的各国朋友，致以衷心的谢意！

同时，我们也再次表示，热情好客的××各族人民，热忱希望国家各部、委的同志经常光临××指导工作；热忱欢迎科技、理论、新闻各界同志到××，与同行一起共同探索深化改革、振兴经济的新途径；热忱欢迎世界各地、各界人士到××观光旅游，洽谈贸易，洽谈投资项目，洽谈技术合作，增进了解，广交朋友。

现在我提议：

为各国客商与××省的成功合作，为在座的各位及其夫人的身体健康，干杯！

一二一、贺信（电）

文种释义

贺信与贺电统称为贺词，是向对方表示祝贺的专用礼仪文书。通常用于对方在某一领域取得重大成就和突出成绩，举行重要庆祝活动，召开重大会议，完成某项重要工作或任务等情况。

从实质上讲，贺信（电）是对对方在某个方面所取得成就或所作出贡献的表彰与赞扬，以示慰问和庆贺，因此，它对受文者具有很大的鼓舞和教育作用，能够催人奋进，激励斗志，从而取得更大的进展。

贺信（电）一般有三种类型：一是上级机关或单位对所属单位和职工发出的贺信（电）；二是下级机关或单位给上级单位所发的贺信（电）；三是不相隶属的机关单位相互之间发出的贺信（电）。

与上文所述祝词相比，二者在某种场合可以互用，但其含义又不尽相同。就一般而言，事情未结束，表示祝愿、希望之意时，要用祝词；事情成功，表示庆祝、道喜之意时，则用贺词。人们常说“预祝”，而不说“贺祝”，就是这个意思。

基本结构与写法

贺信（电）的写作模式一般由如下几部分构成：

1. 标题

一般可直写“贺信”“贺电”；对某些内容特别重大的贺信（电），可采取致词者的名称加致送对象再加文种，并以“给……”的特定语法结构形式，即《×××给×××的贺信（电）》。

2. 正文

正文是贺信（电）写作的重心。要用简明扼要的语句写明祝贺的原因和内容。其中，原因即指盛赞对方所取得的成绩，或者简略交代问题的缘起；对于祝贺的内容要依适用对象、场合、身份等具体情况而有所侧重。例如，祝贺节日，则应侧重叙述节日的意义以及如何以实际行动来庆祝节日；祝贺企业竣工、开业，则应侧重对该企业寄予期望；祝贺重要会议的召开，则应着重阐明会议的内容及重要性。要注意对祝贺的内容应进行适当的分析和评价，并在此基础上进一步提出希望，表示祝愿。

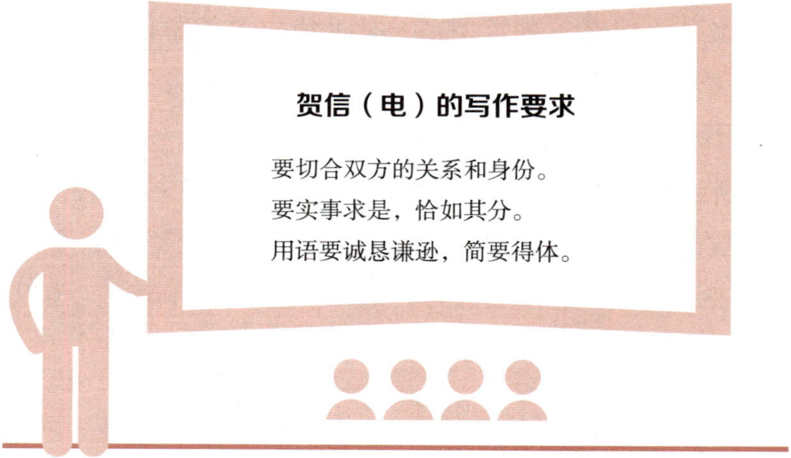

贺信（电）的写作要求
要切合双方的关系和身份。
要实事求是，恰如其分。
用语要诚恳谦逊，简要得体。

3. 结尾

一般写明表示祝愿或祝福的言辞，如“祝大会圆满成功”“祝愿今后取得更大的胜利”等。然后在其右下侧署上单位名称和日期，并加盖公章，以示庄重、严肃。

例文

习近平致全国个体劳动者第五次代表大会的贺信

值此全国个体劳动者第五次代表大会召开之际，我代表党中央，向全体代表，并通过你们向全国广大个体私营企业经营者致以诚挚的问候！

我国个体私营经济是改革开放的产物。40 年来，在党和国家鼓励、支持、引导方针政策指引下，个体私营经济在稳定增长、促进创新、增加就业、改善民生等方面发挥了重要作用。当前，中国特色社会主义进入新时代。深化供给侧结构性改革，实施区域协调发展战略，发展实体经济，推进精准扶贫，对个体私营经济发展提出了新的更高的要求。广大个体私营企业经营者要认真学习贯彻党的十九大精神，弘扬企业家精神，发挥企业家作用，坚守实体经济，落实高质量发展，在全面建成小康社会、全面建设社会主义现代化国家新征程中作出新的更大贡献。

个体劳动者私营企业协会要发挥好桥梁纽带作用，当好政策法规的普及者、深化改革的推动者、能力素质的提升者、党的建设的组织者，为个体私营企业搭建发展平台、创造发展环境，切实做好各项工作。

习近平

2018 年 1 月 22 日

一二二、慰问信

文种释义

慰问信也是常用的一种专用书信。它是以组织或个人的名义向对方表示慰勉、安慰的礼仪文书。慰问信如以电报发出，即称慰问电。

基本结构与写法

慰问信一般均由以下几部分组成：

1. 标题

多数标题可直接写文种名称，即《慰问信》；有时也可写明受文对象和文种名称两个要素，如《致 ×× 的慰问信》等。

2. 称谓

应当在标题之下顶格写明被慰问的单位名称或个人姓名，后加冒号，提领正文部分。

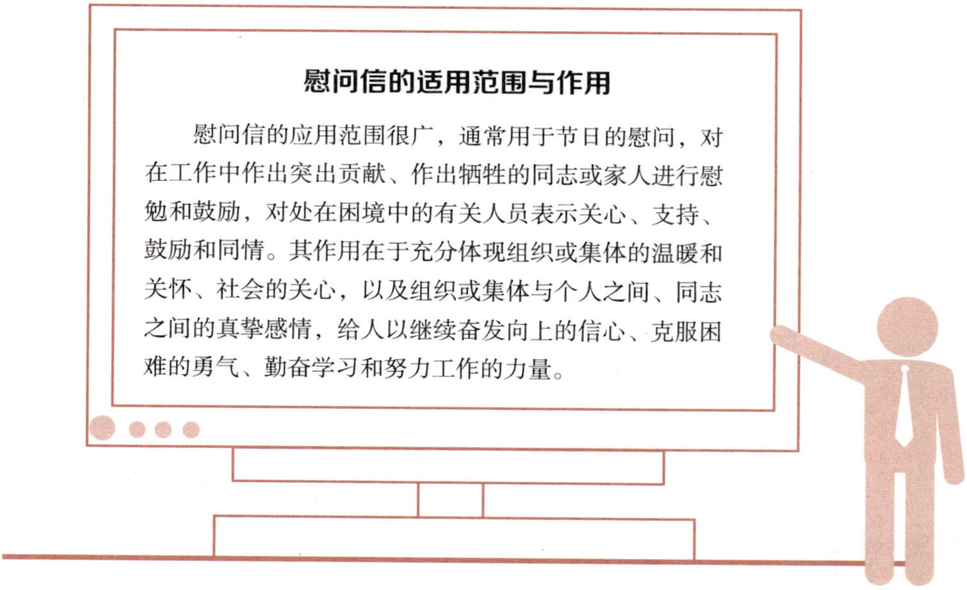

慰问信的适用范围与作用

慰问信的应用范围很广，通常用于节日的慰问，对在工作中作出突出贡献、作出牺牲的同志或家人进行慰勉和鼓励，对处在困境中的有关人员表示关心、支持、鼓励和同情。其作用在于充分体现组织或集体的温暖和关怀、社会的关心，以及组织或集体与个人之间、同志之间的真挚感情，给人以继续奋发向上的信心、克服困难的勇气、勤奋学习和努力工作的力量。

3. 正文

慰问信的正文部分则应主要写明慰问的原因，要对对方在工作和生产过程中所作出的成绩以及体现出来的可贵精神予以较为具体的叙述并表示赞扬，对不幸、损失和困难等表示安慰和同情，而且通常要在最后提出有关的希望或要求。

4. 结尾

在正文的右下侧由发送慰问信的单位或个人署名，并签具日期。以单位名义发出的慰问信，还应加盖公章，以示郑重、严肃。

例文

慰问信

× × 市冶金矿山技校全体教职员工：

你们辛苦了！

在欢迎我国改革开放又取得新成就的时候，我们迎来了第十七个教师节。在此，我们代表全市冶金工作者向你们——辛勤战斗在冶金教育战线上的广大教职员工们，表示衷心的感谢并致以节日的慰问。

十年树木，百年树人。冶金教育事业崇高而伟大，任重而道远。在改革开放，科教兴国的今天，你们肩负着为我局培养跨世纪人才的重任，成果不断，英才辈出，我们感谢你们，冶金战线的同志们不会忘记你们。我们相信，经过你们不断的辛勤工作，我局干部、职工的思想文化素质一定会有更大的提高。

在新的学年里，我们衷心希望你们继续努力，取得新成绩，为教育事业作出更大的贡献。

此致

敬礼

× × 市冶金公司

20× × 年 9 月 10 日

一二三、公开信

文种释义

公开信是向人民群众或某一特定范围的人员宣布政策或对某一重大问题阐明观点、原则，并号召予以落实的具有广泛宣传性的专用书信。它的发布者应是党和国家的某一机关、部门，或者是党和国家直接领导的人民团体。

基本结构与写法

公开信一般由以下几个部分组成：

1. 标题

公开信的标题一般包括发信机关或单位名称、主要内容、受信者和文种四个要素，如《中共中央关于控制我国人口增长问题致全体共产党员和共青团员的公开信》；也可由发信机关或单位名称、受信者和文种三个要素组成，如《中国女足致全国球迷的公开信》；内容简单的，也可只标示文种名称，即《公开信》。

2. 称谓

在标题之下顶格写明公开信的致送对象，并在其后加冒号，提领正文部分。

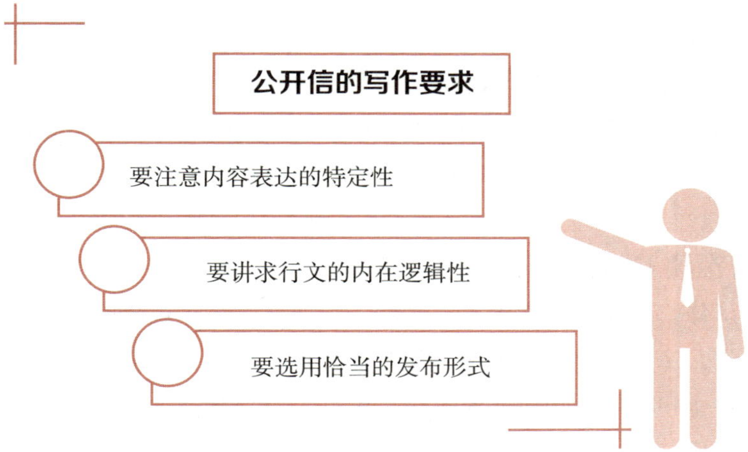
公开信的写作要求
要注意内容表达的特定性
要讲求行文的内在逻辑性
要选用恰当的发布形式

3. 正文

公开信的正文部分一般应首先扼要表述发信的背景、缘由或者所涉内容事项的重要意义及迫切性等，然后具体交代有关的内容经过及结果，或者是针对有关问题所应采取的办法和措施，最后向有关人员提出希望或要求。

4. 结尾

包括发信的机关或单位名称及发信日期两个要素。

例文

致全省2018年高考考生及家长的公开信

亲爱的考生，尊敬的家长：

你们好！2018年高考将至。高考是国家基本教育制度，关系考生成长成才，寄托家庭美好向往，党和政府高度重视，教育招生部门精心组织，有关部门大力支持，社会各界积极服务，努力为广大考生创造公平和谐的高考环境。

为使广大考生顺利应考，考出最佳成绩，特告知提醒如下：

一、静心面对高考。广大考生已历经了不少考试，又将面临高考这一人生征程中的大考。十年砥砺，今朝亮剑。大家要相信自己，有经验、有智慧、有能力应战高考。希望广大考生轻装上阵，放松心情，沉着冷静，以诚实、自信、坦然、平静的良好心态，考出真实水平，向人生的又一高度冲刺和跨越。

二、精心备战高考。要准备好、保管好身份证、准考证，参加考试时务必携带有关证件。要提前查看考点，参加入场演练。恰当选择交通工具，合理规划赶考路线，注意途中交通安全，尽可能提前到达考点，尤其外语考试要提前进场。注意食宿安全，预防天气变化，做好应对准备。选择穿戴合适衣服，适应“无声入场”要求。考试期间不得离开考场，进入考场前要准备充分。一旦发生迟到或安全等意外情况，将会影响个人情绪，也会影响正常发挥，甚至贻误考试。

三、细心参加高考……

四、真心维护高考……

五、爱心助力高考。广大家长要为孩子参加高考创造宽松、愉悦、和谐的氛围；要自觉抵制作弊念头和行为，正面引导孩子遵守考试规定。找枪手替考、购买作弊器材、传递或接收试题信息是违规违法行为，不仅将受到考试违规处罚，还将受到党纪政纪严肃处理，甚至被依法追究刑事责任，家庭为之蒙羞，个人悔恨终生。

习近平总书记指出，广大青年既是追梦者，也是圆梦人。追梦需要激情和理想，圆梦需要奋斗和奉献。希望广大考生在高考的舞台上，以青春之我、奋斗之我，挥洒青春智慧，书写人生华章，成就人生梦想。

请考生及家长相信，让广大考生享有公平而有质量的教育，让广大考生能上大学、上好大学，是我们矢志不渝的初心和追求。大家要齐心协力，共同打造河南诚信高考、公平高考、安全高考、和谐高考、圆满高考。

祝愿广大考生高考顺利！希望各位家长放心满意！

监督举报电话：××××—××××××××

邮箱：××××××

网址：××××××

通信地址：×× 市 ×× 区 ×× 路 1 号，邮编：××××××

××省高中等学校招生考试委员会办公室

2018 年 5 月 16 日

一二四、倡议书

文种释义

倡议书是以集体、组织或个人联合的名义，为开展或推动某项活动或事业，向社会或有关方面首先公开提出、带有号召性建议的一种文书，具有很强的现实性和鼓动性。目的在于调动广大人民群众的积极性，使之齐心协力，为实现共同的任务和目标而共同奋斗。

倡议书的发送范围十分广泛，它通常不是仅对一个人、一个集体或一个单位，而是对一个部门、一个地区、一个系统甚至向全国发出倡议。它可以由广播电台、电视台播发，也可以在报刊上登载或通过网络等新媒体传播。

基本结构与写法

倡议书一般由以下几个部分组成：

1. 标题

主要有三种写法：一是概括倡议内容或明确倡议对象，如《树立师德风范，培育“四有”新人倡议书》《“植树造林，绿化祖国”倡议书》《致全国基层党组织和党务工作者倡议书》等；二是由发出倡议的机关（单位）名称、事由和文种（倡议书）组成，如《教育部、中国文字改革委员会等十五单位关于大家都来说普通话的倡议书》；三是只写文种名称即《倡议书》。

2. 正文

倡议书的正文部分通常由引言、主体和结尾三部分构成。引言部分通常应当写明发出倡议的原因、意义和所要达到的目的，使人们了解行文的缘由和必要性，明确行动的方向和目标。用语要简明扼要，高度概括，切忌离题过远。主体部分要翔实地写明倡议的具体内容和要求做到的具体事项。这部分的要求是具体、实在的，通常是分条或分段地写，从几个方面提出各自的具体要求，便于倡议对象理解和付诸行动。结尾部分通常是表明倡议者的决心、希望和建议。

例文

世界无烟日倡议书

烟草危害是当今社会最为严重的公共卫生问题之一，是人类健康面临的最大危险因素，“吸烟有害健康”已被世人所公认，吸烟既损害自身健康，也影响他人健康。

为贯彻落实中共中央办公厅、国务院办公厅和省委办公厅、省政府办公厅关于领导干部带头在公共场所禁烟有关事项的通知精神，带头遵守公共场所禁止吸烟的有关规定，引导省人大机关工作人员培养和树立文明健康的生活方式，按照省人大常委会机关党组的意见，省人大常委会机关党委、机关工会、妇委会、机关文明办发起倡议：

一、充分认识烟草危害，模范遵守公共场所禁烟规定，不在公共场所吸烟、敬烟。

二、拒绝二手烟，主动劝阻和制止他人在公共场所吸烟的行为。

三、在公务活动中，不吸烟、不备烟、不敬烟，不使用烟草企业宣传用品，绝不使用公款支付烟草消费。

四、带头不在工作场所、公务用车中吸烟，积极开展无烟处（室）创建活动，在室内张贴禁烟提示，不摆放烟草制品和烟缸等烟具。

五、结合工作，带头开展控烟宣传教育和引导工作，帮助和鼓励吸烟者戒烟。

六、拒绝烟草广告、促销和赞助行为，主动接受群众监督和舆论监督。

七、组织禁烟控烟宣传，会议室、办公室、洗手间、办公楼大厅、楼道、楼梯、电梯等场所按照要求张贴禁止吸烟标志。

烟草之害，害人害己。控烟，已成为以人为本、提升全民健康素质的必然要求，是现代文明社会的体现。让我们共同行动起来，从自身做起、从现在做起，拒绝烟害，创健康生活。

一二五、悼词

文种释义

悼词又称悼文、祭文，是由领导同志代表组织在追悼会上对死者表示缅怀、敬意与哀思的一种应用性文书，属于礼仪类公文。通常用于在追悼会上宣读，或在报刊上发表以示祭奠。它既是对死者的悼念，又是对死者家属的安慰，体现了组织与单位对死者一生的总结与评价。

悼词按写作表达方式的不同，可分为叙述性悼词与议说性悼词。叙述性悼词是以叙述死者的生平业绩为主，适当加入一些说明性文字，这是集体组织目前较为普遍使用的一种悼词。议说性悼词是以说明作者的高尚情操、品德、作风和议论死者生前对党、对人民、对社会的贡献及提出学习要求为主要内容，适当加以叙事。例如，恩格斯的《在马克思墓前的讲话》就是一篇议说性悼词。

悼词按发表方式的不同，可分为宣读性悼词和书面性悼词，以前者居多。宣读性悼词不仅是一般的礼仪类公文，而且是一种极富于思想性和现实性的应用文，因此，其写作要求较高，难度也较大。

基本结构与写法

悼词通常由标题、引言、主体和结语四部分组成。

1. 标题

悼词标题的写法较为灵活，一般以“在 ×× 同志追悼大会上的悼词”为标题，也可直接写明文种名称，即“悼词”。根据实际情况，有时还可使用“沉痛悼念 ××× 同志”“鞠躬尽瘁，死而后已——悼念 ×× 先生”等更加具体化的标题。

2. 引言

这是悼词正文的前置部分，是行文的“序言”。要用简明扼要的文字介绍死者的有关情况，包括生前身份、职务、逝世原因，逝世的时间、地点以及享年等。这里，值得注意的是对于死者年龄的表述，究竟是用“终年”还是应当用“享年”，在实践中常常被混淆。一般来说，

悼词引言写作时的主要注意事项

撰写引言时，一定要做到精练、概括，寥寥数语即说明问题，给人明确而深刻的印象，切忌拉杂冗长，不得要领。

“享年”多用于长辈或者人们所尊敬的老者，而“终年”的用法则比较普遍。

3. 主体

悼词的主体部分一般应当载明三个方面的内容：一是以简要的语言叙述死者的简历、生平事迹和主要贡献；二是对死者的功绩作出总体评价，对其高尚品德和突出贡献进行概括；三是勉励死者的亲属、朋友、同事要化悲痛为力量，提出继承死者的遗志，为祖国和人民多作贡献的倡议。

4. 结语

结束语用于表示对死者的悼念，并向生者提出希望，激励其化悲痛为力量，积极奋进。最后，通常以“××同志安息吧”“××同志精神长存”“××同志永垂不朽”之类的语句作结。

例文

在×××同志追悼会上的悼词

今天，我们怀着十分沉痛的心情深切悼念中国共产党的优秀党员，我们的老校长×××同志。

×××同志长期患病以来，对学校工作仍然十分关心，同疾病作顽强的斗争，终因病情不断恶化，经多方医治无效，于20××年×月×日凌晨3时20分不幸在省人民医院逝世。终年七十岁。

×××同志19××年参加革命，19××年加入中国共产党，曾在国民党统治区任教员，从事地下工作。中华人民共和国成立后担任过××大学教务科长、副校长等职。×××同志热爱党，热爱社会主义祖国，热爱人民，是中国共产党的优秀党员。

×××同志一生热爱党的教育事业，为人民、为革命奋斗终身。中华人民共和国成立以后认真贯彻党的教育方针，为党的教育事业、为培养无产阶级革命事业的接班人，作出了可贵的贡献。

×××同志的逝世，使我们教育战线失去了一位好同志，是我们的一大损失。我们今天沉痛悼念×××同志，要学习他谦虚谨慎、艰苦朴素的优良作风和为人民服务的革命精神。让我们化悲痛为力量，沿着党所指引的方向，团结战斗，为社会主义祖国培养出更多的人才，让社会主义祖国桃李芬芳，前程似锦。

×××同志，安息吧！

一二六、誓词

文种释义

誓词也是一种重要的事务性应用文。它是人们为了完成某一重大任务或者加入某一组织、从事某一特定职业，在宣誓仪式或者庄严集会上所使用的表示决心的文辞。宣告“誓词”，等于立下“军令状”，是为完成某项工作任务或履行某一重要职责而作出的庄严神圣的承诺。同时，誓词对其所涉及的每个成员都具有约束作用。如《入党誓词》就高度概括了党对党员的要求，也概括了党员对党组织和党的事业所承担的政治责任，具有党规党法的性质，对每个党员都具有约束力。

基本结构与写法

誓词通常由标题、正文和结尾三部分组成。

誓词的写作要求

一要注意把握人称的变化。
二要端正态度。
三要言简意赅。

1. 标题

誓词的标题一般应当载明内容性质和文种两个要素，如《入党誓词》《人民警察誓词》等；也可只标识文种名称，即《誓词》。

2. 正文

誓词的正文部分要用简明精练、高度概括的语句写明为完成某一特定工作任务或加入某一组织、从事某一职业的决心、意志和许下的诺言。其内容一般都很简短，寥寥数字即可。在结构安排上，通常是篇段合一，即全文只有一个自然段，一气呵成；对于内容相对较多的誓词，可按其内在的逻辑关系分层分段进行表述，但一般不宜采用以序号标示的形式。

例文

入党誓词

我志愿加入中国共产党，拥护党的纲领，遵守党的章程，履行党员义务，执行党的决定，严守党的纪律，保守党的秘密，对党忠诚，积极工作，为共产主义奋斗终身，随时准备为党和人民牺牲一切，永不叛党。

一二七、宣言

文种释义

宣言，是指国家、政府、政党或其领导人对外宣告其政治纲领，对重大问题、事件公开表明其基本立场、观点而发表的文件。在世界范围内发表的宣言，目的是通过新闻媒体的传播，以取得广泛的国际承认或舆论的同情与支持。宣言由于不同的内容和目的而具有相应的不同作用与性质。有单独宣告本国重大变革的，如著名的美国《独立宣言》；有针对另一国表明本国立场、态度的，如《苏俄对华宣言》。这些宣言具有公告性质，目的是取得国际社会的理解和支持。由两国、多国或以国际会议的名义发表的“共同宣言”“联合宣言”，则具有条约的性质，其目的是取得国际社会的承认，起到共同遵守的监督作用。

基本结构与写法

宣言的内容结构一般由标题、正文和结尾三部分组成。

1. 标题

通常采用发布者加宣言名称的形式，这是宣言标题一种独特写法。除这种写法外，常见的还有“发布者 + 事由 + 文种”，如《非洲统一组织关于海洋法问题的宣言》《不结盟国家第 9 次会议关于海洋法的宣言》等；“事由 + 文种”，如《越南独立宣言》；“发布者集会地点 + 文种”，如《圣多明各宣言》；以及“发布者 + 文种”等多种形式。

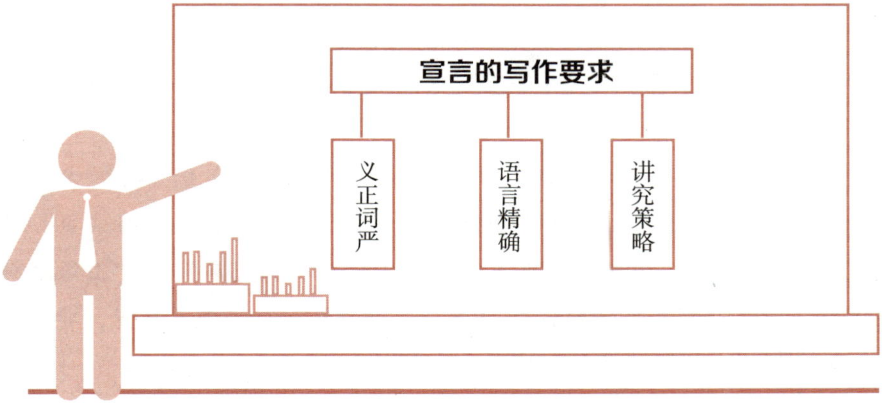

2. 正文

撰写这部分内容，应当先用简明扼要的语句交代发布宣言的目的、背景与依据，接下去进一步阐述宣言的具体内容事项。通常采取分几个部分的形式，每个部分都有一个显示主旨的大标题，使人一目了然。加之开篇又有一个前言做提领，从而使此宣言的主旨明白显露，纲举目张。

3. 结尾

由发布宣言的组织或机构名称以及发布日期两个要素组成。

例文

上海合作组织成立十五周年塔什干宣言

2016 年 6 月 24 日，上海合作组织成员国元首，根据 2016 年 6 月 24 日在塔什干举行的上海合作组织成立十五周年元首理事会会议成果，声明如下：

2001 年 6 月 15 日关于成立上海合作组织的历史决定，是成员国为积极促进地区和平与共同发展、深化睦邻友好与伙伴关系、增进相互尊重与信任气氛作出的重要战略抉择。15 年来，上海合作组织已跻身具有威望和影响力的国际和地区组织之列，成为当代国际关系体系中保障安全、稳定和可持续发展的有效因素。体现本组织根本原则和理念的“上海精神”是上海合作组织顺利发展的独特源泉，是发展国家间关系、应对全球威胁和挑战、解决国际分歧的重要指针。

成员国遵循《上海合作组织宪章》《上海合作组织成员国长期睦邻友好合作条约》《上海合作组织至2025年发展战略》及其他本组织基础性文件，秉持“互信、互利、平等、协商、尊重多样文明、谋求共同发展”的“上海精神”，继续保持建设性和相互信任的伙伴关系。上海合作组织遵循不结盟、非意识形态化、不对抗的立场解决国际和地区重大问题。

……

国际形势快速变化，地缘政治紧张加剧，恐怖主义、分裂主义和极端主义活动规模扩大，给整个国际关系体系带来负面影响。

在此背景下，联合国仍是为维护全球安全发挥主导作用的普遍性国际机构和解决国家间及国际问题的主要平台。成员国重申，支持巩固联合国在国际关系中的核心作用。

成员国将继续遵守《联合国宪章》宗旨、原则和公认的国际法，特别是维护国际和平与安全、开展国际合作、维护独立与平等、自主选择社会制度和发展道路、相互尊重主权和领土完整、边界不可侵犯、互不侵犯、互不干涉内政、和平解决争端、不使用武力或以武力相威胁等原则。

成员国重申……

成员国指出，阿富汗早日实现和平稳定是维护和加强本地区安全的重要因素。

成员国支持通过推动“阿人主导，阿人所有”的包容性民族和解进程解决阿富汗内部冲突。联合国应在阿问题国际合作中发挥中心协调作用。

成员国强调，应根据《联合国宪章》的原则和公认的国际法准则，尽快稳定西亚北非局势，寻求政治解决危机。

各方重申，必须维护叙利亚的统一、主权、领土完整和稳定，政治解决危机、使叙利亚人民自主决定命运是结束冲突的唯一选项。

成员国重申，在认真落实2015年2月12日达成的明斯克协议基础上政治解决乌克兰危机十分重要。

成员国确认，应在包括《联合国海洋法公约》在内的国际法原则基础上维护海洋法律秩序。所有有关争议应由当事方通过友好谈判和协商和平解决，反对国际化和外部势力干涉。为此，成员国呼吁恪守上述公约、《南海各方行为宣言》及落实宣言后续行动指针全部条款。

……

打击跨国有组织犯罪和现代信息技术犯罪，巩固边境安全，联手打击非法移民、人口贩运、洗钱、资助恐怖主义和经济犯罪，仍是上海合作组织迫切议题。为此，切实落实2010年6月11日签署的《上海合作组织成员国政府间合作打击犯罪协定》十分重要。

成员国注意到在纽约举行的联合国大会世界毒品问题特别会议成果，将在上海合作组织通过的国际法律文件基础上，继续就在本地区打击非法贩运麻醉药品、精神药物及易制毒化学品开展务实合作。

成员国支持进一步加强上海合作组织地区反恐怖机构打击恐怖主义、分裂主义和极端主义工作。

成员国对日益严峻的国际毒品威胁深表关切，重申坚决支持维护和巩固以联合国三大禁毒公约为基础的现行国际麻醉品监管体系。成员国认为，在联合国的中心协调作用下，在综合平衡、广泛且责任共担原则基础上，共同努力消除全球毒品生产十分重要，包括铲除毒品原植物的非法种植及其生产加工，建立应对新型合成毒品及其他精神活性物质的有效法律体系，并加强吸毒人员康复领域合作，有效减少毒品需求。

成员国指出，世界经济仍然受到国际金融危机后果的影响，导致总需求萎缩、主要大宗商品价格剧烈波动、世界经济增长缓慢等不良后果。为应对当前威胁和挑战，各国应通过大规模结构改革，实现多元化，提高经济长期竞争力和创新发展，推动世界经济深度变革。

成员国指出，上海合作组织成立15年来，经贸往来和投资合作形成巨大潜力，区域经济合作发展势头良好，合作机制不断完善。成员国认为，上海合作组织地区的和谐发展符合本地区经济平衡增长的整体利益。为此，成员国将采取进一步扩大上海合作组织框架内互利经贸合作的协调措施，包括为贸易、相互投资和实业界合作创造便利条件。

成员国重申，切实落实2015年12月15日在郑州通过的《上海合作组织成员国政府首脑（总理）关于区域经济合作的声明》中达成的共识十分重要。

在此背景下，成员国将谋求各国发展战略对接，加强协调各国经贸规划。成员国认为，采取措施保障社会经济稳定增长，提高人民福祉和生活水平，进一步深化在贸易、产能、财政、投资、农业、海关、通信、卫星导航及其他符合共同利益领域的合作十分重要。各方将特别重视就有效应对经济下行交流经验，使用创新技术，创造便利的投资和营商环境，在优先合作领域实施长期互利项目，发展基础设施。

……

成员国特别关注在文化、卫生、科技、教育、环保、体育和旅游领域发展双多边合作，共同研究和保护上海合作组织地区，包括在丝绸之路沿线的文化和自然遗产。

成员国重申……

成员国在相互尊重、睦邻友好原则的基础上，致力于维护和平、共同发展和平等关系，将继续开展建设性和互信对话，深化各领域有效合作，为加强上海合作组织地区安全稳定和可持续发展贡献力量。

哈萨克斯坦共和国总统　纳扎尔巴耶夫

中华人民共和国主席　习近平

吉尔吉斯共和国总统　阿坦巴耶夫

俄罗斯联邦总统　普京

塔吉克斯坦共和国总统　拉赫蒙

乌兹别克斯坦共和国总统　卡里莫夫

2016 年 6 月 24 日于塔什干

一二八、声明

文种释义

声明是就某一问题或某一事件公开表明立场、观点、态度和主张的一种文书。它的使用者可以是某一国家、政党、社会经济组织。它的发布形式是通过新闻媒介（报纸、电台、电视台）或新闻发布会的形式公布给社会。

声明既可用于针对国内的有关事项发表，也可用于外交场合。外交声明，是指国家、政府及有关部门、政党或其领导人对某些有国际影响的事件、问题公开表明态度、看法，或是在公布某项重要决定时加以说明所形成的正式文件。

两国或两国以上的“联合声明”，其内容往往包含着有关国家相互权利和义务的协议，具有接受国际监督、相互制约，共同信守履行之作用。

声明与宣言相比，其目的和作用颇为接近，但宣言所涉及的内容往往更为重大，意义更为深远，公布形式也显得更加庄严。

基本结构与写法

声明的内容结构大体由以下几个部分组成：

1. 标题

通常由单位名称、事由和文种三个要素构成，也有的由内容事项和文种两个要素构成。

2. 日期

日期在标题之下，可用括号注明。有的声明中已明确发表声明的地点，所以往往省略。

3. 正文

声明的正文部分应当用简明扼要的文字将需要有关方面和人员周

知的事项表述清楚，同时表明发布者对该问题或者事件的观点、态度和主张。

4. 结尾

包括署名、时间和附项三项内容，但有的声明没有这三项。

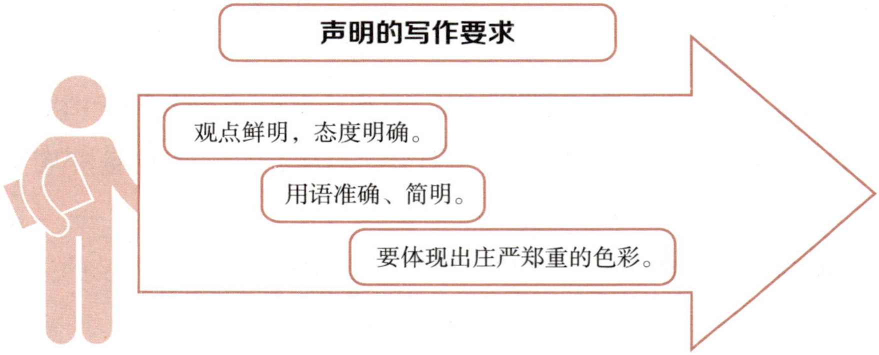

声明的写作要求
观点鲜明，态度明确。
用语准确、简明。
要体现出庄严郑重的色彩。

例文

二十国集团领导人安塔利亚峰会关于反恐问题的声明

（2015 年 11 月 19 日）

1. 我们最强烈谴责 11 月 13 日发生在巴黎和 10 月 10 日发生在安卡拉的可憎的恐怖袭击。这是对全人类不可接受的冒犯。我们向恐怖袭击的遇难者及其家属致以最深切的哀悼。我们重申将团结、坚定打击各种形式的恐怖主义，无论发生在何地。

2. 我们将在打击恐怖主义中保持团结。恐怖组织的蔓延和全球范围内恐怖活动的显著升级直接破坏国际和平与安全，损害我们推动全球经济和实现可持续增长与发展的努力。

3. 我们明确谴责恐怖主义的一切行为、手段和做法，无论其动机如何、有何形式和表现、何时发生、何人所为，都是不可开脱的犯罪行为。

4. 我们重申恐怖主义不能也不应与任何宗教、国家、文明或民族联系起来。

5. 反对恐怖主义的斗争是我们所有国家的主要优先任务。我们重申决心通过加强国际团结和合作，共同预防和制止恐怖行动，充分发挥联合国的中心作用，恪守《联合国宪章》和国际法准则，包括国际人权法、难民法和人道主义法，全面落实相关国际公约、联合国安理会决议和联合国全球反恐战略。

6. 我们将继续致力于应对恐怖主义融资渠道，特别是通过加强情报交流合作、冻结涉恐资产、恐怖融资行为刑罚化，加强与恐怖主义和恐怖分子相关的定向金融制裁机制，包括在司法管辖区域内迅速落实金融行动特别工作组的建议。我们将继续执行金融行动特别工作组相关建议及文件。我们呼吁金融行动特别工作组提出相关举措，包括有关法律框架，以加强反恐融资、定向金融制裁并推动落实。

7. 我们的反恐行动必须继续全面施策，根据联合国安理会第 2178 号决议规定解决滋生恐怖主义的根源性问题，打击暴力极端主义，打击极端化，限制恐怖分子招募人员和跨境流动，阻止恐怖分子宣传，防止其利用技术、通信和各种资源，包括通过互联网来煽动支持恐怖行为。必须阻止直接或间接鼓励恐怖主义，煽动恐怖行为及美化暴力的行径。我们认识到有必要在各层次积极行动，共同防止暴力极端主义，支持民间社会与青年人接触，推动社会成员相互包容。

8. 我们关切外国恐怖分子流动日趋严重，对其原籍国、过境国和目的国等各国构成安全威胁。我们决心加强合作，采取措施，共同预防和应对该问题，包括加强行动情报共享，强化边境管理以追踪人员往来，采取预防性及适当刑事司法应对举措。我们将一道加强全球航空安全。

9. 近期世界各地持续发生的恐怖袭击再次表明加强反恐国际合作的必要性。我们将铭记这些恐怖袭击的遇难者。

附录

APPENDIX

党政机关公文处理工作条例

（中共中央办公厅、国务院办公厅2012年4月16日印发，

2012年7月1日起正式施行）

第一章　总　则

第一条　为了适应中国共产党机关和国家行政机关（以下简称党政机关）工作需要，推进党政机关公文处理工作科学化、制度化、规范化，制定本条例。

第二条　本条例适用于各级党政机关公文处理工作。

第三条　党政机关公文是党政机关实施领导、履行职能、处理公务的具有特定效力和规范体式的文书，是传达贯彻党和国家方针政策，公布法规和规章，指导、布置和商洽工作，请示和答复问题，报告、通报和交流情况等的重要工具。

第四条　公文处理工作是指公文拟制、办理、管理等一系列相互关联、衔接有序的工作。

第五条　公文处理工作应当坚持实事求是、准确规范、精简高效、安全保密的原则。

第六条　各级党政机关应当高度重视公文处理工作，加强组织领

导，强化队伍建设，设立文秘部门或者由专人负责公文处理工作。

第七条 各级党政机关办公厅（室）主管本机关的公文处理工作，并对下级机关的公文处理工作进行业务指导和督促检查。

第二章 公文种类

第八条 公文种类主要有：

（一）决议。适用于会议讨论通过的重大决策事项。

（二）决定。适用于对重要事项作出决策和部署、奖惩有关单位和人员、变更或者撤销下级机关不适当的决定事项。

（三）命令（令）。适用于公布行政法规和规章、宣布施行重大强制性措施、批准授予和晋升衔级、嘉奖有关单位和人员。

（四）公报。适用于公布重要决定或者重大事项。

（五）公告。适用于向国内外宣布重要事项或者法定事项。

（六）通告。适用于在一定范围内公布应当遵守或者周知的事项。

（七）意见。适用于对重要问题提出见解和处理办法。

（八）通知。适用于发布、传达要求下级机关执行和有关单位周知或者执行的事项，批转、转发公文。

（九）通报。适用于表彰先进、批评错误、传达重要精神和告知重要情况。

（十）报告。适用于向上级机关汇报工作、反映情况，回复上级机关的询问。

（十一）请示。适用于向上级机关请求指示、批准。

（十二）批复。适用于答复下级机关请示事项。

（十三）议案。适用于各级人民政府按照法律程序向同级人民代表大会或者人民代表大会常务委员会提请审议事项。

（十四）函。适用于不相隶属机关之间商洽工作、询问和答复问题、请求批准和答复审批事项。

（十五）纪要。适用于记载会议主要情况和议定事项。

第三章　公文格式

第九条　公文一般由份号、密级和保密期限、紧急程度、发文机关标志、发文字号、签发人、标题、主送机关、正文、附件说明、发文机关署名、成文日期、印章、附注、附件、抄送机关、印发机关和印发日期、页码等组成。

（一）份号。公文印制份数的顺序号。涉密公文应当标注份号。

（二）密级和保密期限。公文的秘密等级和保密的期限。涉密公文应当根据涉密程度分别标注“绝密”“机密”“秘密”和保密期限。

（三）紧急程度。公文送达和办理的时限要求。根据紧急程度，紧急公文应当分别标注“特急”“加急”，电报应当分别标注“特提”“特急”“加急”“平急”。

（四）发文机关标志。由发文机关全称或者规范化简称加“文件”二字组成，也可以使用发文机关全称或者规范化简称。联合行文时，发文机关标志可以并用联合发文机关名称，也可以单独用主办机关名称。

（五）发文字号。由发文机关代字、年份、发文顺序号组成。联合行文时，使用主办机关的发文字号。

（六）签发人。上行文应当标注签发人姓名。

（七）标题。由发文机关名称、事由和文种组成。

（八）主送机关。公文的主要受理机关，应当使用机关全称、规范化简称或者同类型机关统称。

（九）正文。公文的主体，用来表述公文的内容。

（十）附件说明。公文附件的顺序号和名称。

（十一）发文机关署名。署发文机关全称或者规范化简称。

（十二）成文日期。署会议通过或者发文机关负责人签发的日期。联合行文时，署最后签发机关负责人签发的日期。

（十三）印章。公文中有发文机关署名的，应当加盖发文机关印章，并与署名机关相符。有特定发文机关标志的普发性公文和电报可以不加盖印章。

（十四）附注。公文印发传达范围等需要说明的事项。

（十五）附件。公文正文的说明、补充或者参考资料。

（十六）抄送机关。除主送机关外需要执行或者知晓公文内容的其他机关，应当使用机关全称、规范化简称或者同类型机关统称。

（十七）印发机关和印发日期。公文的送印机关和送印日期。

（十八）页码。公文页数顺序号。

第十条 公文的版式按照《党政机关公文格式》国家标准执行。

第十一条 公文使用的汉字、数字、外文字符、计量单位和标点符号等，按照有关国家标准和规定执行。民族自治地方的公文，可以并用汉字和当地通用的少数民族文字。

第十二条 公文用纸幅面采用国际标准 A4 型。特殊形式的公文用纸幅面，根据实际需要确定。

第四章 行文规则

第十三条 行文应当确有必要，讲求实效，注重针对性和可操作性。

第十四条 行文关系根据隶属关系和职权范围确定。一般不得越级行文，特殊情况需要越级行文的，应当同时抄送被越过的机关。

第十五条 向上级机关行文，应当遵循以下规则：

（一）原则上主送一个上级机关，根据需要同时抄送相关上级机关和同级机关，不抄送下级机关。

（二）党委、政府的部门向上级主管部门请示、报告重大事项，应当经本级党委、政府同意或者授权；属于部门职权范围内的事项应当直接报送上级主管部门。

（三）下级机关的请示事项，如需以本机关名义向上级机关请示，应当提出倾向性意见后上报，不得原文转报上级机关。

（四）请示应当一文一事。不得在报告等非请示性公文中夹带请示事项。

（五）除上级机关负责人直接交办事项外，不得以本机关名义向上级机关负责人报送公文，不得以本机关负责人名义向上级机关报送公文。

（六）受双重领导的机关向一个上级机关行文，必要时抄送另一个上级机关。

第十六条 向下级机关行文，应当遵循以下规则：

（一）主送受理机关，根据需要抄送相关机关。重要行文应当同时抄送发文机关的直接上级机关。

（二）党委、政府的办公厅（室）根据本级党委、政府授权，可以向下级党委、政府行文，其他部门和单位不得向下级党委、政府发布指令性公文或者在公文中向下级党委、政府提出指令性要求。需经政府审批的具体事项，经政府同意后可以由政府职能部门行文，文中须注明已经政府同意。

（三）党委、政府的部门在各自职权范围内可以向下级党委、政府的相关部门行文。

（四）涉及多个部门职权范围内的事务，部门之间未协商一致的，不得向下行文；擅自行文的，上级机关应当责令其纠正或者撤销。

（五）上级机关向受双重领导的下级机关行文，必要时抄送该下级机关的另一个上级机关。

第十七条 同级党政机关、党政机关与其他同级机关必要时可以联合行文。属于党委、政府各自职权范围内的工作，不得联合行文。

党委、政府的部门依据职权可以相互行文。部门内设机构除办公厅（室）外不得对外正式行文。

第五章 公文拟制

第十八条 公文拟制包括公文的起草、审核、签发等程序。

第十九条 公文起草应当做到：

（一）符合国家法律法规和党的路线方针政策，完整准确体现发文机关意图，并同现行有关公文相衔接。

（二）一切从实际出发，分析问题实事求是，所提政策措施和办法切实可行。

（三）内容简洁，主题突出，观点鲜明，结构严谨，表述准确，文字精练。

（四）文种正确，格式规范。

（五）深入调查研究，充分进行论证，广泛听取意见。

（六）公文涉及其他地区或者部门职权范围内的事项，起草单位必须征求相关地区或者部门意见，力求达成一致。

（七）机关负责人应当主持、指导重要公文起草工作。

第二十条 公文文稿签发前，应当由发文机关办公厅（室）进行审核。审核的重点是：

（一）行文理由是否充分，行文依据是否准确。

（二）内容是否符合国家法律法规和党的路线方针政策；是否完整准确体现发文机关意图；是否同现行有关公文相衔接；所提政策措施和办法是否切实可行。

（三）涉及有关地区或者部门职权范围内的事项是否经过充分协商

并达成一致意见。

（四）文种是否正确，格式是否规范；人名、地名、时间、数字、段落顺序、引文等是否准确；文字、数字、计量单位和标点符号等用法是否规范。

（五）其他内容是否符合公文起草的有关要求。

需要发文机关审议的重要公文文稿，审议前由发文机关办公厅（室）进行初核。

第二十一条 经审核不宜发文的公文文稿，应当退回起草单位并说明理由；符合发文条件但内容需作进一步研究和修改的，由起草单位修改后重新报送。

第二十二条 公文应当经本机关负责人审批签发。重要公文和上行文由机关主要负责人签发。党委、政府的办公厅（室）根据党委、政府授权制发的公文，由受权机关主要负责人签发或者按照有关规定签发。签发人签发公文，应当签署意见、姓名和完整日期；圈阅或者签名的，视为同意。联合发文由所有联署机关的负责人会签。

第六章 公文办理

第二十三条 公文办理包括收文办理、发文办理和整理归档。

第二十四条 收文办理主要程序是：

（一）签收。对收到的公文应当逐件清点，核对无误后签字或者盖章，并注明签收时间。

（二）登记。对公文的主要信息和办理情况应当详细记载。

（三）初审。对收到的公文应当进行初审。初审的重点是：是否应当由本机关办理，是否符合行文规则，文种、格式是否符合要求，涉及其他地区或者部门职权范围内的事项是否已经协商、会签，是否符合公文起草的其他要求。经初审不符合规定的公文，应当及时退回来文单位并说明理由。

（四）承办。阅知性公文应当根据公文内容、要求和工作需要确定范围后分送。批办性公文应当提出拟办意见报本机关负责人批示或者转有关部门办理；需要两个以上部门办理的，应当明确主办部门。紧急公文应当明确办理时限。承办部门对交办的公文应当及时办理，有明确办理时限要求的应当在规定时限内办理完毕。

（五）传阅。根据领导批示和工作需要将公文及时送传阅对象阅知或者批示。办理公文传阅应当随时掌握公文去向，不得漏传、误传、延误。

（六）催办。及时了解掌握公文的办理进展情况，督促承办部门按期办结。紧急公文或者重要公文应当由专人负责催办。

（七）答复。公文的办理结果应当及时答复来文单位，并根据需要告知相关单位。

第二十五条 发文办理主要程序是：

（一）复核。已经发文机关负责人签批的公文，印发前应当对公文的审批手续、内容、文种、格式等进行复核；需作实质性修改的，应当报原签批人复审。

（二）登记。对复核后的公文，应当确定发文字号、分送范围和印制份数并详细记载。

（三）印制。公文印制必须确保质量和时效。涉密公文应当在符合保密要求的场所印制。

（四）核发。公文印制完毕，应当对公文的文字、格式和印刷质量进行检查后分发。

第二十六条 涉密公文应当通过机要交通、邮政机要通信、城市机要文件交换站或者收发件机关机要收发人员进行传递，通过密码电报或者符合国家保密规定的计算机信息系统进行传输。

第二十七条 需要归档的公文及有关材料，应当根据有关档案法律法规以及机关档案管理规定，及时收集齐全、整理归档。两个以上机关联合办理的公文，原件由主办机关归档，相关机关保存复制件。机关负责人兼任其他机关职务的，在履行所兼职务过程中形成的公文，由其兼职机关归档。

第七章 公文管理

第二十八条 各级党政机关应当建立健全本机关公文管理制度，确保管理严格规范，充分发挥公文效用。

第二十九条 党政机关公文由文秘部门或者专人统一管理。设立党委（党组）的县级以上单位应当建立机要保密室和机要阅文室，并按照有关保密规定配备工作人员和必要的安全保密设施设备。

第三十条 公文确定密级前，应当按照拟定的密级先行采取保密措施。确定密级后，应当按照所定密级严格管理。绝密级公文应当由专人管理。

公文的密级需要变更或者解除的，由原确定密级的机关或者其上级机关决定。

第三十一条 公文的印发传达范围应当按照发文机关的要求执行；需要变更的，应当经发文机关批准。

涉密公文公开发布前应当履行解密程序。公开发布的时间、形式和渠道，由发文机关确定。

经批准公开发布的公文，同发文机关正式印发的公文具有同等效力。

第三十二条 复制、汇编机密级、秘密级公文，应当符合有关规定并经本机关负责人批准。绝密级公文一般不得复制、汇编，确有工作需要的，应当经发文机关或者其上级机关批准。复制、汇编的公文视同原件管理。

复制件应当加盖复制机关戳记。翻印件应当注明翻印的机关名称、日期。汇编本的密级按照编入公文的最高密级标注。

第三十三条 公文的撤销和废止，由发文机关、上级机关或者权力机关根据职权范围和有关法律法规决定。公文被撤销的，视为自始无效；公文被废止的，视为自废止之日起失效。

第三十四条 涉密公文应当按照发文机关的要求和有关规定进行清退或者销毁。

第三十五条 不具备归档和保存价值的公文，经批准后可以销毁。销毁涉密公文必须严格按照有关规定履行审批登记手续，确保不丢失、不漏销。个人不得私自销毁、留存涉密公文。

第三十六条 机关合并时，全部公文应当随之合并管理；机关撤销时，需要归档的公文经整理后按照有关规定移交档案管理部门。

工作人员离岗离职时，所在机关应当督促其将暂存、借用的公文按照有关规定移交、清退。

第三十七条 新设立的机关应当向本级党委、政府的办公厅（室）提出发文立户申请。经审查符合条件的，列为发文单位，机关合并或者撤销时，相应进行调整。

第八章 附 则

第三十八条 党政机关公文含电子公文。电子公文处理工作的具体办法另行制定。

第三十九条 法规、规章方面的公文，依照有关规定处理。外事方面的公文，依照外事主管部门的有关规定处理。

第四十条 其他机关和单位的公文处理工作，可以参照本条例执行。

第四十一条　本条例由中共中央办公厅、国务院办公厅负责解释。

第四十二条　本条例自2012年7月1日起施行。1996年5月3日中共中央办公厅发布的《中国共产党机关公文处理条例》和2000年8月24日国务院发布的《国家行政机关公文处理办法》停止执行。

党政机关公文格式

（国家质量监督检验检疫总局和国家标准化管理委员会
2012 年 6 月 29 日发布，2012 年 7 月 1 日起正式实施）

1 范围

本标准规定了党政机关公文通用的纸张要求、排版和印制装订要求、公文格式各要素的编排规则，并给出了公文的式样。

本标准适用于各级党政机关制发的公文。其他机关和单位的公文可以参照执行。

使用少数民族文字印制的公文，其用纸、幅面尺寸及版面、印制等要求按照本标准执行，其余可以参照本标准并按照有关规定执行。

2 规范性引用文件

下列文件对于本标准的应用是必不可少的。凡是注日期的引用文件，仅所注日期的版本适用于本标准。凡是不注日期的引用文件，其最新版本（包括所有的修改单）适用于本标准。

GB/T 148 印刷、书写和绘图纸幅面尺寸

GB 3100 国际单位制及其应用

GB 3101 有关量、单位和符号的一般原则

GB 3102（所有部分） 量和单位

GB/T 15834　标点符号用法

GB/T 15835　出版物上数字用法

3　术语和定义

下列术语和定义适用于本标准。

3.1　字　word

标示公文中横向距离的长度单位。在本标准中，一字指一个汉字宽度的距离。

3.2　行　line

标示公文中纵向距离的长度单位。在本标准中，一行指一个汉字的高度加 3 号汉字高度的 7/8 的距离。

4　公文用纸主要技术指标

公文用纸一般使用纸张定量为 60 g/m^2~80 g/m^2 的胶版印刷纸或复印纸。纸张白度 80%~90%，横向耐折度≥ 15 次，不透明度≥ 85%，pH 值为 7.5~9.5。

5　公文用纸幅面尺寸及版面要求

5.1　幅面尺寸

公文用纸采用 GB/T 148 中规定的 A4 型纸，其成品幅面尺寸为：210 mm × 297 mm。

5.2　版面

5.2.1　页边与版心尺寸

公文用纸天头（上白边）为 37 mm ± 1 mm，公文用纸订口（左白边）为 28 mm ± 1 mm，版心尺寸为 156 mm × 225 mm。

5.2.2　字体和字号

如无特殊说明，公文格式各要素一般用 3 号仿宋体字。特定情况可以作适当调整。

5.2.3 行数和字数

一般每面排 22 行，每行排 28 个字，并撑满版心。特定情况可以作适当调整。

5.2.4 文字的颜色

如无特殊说明，公文中文字的颜色均为黑色。

6 印制装订要求

6.1 制版要求

版面干净无底灰，字迹清楚无断划，尺寸标准，版心不斜，误差不超过 1mm。

6.2 印刷要求

双面印刷；页码套正，两面误差不超过 2 mm。黑色油墨应当达到色谱所标 BL100%，红色油墨应当达到色谱所标 Y80%、M80%。印品着墨实、均匀；字面不花、不白、无断划。

6.3 装订要求

公文应当左侧装订，不掉页，两页页码之间误差不超过 4 mm，裁切后的成品尺寸允许误差 ±2 mm，四角成 90°，无毛茬或缺损。

骑马订或平订的公文应当：

a） 订位为两钉外订眼距版面上下边缘各 70 mm 处，允许误差 ±4 mm；

b） 无坏钉、漏钉、重钉，钉脚平伏牢固；

c） 骑马订钉锯均订在折缝线上，平订钉锯与书脊间的距离为 3 mm~5 mm。

包本装订公文的封皮（封面、书脊、封底）与书芯应吻合、包紧、包平、不脱落。

7　公文格式各要素编排规则

7.1　公文格式各要素的划分

本标准将版心内的公文格式各要素划分为版头、主体、版记三部分。公文首页红色分隔线以上的部分称为版头；公文首页红色分隔线（不含）以下、公文末页首条分隔线（不含）以上的部分称为主体；公文末页首条分隔线以下、末条分隔线以上的部分称为版记。

页码位于版心外。

7.2　版头

7.2.1　份号

如需标注份号，一般用6位3号阿拉伯数字，顶格编排在版心左上角第一行。

7.2.2　密级和保密期限

如需标注密级和保密期限，一般用3号黑体字，顶格编排在版心左上角第二行；保密期限中的数字用阿拉伯数字标注。

7.2.3　紧急程度

如需标注紧急程度，一般用3号黑体字，顶格编排在版心左上角；如需同时标注份号、密级和保密期限、紧急程度，按照份号、密级和保密期限、紧急程度的顺序自上而下分行排列。

7.2.4　发文机关标志

由发文机关全称或者规范化简称加“文件”二字组成，也可以使用发文机关全称或者规范化简称。

发文机关标志居中排布，上边缘至版心上边缘为35 mm，推荐使用小标宋体字，颜色为红色，以醒目、美观、庄重为原则。

联合行文时，如需同时标注联署发文机关名称，一般应当将主办机关名称排列在前；如有“文件”二字，应当置于发文机关名称右侧，以联署发文机关名称为准上下居中排布。

7.2.5 发文字号

编排在发文机关标志下空二行位置，居中排布。年份、发文顺序号用阿拉伯数字标注；年份应标全称，用六角括号“〔 〕”括入；发文顺序号不加“第”字，不编虚位（即1不编为01），在阿拉伯数字后加“号”字。

上行文的发文字号居左空一字编排，与最后一个签发人姓名处在同一行。

7.2.6 签发人

由“签发人”三字加全角冒号和签发人姓名组成，居右空一字，编排在发文机关标志下空二行位置。“签发人”三字用3号仿宋体字，签发人姓名用3号楷体字。

如有多个签发人，签发人姓名按照发文机关的排列顺序从左到右、自上而下依次均匀编排，一般每行排两个姓名，回行时与上一行第一个签发人姓名对齐。

7.2.7 版头中的分隔线

发文字号之下4 mm处居中印一条与版心等宽的红色分隔线。

7.3 主体

7.3.1 标题

一般用2号小标宋体字，编排于红色分隔线下空二行位置，分一行或多行居中排布；回行时，要做到词意完整，排列对称，长短适宜，间距恰当，标题排列应当使用梯形或菱形。

7.3.2 主送机关

编排于标题下空一行位置，居左顶格，回行时仍顶格，最后一个机关名称后标全角冒号。如主送机关名称过多导致公文首页不能显示正文时，应当将主送机关名称移至版记，标注方法见7.4.2。

7.3.3　正文

公文首页必须显示正文。一般用3号仿宋体字，编排于主送机关名称下一行，每个自然段左空二字，回行顶格。文中结构层次序数依次可以用“一、”“（一）”“1.”“（1）”标注；一般第一层用黑体字、第二层用楷体字、第三层和第四层用仿宋体字标注。

7.3.4　附件说明

如有附件，在正文下空一行左空二字编排“附件”二字，后标全角冒号和附件名称。如有多个附件，使用阿拉伯数字标注附件顺序号（如“附件：1.×××××”）；附件名称后不加标点符号。附件名称较长需回行时，应当与上一行附件名称的首字对齐。

7.3.5　发文机关署名、成文日期和印章

7.3.5.1　加盖印章的公文

成文日期一般右空四字编排，印章用红色，不得出现空白印章。

单一机关行文时，一般在成文日期之上、以成文日期为准居中编排发文机关署名，印章端正、居中下压发文机关署名和成文日期，使发文机关署名和成文日期居印章中心偏下位置，印章顶端应当上距正文（或附件说明）一行之内。

联合行文时，一般将各发文机关署名按照发文机关顺序整齐排列在相应位置，并将印章一一对应、端正、居中下压发文机关署名，最后一个印章端正、居中下压发文机关署名和成文日期，印章之间排列整齐、互不相交或相切，每排印章两端不得超出版心，首排印章顶端应当上距正文（或附件说明）一行之内。

7.3.5.2　不加盖印章的公文

单一机关行文时，在正文（或附件说明）下空一行右空二字编排发文机关署名，在发文机关署名下一行编排成文日期，首字比发文机关署名首字右移二字，如成文日期长于发文机关署名，应当使成文日期右空

二字编排，并相应增加发文机关署名右空字数。

联合行文时，应当先编排主办机关署名，其余发文机关署名依次向下编排。

7.3.5.3　加盖签发人签名章的公文

单一机关制发的公文加盖签发人签名章时，在正文（或附件说明）下空二行右空四字加盖签发人签名章，签名章左空二字标注签发人职务，以签名章为准上下居中排布。在签发人签名章下空一行右空四字编排成文日期。

联合行文时，应当先编排主办机关签发人职务、签名章，其余机关签发人职务、签名章依次向下编排，与主办机关签发人职务、签名章上下对齐；每行只编排一个机关的签发人职务、签名章；签发人职务应当标注全称。

签名章一般用红色。

7.3.5.4　成文日期中的数字

用阿拉伯数字将年、月、日标全，年份应标全称，月、日不编虚位（即 1 不编为 01）。

7.3.5.5　特殊情况说明

当公文排版后所剩空白处不能容下印章或签发人签名章、成文日期时，可以采取调整行距、字距的措施解决。

7.3.6　附注

如有附注，居左空二字加圆括号编排在成文日期下一行。

7.3.7　附件

附件应当另面编排，并在版记之前，与公文正文一起装订。“附件”二字及附件顺序号用 3 号黑体字顶格编排在版心左上角第一行。附件标题居中编排在版心第三行。附件顺序号和附件标题应当与附件说明的表述一致。附件格式要求同正文。

如附件与正文不能一起装订，应当在附件左上角第一行顶格编排公文的发文字号并在其后标注“附件”二字及附件顺序号。

7.4　版记

7.4.1　版记中的分隔线

版记中的分隔线与版心等宽，首条分隔线和末条分隔线用粗线（推荐高度为 0.35 mm），中间的分隔线用细线（推荐高度为 0.25 mm）。首条分隔线位于版记中第一个要素之上，末条分隔线与公文最后一面的版心下边缘重合。

7.4.2　抄送机关

如有抄送机关，一般用 4 号仿宋体字，在印发机关和印发日期之上一行、左右各空一字编排。“抄送”二字后加全角冒号和抄送机关名称，回行时与冒号后的首字对齐，最后一个抄送机关名称后标句号。

如需把主送机关移至版记，除将“抄送”二字改为“主送”外，编排方法同抄送机关。既有主送机关又有抄送机关时，应当将主送机关置于抄送机关之上一行，之间不加分隔线。

7.4.3　印发机关和印发日期

印发机关和印发日期一般用 4 号仿宋体字，编排在末条分隔线之上，印发机关左空一字，印发日期右空一字，用阿拉伯数字将年、月、日标全，年份应标全称，月、日不编虚位（即 1 不编为 01），后加“印发”二字。

版记中如有其他要素，应当将其与印发机关和印发日期用一条细分隔线隔开。

7.5　页码

一般用 4 号半角宋体阿拉伯数字，编排在公文版心下边缘之下，数字左右各放一条一字线；一字线上距版心下边缘 7 mm。单页码居右空一字，双页码居左空一字。公文的版记页前有空白页的，空白页和版记页均不编排页码。公文的附件与正文一起装订时，页码应当连续编排。

8 公文中的横排表格

A4 纸型的表格横排时，页码位置与公文其他页码保持一致，单页码表头在订口一边，双页码表头在切口一边。

9 公文中计量单位、标点符号和数字的用法

公文中计量单位的用法应当符合 GB 3100、GB 3101 和 GB 3102（所有部分），标点符号的用法应当符合 GB/T 15834，数字用法应当符合 GB/T 15835。

10 公文的特定格式

10.1 信函格式

发文机关标志使用发文机关全称或者规范化简称，居中排布，上边缘至上页边为 30 mm，推荐使用红色小标宋体字。联合行文时，使用主办机关标志。

发文机关标志下 4 mm 处印一条红色双线（上粗下细），距下页边 20 mm 处印一条红色双线（上细下粗），线长均为 170 mm，居中排布。

如需标注份号、密级和保密期限、紧急程度，应当顶格居版心左边缘编排在第一条红色双线下，按照份号、密级和保密期限、紧急程度的顺序自上而下分行排列，第一个要素与该线的距离为 3 号汉字高度的 7/8。

发文字号顶格居版心右边缘编排在第一条红色双线下，与该线的距离为 3 号汉字高度的 7/8。

标题居中编排，与其上最后一个要素相距二行。

第二条红色双线上一行如有文字，与该线的距离为 3 号汉字高度的

7/8。

首页不显示页码。

版记不加印发机关和印发日期、分隔线，位于公文最后一面版心内最下方。

10.2 命令（令）格式

发文机关标志由发文机关全称加“命令”或“令”字组成，居中排布，上边缘至版心上边缘为 20 mm，推荐使用红色小标宋体字。

发文机关标志下空二行居中编排令号，令号下空二行编排正文。

签发人职务、签名章和成文日期的编排见 7.3.5.3。

10.3 纪要格式

纪要标志由“×××××纪要”组成，居中排布，上边缘至版心上边缘为 35mm，推荐使用红色小标宋体字。

标注出席人员名单，一般用 3 号黑体字，在正文或附件说明下空一行左空二字编排“出席”二字，后标全角冒号，冒号后用 3 号仿宋体字标注出席人单位、姓名，回行时与冒号后的首字对齐。

标注请假和列席人员名单，除依次另起一行并将“出席”二字改为“请假”或“列席”外，编排方法同出席人员名单。

纪要格式可以根据实际制定。

11 式样

A4 型公文用纸页边及版心尺寸见图 1；公文首页版式见图 2；联合行文公文首页版式 1 见图 3；联合行文公文首页版式 2 见图 4；公文末页版式 1 见图 5；公文末页版式 2 见图 6；联合行文公文末页版式 1 见图 7；联合行文公文末页版式 2 见图 8；附件说明页版式见图 9；带附件公文末页版式见图 10；信函格式首页版式见图 11；命令（令）格式首页版式见图 12。

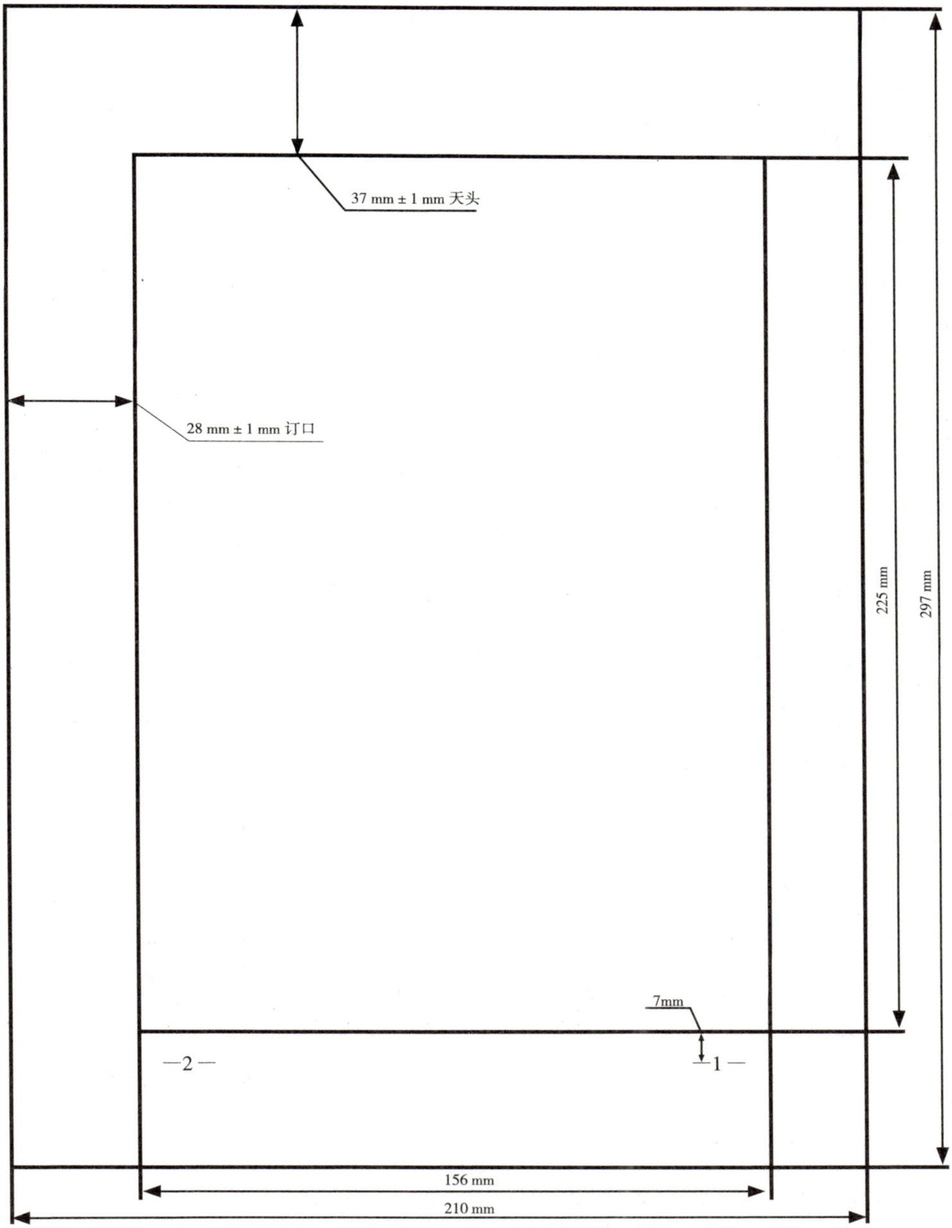

图 1　A4 型公文用纸页边及版心尺寸

000001

机密★1年

特急

××××× 文件

×××〔2012〕10号

×××××关于××××××的通知

××××××××：

×××××××××××××××××××
×××××××××××××××××××××
×××××××××××××××××××××
×××。

×××××××××××××××××××
×××××××××××××。

××××××××××。

×××××××××××××××××××
×××××××××××××××××××××
×××××××××××××××××××××

—1—

图2　公文首页版式

注：版心实线框仅为示意，在印制公文时并不印出。

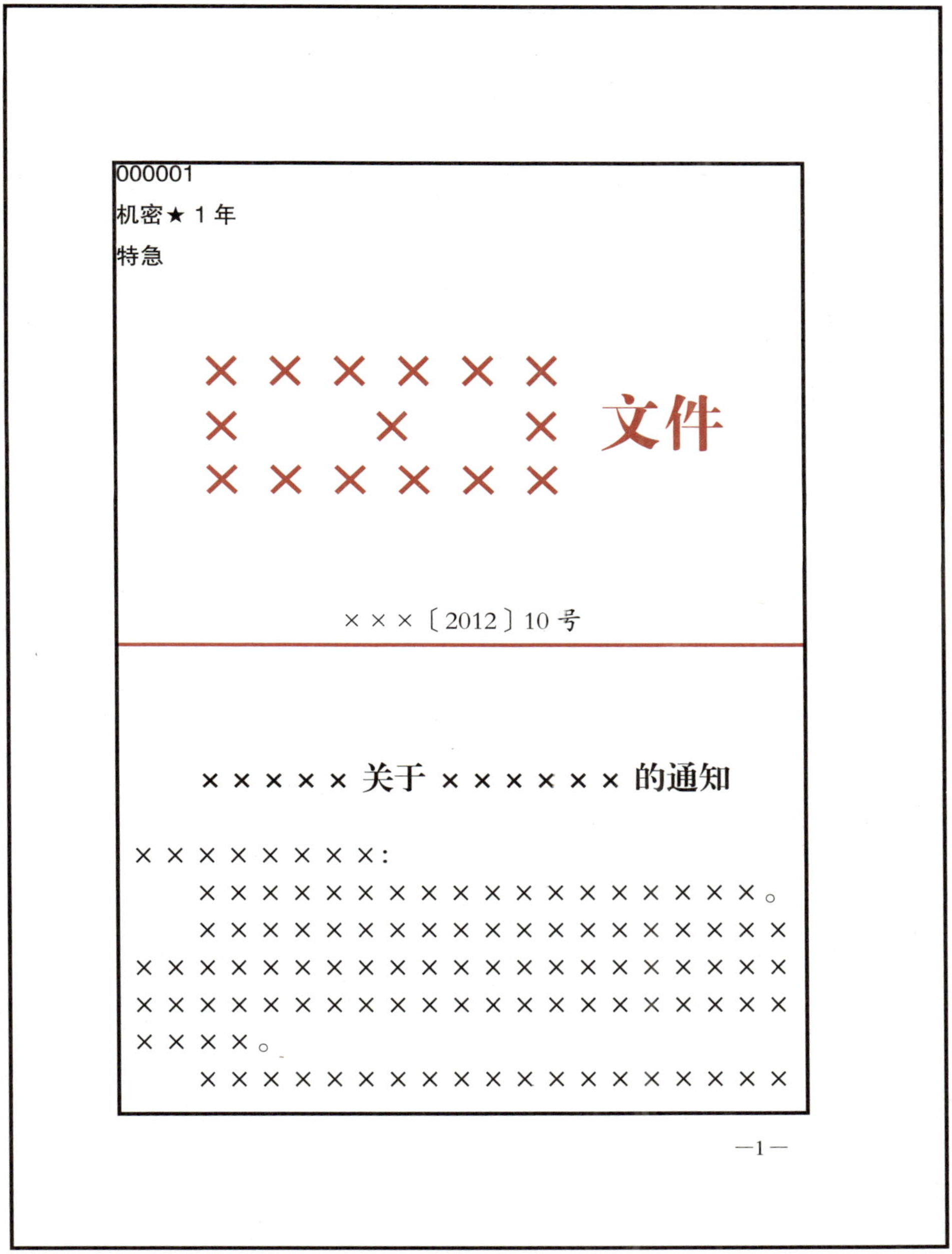

000001

机密★1年

特急

××××××
×　　×　　×
××××××　文件

×××〔2012〕10号

×××××关于××××××的通知

××××××××：

××××××××××××××××××。

×××××××××××××××××××

×××××××××××××××××××××

×××××××××××××××××××××

××××。

×××××××××××××××××××

—1—

图3　联合行文公文首页版式1

注：版心实线框仅为示意，在印制公文时并不印出。

000001
机　密
特　急

××××××
×　　×　　×
××××××

签发人：×××　×××
×××〔2012〕10号　　　×××

×××××关于××××××的请示

××××××××：
　　××××××××××××××××××××
××××××××××××××××××××××
××××××××××××××××××××××
××××××××××××××××××××××
××××。
　　××××××××××××××××××××

—1—

图4　联合行文公文首页版式2

注：版心实线框仅为示意，在印制公文时并不印出。

××××××××××。

××××××××××××××××××

××××××××××××××××××

××××××××××××××××××××

××××。

××部

2012年7月1日

（×××××）

抄送：×××××××，××××××，×××××，

×××××。

×××××××××　　　　2012 年 7 月 1 日印发

—2—

图 5　公文末页版式 1

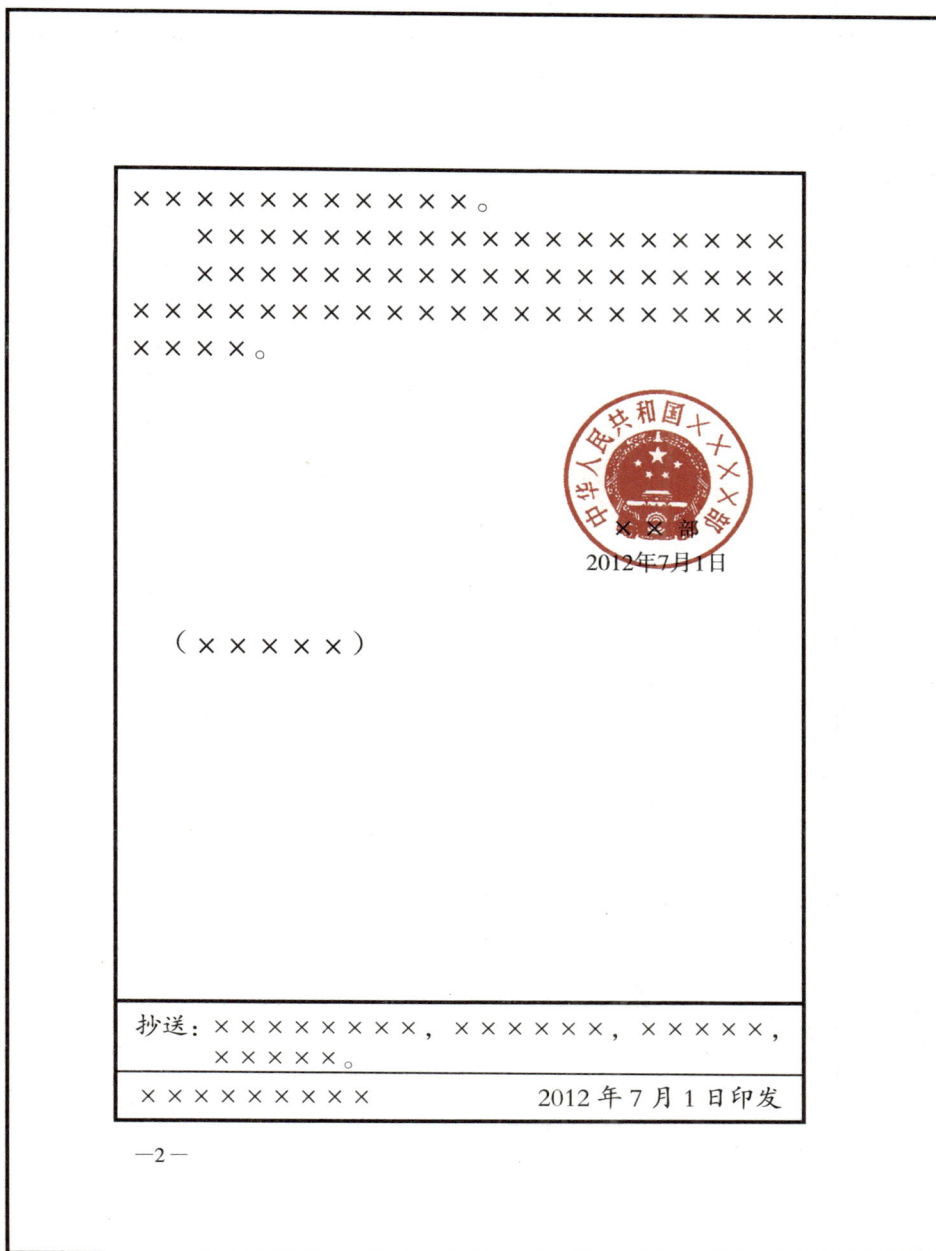

注：版心实线框仅为示意，在印制公文时并不印出。

×××××××××××。

　　×××××××××××××××××××
×××××××××××××××××××××
××××。

××××××××××
2012年7月1日

（×××××）

抄送：××××××××，××××××，×××××，
×××××。

×××××××××　　2012年7月1日印发

—2—

图6　公文末页版式2

注：版心实线框仅为示意，在印制公文时并不印出。

×××××××××××。

×××××××××××××××××××

×××××××××××××××××××

×××××××××××××××××××××

××××。

中共中央××××部　　中华人民共和国××××部

××部　　××部

2012年7月1日

（×××××）

抄送：××××××××，××××××，×××××，
×××××。

×××××××××　　2012年7月1日印发

—2—

图7　联合行文公文末页版式1

注：版心实线框仅为示意，在印制公文时并不印出。

×××××××××××。

××××××××××××××××××××

××××××××××××××××××××

××××××××××××××××××××××

××××。

2012年7月1日

（×××××）

抄送：×××××××××，×××××××，××××××，
×××××。

×××××××××　　　　2012年7月1日印发

—2—

图8　联合行文公文末页版式2

注：版心实线框仅为示意，在印制公文时并不印出。

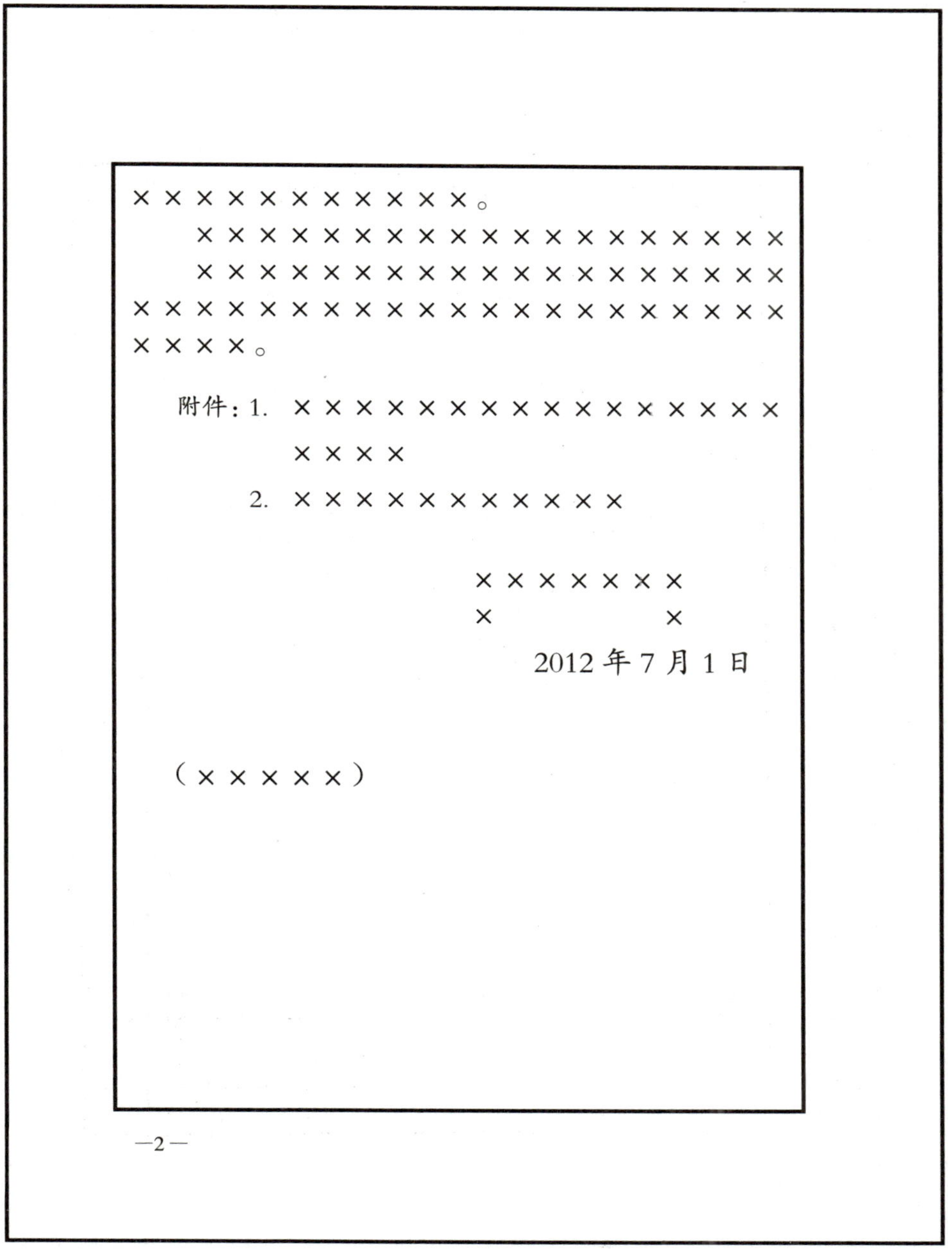

××××××××××。

　　××××××××××××××××××

　　××××××××××××××××××

××××××××××××××××××××

××××。

　　附件：1. ××××××××××××××××

　　　　　　××××

　　　　　2. ××××××××××××

××××××××

×　　　　　×

2012年7月1日

（×××××）

—2—

图9　附件说明页版式

注：版心实线框仅为示意，在印制公文时并不印出。

附件 2

××××××××××××

　　×××××××××××××××××××
×××××××××××××××××××××
×××。

　　×××××××××××××××××××
×××××××××××××××××××××
×××××××××××××××××××××
×××××××××××××××××××××
×××××××××××××××××××××
××××××××××××。

抄送：××××××××，××××××，×××××，
　　　×××××。

×××××××××　　2012 年 7 月 1 日印发

—2—

图 10　带附件公文末页版式

注：版心实线框仅为示意，在印制公文时并不印出。

中华人民共和国×××××部

000001　　　　　　　　　　　　×××〔2012〕10号

机　密

特　急

×××××关于××××××的通知

××××××××：

　　×××××××××××××××××××
×××××××××××××××××××××
×××××××××××××××××××××
××××××××××××××××××。

　　×××××××××××××××××××
×××××××××××××××××××××
×××××××××××××××××××××
×××××××××××××××××。

　　×××××××××××××××××××
×××××××××××××××××××××
×××××××××××××××××××××
×××××××××××××××××××××
×××××××××××××××××××××
×××××××××××××××××××××
×××××××××××××××××××××
×××××××××××××××××××××
××××××××××××××××××。

图11　信函格式首页版式

注：版心实线框仅为示意，在印制公文时并不印出。

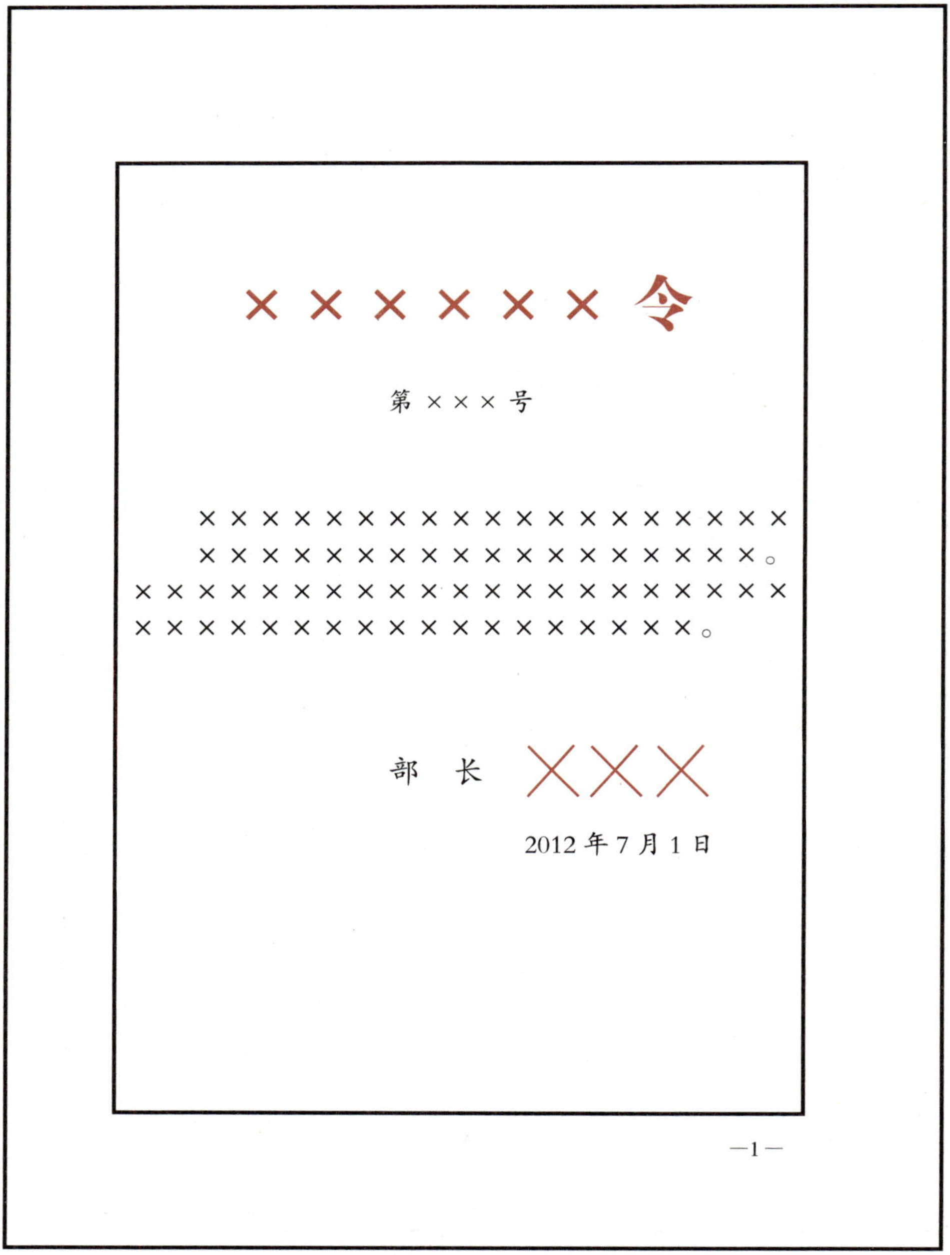

××××××令

第×××号

××××××××××××××××××××
×××××××××××××××××××。
×××××××××××××××××××××
××××××××××××××××××。

部　长　×××

2012年7月1日

—1—

图12　命令（令）格式首页版式

注：版心实线框仅为示意，在印制公文时并不印出。

精品好书推荐·丛书速览

《权威化：公文写作法定格式标准与写作指要大全》

为帮助公文写作人员提升技能，成为领导认可的“大手笔”，我们组织编写了本书。本书涵盖公文概念与特性、公文格式与行文规则、公文写作原理与要求、公文写作结构与技法四大方面，囊括 100 多条公文写作指要和 34 种公文文种写作格式与技法。为达到“看得见、摸得着、用得上”的学习效果，本书对每一个知识点进行明确具体阐释，并提供最新例文，以突出其实用性和可操作性。本书内容权威，讲解全面，图示精美，好学好用，是新时代领导干部增强笔力的案头集，是党政机关、企事业单位、社会组织等的公文写作者提升自己、成为行业翘楚的首选用书，也可作为高等院校师生的教育培训教材和写作爱好者的学习参考书。

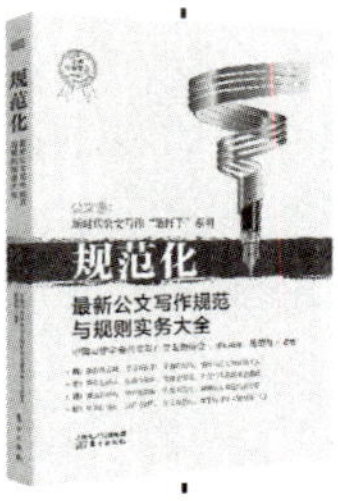

《规范化：最新公文写作规范与规则实务大全》

规范化是新时代公文的命脉，是公文写作人员要学习的第一课。为帮助他们有效解决公文写作规范与规则中的疑难问题，我们编写了本书。本书按照党和国家公文法规编写，分公文写作基础知识、通用公文的写作、事务公文的写作三章，全面介绍常见公文文种处理规程和格式运用等内容，阐明公文规范化方面的重点知识、疑难问题及注意事项，并结合实例范文，从理论和实战两个维度来讲解剖析。本书从实现公文规范化的要求出发，内容全面、资料新颖、讲解详细，集权威性、可读性、实用性于一体，是新时代领导干部增强笔力，党政机关、企事业单位、社会组织等的公文写作人员，高校师生和广大写作爱好者的实用参考书。

《标杆化：公文名篇鉴赏与写作技法详解大全》

鉴赏名篇是公文写作人员的必修课。为帮助新时代公文写作人员提高公文写作修养与能力，我们编写了本书。本书将公文名篇赏析和写作技法讲解有机结合，归纳总结了大量实用公文写作技法。本书分上下两编，共 20 章，上编主要讲解公文写作基本知识，重点讲解文种选用、结构形式、用语特性和要求、基本表达方式等难点疑点问题。下编精选 70 多篇堪称标杆的公文例文，逐一进行赏析点评，讲解其中的写作技法。本书通过讲解公文写作难点疑点和名篇鉴赏，可有效增强公文写作人员的写作技能和实力，帮助他们把公文写得又好又快，使新时代领导干部，党政机关、企事业单位、社会组织等的公文写作人员，高校师生，写作爱好者做到运笔如神、妙语连珠、金句频出。

《精准化：公文写作人员素质提升与公文常见错误例析》

为帮助新时代公文写作人员提升写作素养和技能，把公文写得格式规范、经典出彩、又好又快，实现新时代公文写作处理精准化，我们编写了本书。本书针对当前工作实际，分公文文风、公文写作人员的素养、办公室人员的办文规范三篇，讲解如何改进文风，公文写作人员的政治素质、心理素质、职业道德、知识结构、能力要求，公文处理工作的原则和保密要求，公文的发文、收文、立卷（整理）处理规范，公文处理病误例释等知识和技法。书中“公文处理病误例释”一章，分析实践中常见的 64 类公文病误，并给出修改方法。本书从提升素养与实务操作出发，特色突出、实用性强，是新时代领导干部，党政机关、企事业单位、社会组织等的公文写作人员，高校师生及写作爱好者的写作指南和学习好帮手。

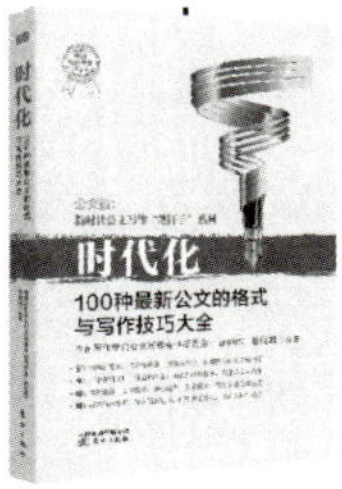

《时代化：100 种最新公文的格式与写作技巧大全》

为帮助公文写作人员学习公文文种格式，掌握实用写作方法和技巧，把握公文写作规律，我们编写了本书。本书分“法定公文”“事务公文”上下两编，讲述 100 种最新公文写法，手把手讲解传授写好公文的方法、技巧和诀窍，包括每一种公文的文种释义，每一种公文的标题、正文、结尾写法和规则，以及必须注意的重要事项，不仅讲清楚“写什么和怎么写”的问题，更讲清楚“该怎么写和不该怎么写”的问题，一看就懂，一学就会。为增强学习效果，本书还为每一种公文配备了经典例文，以供学习借鉴参考。本书集学、练、写功能于一体，可拿来即用，实用性强，是新时代领导干部增强笔力的案头集，是党政机关、企事业单位、社会组织等的公文写作者的优秀参考书，也可供高等院校师生和写作爱好者学习教育培训使用。